AF319262

L'INSTRUCTION CIVIQUE

COURS COMPLET

RÉDIGÉ CONFORMÉMENT AUX PROGRAMMES DES ÉCOLES NORMALES PRIMAIRES ET DES ÉCOLES PRIMAIRES SUPÉRIEURES

PAR

Gabriel COMPAYRÉ

Député,

Professeur aux Écoles normales supérieures d'instituteurs et d'institutrices,
Membre du Conseil supérieur de l'instruction publique.

Programmes du 3 août 1881 et du 27 juillet 1885

PARIS

LIBRAIRIE CLASSIQUE PAUL DELAPLANE

48, RUE MONSIEUR-LE-PRINCE, 48

DU MÊME AUTEUR

s de pédagogie théorique et pratique, 1 vol. in-12, broché... 3 50 Relié. 4 »
lre de la pédagogie, 1 vol. in-12, broché............... 3 50 Relié. 4 »
s de morale théorique et pratique, 1 vol. in-12, broché..... 3 » Relié. 3 50
ons élémentaires de psychologie, 1 vol. in-12, broché....... 3 » Relié. 3 50

L'INSTRUCTION CIVIQUE

ÉCOLES NORMALES PRIMAIRES

ET ÉCOLES PRIMAIRES SUPÉRIEURES

Programmes des 3 août 1881, 27 juillet et 10 août 1885

INSTRUCTION CIVIQUE (environ 15 leçons)

PRINCIPES GÉNÉRAUX

Historique. — Les origines de notre droit public : 1789, 1848, 1875.
La Souveraineté nationale. — Sa légitimité.
Ses limites : la liberté de conscience, la liberté individuelle ; la propriété le domicile.
Son exercice : le suffrage universel, les suffrages restreints, les suffrages à plusieurs degrés, Électeurs, éligibles. Le vote.
Ses agents : le pouvoir législatif, le pouvoir exécutif, le pouvoir judiciaire ; leurs rapports entre eux.

L'ÉTAT

La Constitution. — Le Président de la République, le Sénat, la Chambre des députés. Mode de nomination, attributions.
Confection des lois.
La loi. — Le respect de la loi : la justice : la Cour de cassation ; les tribunaux civils et criminels ; les tribunaux administratifs ; les tribunaux militaires ; les tribunaux universitaires.
La force publique.
L'état de siège en temps de paix et en temps de guerre.
Les décrets et les arrêtés ministériels ; le Conseil d'État, le Conseil supérieur de l'instruction publique.
Le service militaire obligatoire. — Ses conditions actuelles d'accomplissement.
L'obligation scolaire.
L'impôt. — Sa légitimité. L'égalité devant l'impôt.
Les diverses formes de l'impôt. Ses conditions d'établissement et de recouvrement.
La dette publique ; la rente.
Confection du budget. — Recettes et dépenses.
Les dépenses. Leur répartition : Le Gouvernement et les Chambres, la défense de la patrie, la justice, l'instruction publique, les travaux publics, la représentation extérieure.
Les fonctionnaires. — Les divers ministères. Organisation générale des principaux services publics.
Les cultes. — Rapport des Églises et de l'État.

LE DÉPARTEMENT

Le préfet. — Ses attributions ; le conseil de préfecture.
Le conseil général. — Mode d'élection, attributions.
Le budget départemental. — Bâtiments départementaux ; routes, chemins, canaux, etc. ; instruction primaire.
Le conseil départemental. — Les délégations cantonales.
L'arrondissement. — Le sous-préfet, le conseil d'arrondissement.
Le canton.

LA COMMUNE

Le conseil municipal. — Mode électoral, attributions.
Le maire, les adjoints.
Le budget communal. — Instruction primaire ; bâtiments communaux ; chemins vicinaux et ruraux, etc.
Les subventions du département et de l'État.

NOTIONS D'ÉCONOMIE POLITIQUE

Production de la richesse. — Les agents de la production : la matière, le travail, l'épargne, le capital, la propriété.
Circulation et distribution des richesses. — L'échange, la monnaie, le crédit, le salaire et l'intérêt.
Consommation de la richesse. — Consommations productives et improductives ; la question du luxe : dépenses de l'État, l'impôt, le budget.

BOURLOTON. — Imprimeries réunies, B, rue Mignon, 2.

L'INSTRUCTION CIVIQUE

COURS COMPLET

SUIVI DE NOTIONS D'ÉCONOMIE POLITIQUE

à l'usage des **Écoles normales primaires**

(Programmes du 3 août 1881 et du 10 août 1885)

et des **Écoles primaires supérieures**

(Programme du 23 juillet 1885)

PAR

Gabriel COMPAYRÉ

Député,

Professeur aux Écoles normales supérieures d'instituteurs et d'institutrices,
Membre du Conseil supérieur de l'Instruction publique.

SEPTIÈME ÉDITION

PARIS

LIBRAIRIE CLASSIQUE PAUL DELAPLANE

48, RUE MONSIEUR-LE-PRINCE, 48

1888

TABLE DES MATIÈRES

DEUXIÈME PARTIE

L'État.

TROISIÈME PARTIE

Le département et la commune.

NOTIONS D'ÉCONOMIE POLITIQUE

PRÉFACE

DE LA PREMIÈRE ÉDITION

Composé tout exprès pour les écoles normales primaires[1], ce livre n'est que le développement méthodique et fidèle du programme d'instruction civique définitivement établi par l'arrêté du 10 août 1885.

Nous avons suivi pas à pas le texte du programme officiel, et nous n'avons introduit dans la distribution des matières que quelques interversions insignifiantes. Si nous avons accepté ce plan, ce n'est nullement par esprit de déférence aveugle : c'est parce que l'ordre proposé nous a paru le plus commode et le plus logique, le mieux approprié à l'exposition des idées et des faits que comprend un cours d'instruction civique.

On a cependant adressé à ce programme une critique grave : on lui a reproché de présenter les choses au rebours de la méthode naturelle, qui, en toute matière, va du plus simple au plus complexe, et qui consisterait ici à prendre pour point de départ les institutions de la commune et du canton, pour étudier ensuite, par progression du plus élémentaire au plus composé, l'organisation

---

1. Avant d'être rédigé sous sa forme présente, ce livre avait été professé en partie aux *Cours préparatoires* ouverts à Sèvres en 1881 et depuis transférés à Saint-Cloud.

départementale et enfin le mécanisme de l'État. Nous reconnaissons volontiers que cette méthode est préférable à l'école primaire, avec de tout petits enfants dont il faut amorcer la curiosité et fixer l'attention encore indécise. Mais, dans un enseignement qui s'adresse aux élèves-maîtres de nos écoles normales, il est inutile, selon nous, et il serait puéril de recourir à de pareils ménagements. Les notions d'instruction civique ne sont pas après tout si compliquées et si difficiles qu'il faille perdre espoir de les fixer dans les esprits de jeunes gens de seize ans, sans aucun artifice de méthode, rien que par l'exposition simple et logique de la vérité. Croire qu'on ne peut comprendre les fonctions du Corps législatif si l'on n'a préalablement étudié les attributions des conseils municipaux et des conseils généraux, c'est une naïveté pure. Avec l'auditoire auquel ces leçons sont destinées, il n'y a aucun inconvénient à aborder d'emblée les principes généraux du sujet et la discussion des idées fondamentales sur lesquelles repose toute constitution politique.

D'un autre côté, nous avons fait effort pour rester fidèle, non pas seulement à la lettre, mais à l'esprit du programme du 3 août, où il est dit à l'article 4 : « Le directeur recommandera aux différents professeurs d'éviter la recherche des détails, des subtilités et des curiosités qui feraient perdre à l'enseignement des écoles normales son caractère pratique et professionnel. » On ne trouvera ici ni érudition ni recherches savantes.

L'instruction civique à l'école normale ne doit être que le résumé, réduit à sa plus simple expression, de ce que doit savoir un citoyen, un électeur, un patriote. Il ne s'agit pas de faire pénétrer ces jeunes gens, élèves aujourd'hui, instituteurs demain, dans les arcanes du droit administratif, encore moins de les transformer en hommes politiques. On veut simplement qu'ils ne soient plus étrangers à la connaissance des institutions nationales. On veut qu'ils connaissent assez les lois de leur pays, d'abord pour devenir eux-mêmes les serviteurs dévoués de ces lois, ensuite pour être en état d'en parler plus tard avec précision et avec autorité à leurs élèves de l'école primaire.

On ne s'étonnera donc pas de la brièveté relative de certains de nos chapitres : nous savons combien le tableau de l'emploi du temps est encombré à l'école normale et combien les programmes sont touffus. Chaque étude, même de celles qui y ont été le plus nouvellement introduites, veut se faire la plus belle part. Nous avons essayé de nous garder de ce défaut, et l'instruction civique, telle que nous la présentons aux écoles normales, paraîtra, nous l'espérons, une science suffisamment discrète, peu disposée à empiéter sur le terrain de ses voisines, sachant enfin se tenir à sa place.

Le **nombre des chapitres** dont se compose ce volume ne dépasse guère le nombre fixé par le programme, qui annonce quinze leçons environ (l'économie politique mise à part). **Les sommaires** qui précèdent chaque chapitre permettent de saisir d'un coup d'œil les idées essentielles qui y sont exposées. Des **numéros** placés en tête de chaque article important permettent, ce qui est souvent nécessaire dans un livre de ce genre, le renvoi à d'autres articles.

Ajoutons enfin que nous ne nous sommes pas contenté de placer sous les yeux de nos lecteurs une sèche nomenclature des faits : nous avons eu soin, le plus souvent possible, de commenter par le raisonnement et par l'histoire les institutions dont nous avions à parler. Il ne suffit pas, en effet, de démonter devant nos élèves les divers rouages de la machine administrative et politique : ce qui importe encore plus, c'est de leur faire comprendre pourquoi ces rouages existent et d'en expliquer le fonctionnement.

Nous n'avons pas besoin de dire que tout ce qui pourrait passionner et troubler les esprits au point de vue politique a été sévèrement proscrit de ce livre. Un cours d'école normale ne saurait être l'écho, même lointain, des discussions bruyantes des clubs. Si l'on a été obligé parfois de toucher à des questions brûlantes, telles que le scrutin de liste ou l'organisation du Sénat, on l'a fait du moins avec modération et impartialité, en écartant de débats encore pendants toute autre passion que celle de la patrie et de la République.

L'INSTRUCTION CIVIQUE

PREMIÈRE PARTIE

PRINCIPES GÉNÉRAUX

CHAPITRE PREMIER

Historique. — Les origines de notre droit public (1789, 1848, 1875).

SOMMAIRE

1. *Définition du droit public.* Il date de 1789. — 2. *Situation de la France avant la Révolution.* Le droit divin substitué au droit de la nation. Le roi seul dépositaire du pouvoir législatif. Aucune liberté, ni liberté individuelle, ni liberté de conscience, ni liberté d'écrire. Inégalité en toute matière, impôts, emplois, etc. — 3. *Inauguration du droit nouveau,* les élections de 1789. Premiers actes des États généraux. — 4. *Déclaration des droits de l'homme :* ses caractères. Le droit positif fondé sur le droit naturel. Le droit est universel. Les revendications formulées dans la Déclaration sont d'ailleurs pratiques et applicables. — 5. *Analyse de la Déclaration des droits de l'homme.* Droits civils (art. I, II, VI, VII, XVII, X, XI). Droits politiques (art. III, XVI, VI, XV, VIII, XIII, XIV, IV). — 6. *Constitution de 1791.* La fraternité. Gratuité de l'enseignement primaire. Organisation défectueuse du pouvoir législatif et du pouvoir exécutif. Élection des juges. — 7. *Bref exposé de la Constitution de 1793.* La proclamation de la République, le suffrage universel. — 8. *Constitution de l'an III.* — 9. *Le Code civil.* — 10. *Le Consulat, l'Empire ; la Charte de la Restauration.* — 11. *Révolution de 1830.* — 12. *Constitution de 1848.* Établissement de l'égalité politique et du suffrage universel. Institution d'un président de la République. —

13. *Constitution de* 1875. Le pouvoir législatif partagé entre deux Chambres. Institution du Sénat. Le président de la République élu, non par ie peuple, mais par les deux Chambres réunies en assemblée nationale. La clause de la r vision.

1. Définitions. — Le *droit,* en général, est un ensemble de règles qui gouvernent les rapports sociaux, la conduite de l'homme en société. Le *droit public* est le droit qui règle l'organisation de l'État, les rapports de l'État et des citoyens. Il se confond avec le droit *politique* ou *constitutionnel.* Il s'oppose au *droit civil,* dont les règles constituent le *Code civil,* et qui régit les intérêts privés. Il pose les principes dont le *droit administratif* déduit les conséquences et les applications.

Le droit public n'existe véritablement que chez les nations qui possèdent une constitution consentie par le peuple ou par les représentants du peuple. Partout ailleurs, dans les pays où la volonté d'un seul homme ou de plusieurs hommes opprime la volonté générale ou bien dédaigne de la consulter, il n'y a pas, à vrai dire, de droit public. Il n'y a que des coutumes politiques, auxquelles le peuple obéit par routine, par ignorance de ses droits, et qui sont, le plus souvent, la violation des règles les plus élémentaires du droit public.

Telle était la situation de la France avant 1789. Le droit public français ne date que de la Révolution. Proclamé, dans ses principes essentiels, par la fameuse *Déclaration des droits de l'homme et du citoyen* (26 août 1789), il s'est développé, il a été appliqué dans des pactes politiques qu'on appelle *Constitutions.* Trois étapes surtout marquent son évolution progressive : 1° la *Déclaration* de 1789; 2° la *Constitution* de 1848; 3° les *Lois constitutionnelles* de 1875.

2. Situation politique de la France avant la Révolution. — Pour comprendre l'œuvre de la Révolution, il est nécessaire de jeter d'abord un coup d'œil sur l'état social qui l'a précédée et d'opposer brièvement l'ancien régime au régime inauguré par les hommes de 1789. Sur ce point, les historiens, même les plus hostiles à la Révolution, même ceux qui nous la présentent comme une sorte « d'anarchie spontanée », M. Taine, par exemple, sont à peu près unanimes et s'accordent à peindre sous les plus sombres couleurs la situation politique de la France avant la Révolution.

Sans entrer dans le détail, notons les points essentiels et voyons ce qu'étaient devenus sous la monarchie les principes fondamentaux du droit public : la souveraineté nationale, la liberté et l'égalité des citoyens.

1° La souveraineté nationale n'était ni reconnue en droit, ni exercée en fait. Au droit de la nation les théoriciens de la monarchie avaient substitué le prétendu droit divin. Le roi, représentant de Dieu sur la terre, tenait de cette investiture divine tous les pouvoirs et tous les droits. Son autorité était absolue. Le pouvoir législatif résidait en lui seul. Louis XIV disait : « L'État, c'est moi. » Louis XV déclarait qu'il n'était « responsable que devant Dieu ». Louis XVI lui-même n'hésitait pas à dire : « C'est légal, parce que je le veux. »

Le roi n'était pas seulement le dépositaire de tous les pouvoirs politiques ; il se considérait comme le propriétaire de ses sujets, le maître de leurs personnes et de leurs biens. « Tout ce peuple vous appartient, » disait le maréchal de Villeroy à Louis XV enfant, en lui montrant ses sujets assemblés dans le jardin des Tuileries.

Dira-t-on que les Parlements pouvaient arrêter l'effet des volontés royales en refusant de les enregistrer ? Mais il suffisait au roi de tenir un lit de justice pour vaincre ces résistances et obtenir l'enregistrement. « Au monarque seul, disait en 1727 le garde des sceaux Lamoignon, appartient le pouvoir législatif, sans dépendance et sans partage... Lorsque le roi est dans son Parlement, il n'y a point de délibération: sa volonté fait loi. »

Quant aux États généraux, on leur reconnaissait bien en théorie le droit de consentir les impôts, mais c'était le roi qui les convoquait selon son bon plaisir. Il pouvait d'ailleurs leur défendre de délibérer ou faire casser leurs décisions par le Parlement. Enfin ces assemblées, avec leur pouvoir illusoire, étaient elles-mêmes tombées en désuétude, et, en 1789, il y avait cent soixante-quinze ans que les États généraux n'avaient pas été réunis. « L'appareil des députés du peuple, disait le cardinal Dubois, la permission de parler devant le roi et de lui présenter des cahiers de doléance, ont je ne sais quoi de triste qu'un grand roi doit toujours éloigner de sa présence. »

2° La liberté n'existait sous aucune de ses formes.

S'agissait-il de liberté individuelle ? La Bastille était encore debout, et pour la peupler on avait les *lettres de cachet :* sous le seul règne de Louis XV on en distribua plus de cent cinquante mille. Aucune précaution, d'ailleurs, dans la distribution de ces lettres. On en faisait trafic : pour 120 livres on pouvait, avec quelque protection, faire emprisonner qui on voulait.

S'agissait-il de liberté de conscience? Mais les rois, en montant sur le trône, prêtaient serment d'exterminer les hérétiques. Les dissidents ne pouvaient. aspirer aux fonctions publiques. Jusqu'en 1787, les protestants n'avaient pas même d'état civil.

S'agissait-il de liberté d'écrire ? Les livres de Rousseau, de Diderot étaient brûlés par ordre du Parlement; leurs auteurs étaient persécutés, jetés à la Bastille, ou obligés de fuir en exil. Le secret des lettres privées n'était pas mieux respecté. Turgot suppliait son ami Condorcet de ne plus lui écrire par la poste.

S'agissait-il même de liberté du travail? Les *jurandes* et les *maîtrises* créaient des privilèges au profit de certaines corporations, et fermaient la porte, dans chaque corporation, à tous ceux qui se trouvaient en sus d'un nombre déterminé de patrons et d'ouvriers.

3° L'égalité n'était pas moins inconnue que la liberté. Partout le privilège et l'injustice. Les vingt-cinq millions d'hommes qui composaient le tiers état ne comptaient pas plus, pour l'élection des États généraux, que les cent trente mille prêtres et les cent quarante mille nobles qui formaient les deux ordres privilégiés. En revanche, le tiers état subissait presque seul la charge de l'impôt. La *taille* ou impôt foncier, la *capitation* ou impôt personnel, ne frappaient que le peuple. Les *aides* ou impôts de consommation étaient mal réglés : l'ouvrier payait son vin quatre fois plus cher que le noble. Non seulement le peuple payait plus d'impôts que les privilégiés, mais il payait encore aux privilégiés des contributions spéciales, la dîme au clergé, des redevances aux seigneurs. Même inégalité dans le droit aux emplois, aux fonctions publiques. Il fallait être noble pour devenir juge, officier. Même inégalité jusque dans la famille, où le droit d'aînesse était généralement en usage.

En résumé, le système féodal, avec son cortège d'iniquités, pesait encore de tout son poids sur la nation. La féodalité, sans doute, avait perdu sa puissance vis-à-vis du roi, mais elle l'avait gardée vis-à-vis du peuple. Au lieu de citoyens égaux, il y avait trois ordres, trois nations ; au lieu de citoyens libres, il n'y avait que les sujets du roi.

3. **États généraux de 1789.** — Comment cet état de choses changea, c'est l'histoire même de la Révolution.

Les élections de 1789 furent l'aurore du jour nouveau. En convoquant les États généraux, Louis XVI s'était incliné dans une certaine mesure devant la souveraineté nationale. Le peuple tout entier s'assembla pour élire ses députés, pour écrire ses doléances, pour rédiger ses cahiers. Il y eut environ cinq millions d'électeurs. Tous les imposés âgés de vingt-cinq ans au moins concoururent à l'élection. Or, tout le monde était imposé, sauf les domestiques, au moins pour la capitation. Sans doute les élections de 1789 étaient encore loin de l'idéal. Le mode électoral que l'on suivit comportait bien des exceptions au droit, à l'égalité, bien des restrictions à la liberté. Les nobles et le clergé jouissaient une dernière fois de leurs privilèges : d'abord, on leur accordait une représentation disproportionnée à leur nombre ; ensuite, ils élisaient directement leurs députés, tandis que le tiers état restait soumis au vote indirect ; en outre, les assemblées populaires étaient tenues de voter à haute voix : le secret, nécessaire à la liberté du suffrage, n'existait pas pour le troisième ordre de la nation, c'est-à-dire pour la grande majorité des électeurs.

Quelque incomplètes que fussent leurs origines, les États généraux représentaient la France, et, une fois réunis, ils allèrent jusqu'au bout de leur droit. Ils trompèrent l'attente de la royauté, qui ne les avait appelés que pour faire payer ses dettes et procéder à la liquidation financière. Les premiers actes par lesquels ils affirmèrent leur existence furent d'éclatantes manifestations de l'esprit nouveau. Le tiers état, dès le 17 juin 1789, se constitua en Assemblée nationale : il y avait donc une nation. A peine constituée, l'Assemblée se saisit du droit d'impôt en proclamant l'illégalité de l'impôt non consenti. Enfin, par le serment du Jeu de paume (20 juin), les députés du Tiers affirmèrent leur pouvoir constituant, en proclamant que rien ne pourrait les empêcher de continuer leurs délibérations.

Mais il serait trop long de suivre au jour le jour la marche des événements. Nous devons nous borner à noter les points essentiels. La *Déclaration des droits de l'homme* et la *Constitution de* 1791 résument l'œuvre de la Constituante.

4. Déclaration des droits de l'homme. — *Ses caractères généraux.* — C'est dans la *Déclaration des droits de l'homme* [1] qu'il faut chercher l'expression nette et presque définitive des principes qui, depuis 1789, sont restés les fondements de l'ordre nouveau, l'âme du droit public français.

Ce qui frappe tout d'abord, c'est que la déclaration des droits de l'homme a un caractère philosophique. Elle fait appel, non au droit écrit, mais au droit naturel. Elle s'appuie sur la raison, non sur la coutume. Elle fonde la loi politique sur la loi morale. Elle est l'œuvre de philosophes rationalistes, presque de métaphysiciens, qui croient à la liberté humaine, à la justice éternelle, au droit naturel. L'esprit qui a présidé à la Déclaration des droits de l'homme, c'est la philosophie spiritualiste de Rousseau ; jusque dans sa forme un peu emphatique on entend comme l'écho de la *Profession de foi du vicaire savoyard* [2].

Un autre caractère de la *Déclaration*, qui n'est d'ailleurs que la conséquence du précédent, c'est qu'on y proclame un droit universel, humain. Il s'agit non de coutumes locales, non de traditions particulières à un pays, mais de droits inaliénables et imprescriptibles qui appartiennent à tous les hommes. C'est ce caractère d'universalité qui a provoqué les critiques de certains penseurs trop enclins à traiter d'abstraction et de chimère tout ce qui prétend être un principe, un droit général. « Votre constitution, disait Joseph de Maistre, n'est pas faite pour la France ;

---

1. Voyez dans l'*Appendice* le texte complet de la *Déclaration des droits de l'homme*. Votée le 26 août 1789, elle fut promulguée le 3 novembre de la même année, et reproduite dans le préambule de la Constitution du 14 septembre 1791.

2. Outre l'influence de J.-J. Rousseau, il faudrait, dans une étude complète sur les origines de la *Déclaration*, signaler l'inspiration de Montesquieu et de quelques autres écrivains du xviii⁰ siècle, et enfin l'imitation de la déclaration de Philadelphie (1776).

elle est pour l'homme ; or il n'y a pas d'homme dans le monde. » Et il ajoutait : « J'ai vu dans ma vie des Français, des Italiens, des Russes ; je sais même, grâce à Montesquieu, qu'on peut être Persan ; mais quant à l'homme, je déclare ne l'avoir rencontré de ma vie, et, s'il existe, c'est à mon insu. » Le comte Joseph de Maistre, le théoricien du pouvoir absolu, plaisante un peu lourdement, et ses ironies dédaigneuses ne sauraient prévaloir contre une vérité de sens commun. Sans doute, nous sommes avant tout Français, nous appartenons à une patrie particulière qui a son caractère, qui a son passé ; et il faut en tenir compte dans l'organisation politique de notre pays. Tout n'est pas absolu en politique, le relatif y a une large part ; mais il n'en est pas moins vrai que, avant d'être Français, Italiens, Anglais, nous sommes tous des hommes, et que, à côté des institutions relatives à telle ou telle nationalité, il doit y avoir, au fond de toute constitution politique digne de ce nom, un certain nombre de principes fixes, invariables, qui dominent les circonstances, qui peuvent ne pas être appliqués partout ni tout de suite, mais qui le seront peu à peu en tout pays, avec le progrès du temps.

Disons enfin que la *Déclaration des droits de l'homme,* malgré ses allures solennelles et dogmatiques, n'a rien de l'utopie. Tout ce qu'elle annonce est pratique : l'égalité, la liberté, la fraternité, la participation de tous aux emplois et aux honneurs, la répartition équitable de l'impôt, l'inviolabilité du domicile, la propriété accordée à tous, enfin tout ce que la *Déclaration* proclame, a été réalisé depuis 1789. Les faits accomplis sont la meilleure réponse qu'on puisse opposer à ceux qui ont traité l'œuvre des constituants de 1789 de chimère irréalisable.

5. **Analyse de la Déclaration des droits de l'homme.** — Essayons maintenant, pour plus de clarté, de ranger dans un ordre logique les idées exprimées dans les dix-sept articles de la *Déclara-*

tion et d'énumérer méthodiquement les *principes de 1789*.

La *Déclaration* est, avant tout, un acte de droit public et politique ; mais elle porte aussi sur le droit civil, c'est-à-dire sur les rapports des citoyens entre eux, sur les intérêts privés, sur les libertés personnelles.

I. Droits civils. — 1° *Égalité civile, égalité devant la loi.* — « Les hommes naissent et demeurent libres et égaux en droits. Les distinctions sociales ne peuvent être fondées que sur l'utilité commune. » (Art. Ier.)

« La loi doit être la même pour tous, soit qu'elle protège, soit qu'elle punisse. Tous les citoyens, étant égaux à ses yeux, sont également admissibles à toutes dignités, places et emplois publics, selon leurs capacités et sans autre distinction que celle de leurs vertus et de leurs talents. » (Fin de l'article VI.)

2° *Liberté individuelle.* — « Les droits naturels et imprescriptibles de l'homme sont la liberté, la propriété, la sûreté et la résistance à l'oppression. » (Art. II.)

« Nul homme ne peut être arrêté, accusé ni détenu que dans les cas déterminés par la loi et selon les formes qu'elle a prescrites. » (Art. VII.)

C'était condamner l'usage des lettres de cachet, et toutes les mesures arbitraires que, sous l'ancien régime, le pouvoir royal avait si souvent édictées contre la liberté des citoyens.

3° *Droit de propriété.* — « La propriété étant un droit inviolable et sacré, nul ne peut en être privé. » (Art. XVII. Voyez aussi art. Ier.)

Par là on affranchissait la propriété de toutes les servitudes consacrées par les anciennes coutumes. On reconnaissait à chaque citoyen le droit de vendre, de donner, de transmettre sa propriété sans être obligé de payer une redevance au seigneur, etc. Pour mesurer la portée de ces déclarations, il faut se rappeler les inégalités monstrueuses que consacrait l'ancien régime.

4° *Liberté de conscience.* — « Nul ne doit être inquiété pour ses opinions, même religieuses, pourvu que leur manifestation ne trouble pas l'ordre public établi par la loi. » (Art. X.)

C'était affirmer qu'il n'y avait plus de religion d'État; la tolérance devenait une loi sociale, et la liberté des cultes un droit public.

5° *Liberté de la parole et de la presse.* — « La libre communication des pensées et des opinions est un des droits les plus précieux des hommes; tout citoyen peut donc parler, écrire, imprimer, librement, sauf à répondre de cette liberté dans les cas déterminés par la loi. » (Art. XI.)

La liberté de conscience n'est en effet complète que quand elle peut se manifester au dehors et qu'elle a pour instrument le droit de parler et d'écrire librement.

II. Droits politiques. — 1° *Souveraineté nationale.* — « Le principe de toute souveraineté réside essentiellement dans la nation. Nul corps, nul individu ne peut exercer d'autorité qui n'en émane expressément. » (Art. III.) — Les constituants de 1789 ne songeaient pas encore à abolir la royauté; ils laissaient le pouvoir exécutif aux mains d'une dynastie; mais ils affirmaient avec énergie que les pouvoirs du roi émanaient de la nation.

2° *Séparation des pouvoirs.* — « Toute société dans laquelle la garantie des droits n'est pas assurée, ni la séparation des pouvoirs déterminée, n'a point de constitution. » (Art. XVI.)

3° *Suffrage universel.* — « La loi est l'expression de la volonté générale. Tous les citoyens ont droit de concourir, personnellement ou par leurs représentants, à sa formation... » (Début de l'article VI.)

4° *Responsabilité des fonctionnaires.* — « La société a le droit de demander compte à tout agent public de son administration. » (Art. XV.)

5° *Autorité exclusive de la loi.* —Fondée sur la justice et sur l'intérêt général, la loi proscrit toute volonté capricieuse et arbitraire, toute mesure exceptionnelle. « La loi ne doit établir que des peines strictement et évidemment nécessaires, et nul ne peut être puni qu'en vertu d'une loi établie et promulguée antérieurement au délit et légalement appliquée. » (Art. VIII.)

6° *Participation de tous les citoyens à l'impôt et au vote de l'impôt.* — « L'impôt doit être également réparti entre tous les citoyens en raison de leurs facultés. » (Fin de l'article XIII.) « Tous les citoyens ont le droit de constater par eux-mêmes ou par leurs représentants la nécessité de la contribution publique, de la consentir librement, d'en suivre l'emploi, et d'en déterminer la quotité, l'assiette, le recouvrement et la durée. » (Art. XIV.)

A part quelques omissions, la *Déclaration des droits de l'homme* est irréprochable. La doctrine en est pure. En même temps qu'elle proclame la liberté individuelle et tout ce que la liberté comporte de conséquences, elle pose sagement les limites de cette liberté : « La liberté consiste à pouvoir faire tout ce qui ne nuit pas à autrui : ainsi, l'exercice des droits naturels de chaque homme n'a de bornes que celles qui assurent aux autres membres de la société la jouissance de ces mêmes droits. Ces bornes ne peuvent être déterminées que par la loi. [1] » (Art. IV.)

De même, tout en étendant le plus loin possible l'autorité de la loi, la *Déclaration* soustrait à l'action de l'État tout le vaste domaine des actions privées qui ne nuisent pas à autrui. « La loi n'a le droit de défendre que les actions nuisibles à la société. » (Art. V.)

---

1. Dans l'énumération qui précède nous avons fait entrer tous les articles de la *Déclaration*, sauf l'article IX, qui condamne toute rigueur inutile dans la détention préventive, et l'article XII, qui institue une force publique, une force armée *pour l'avantage de tous, et non pour l'utilité particulière de ceux auxquels elle est confiée* (le roi).

6. Constitution de 1791. — La *Déclaration des droits de l'homme* n'était qu'un exposé théorique, une sorte de profession de foi philosophique. Les principes une fois formulés, il fallait les appliquer. Ce fut l'œuvre de la constitution promulguée le 14 septembre 1791.

Dans son préambule, après avoir reproduit la *Déclaration* de 1789, la constitution de 1791 marquait nettement les conséquences de cette déclaration, à savoir, l'abolition de toutes les institutions contraires à l'égalité et à la liberté : « Il n'y a plus ni noblesse, ni pairie, ni distinctions héréditaires, ni distinctions d'ordres, ni régime féodal, ni justices patrimoniales... Il n'y a plus ni vénalité, ni hérédité d'aucun office public. Il n'y a plus, pour aucune partie de la nation, ni pour aucun individu, aucun privilège ni exception au droit commun de tous les Français. Il n'y a plus ni jurandes ni corporations de professions, arts et métiers. »

Complétant sur quelques points la *Déclaration des droits de l'homme,* la Constitution édictait l'organisation d'un établissement général de secours publics pour élever les enfants abandonnés, soulager les pauvres infirmes, fournir du travail aux pauvres valides qui n'auraient pas pu s'en procurer. (*Titre Ier : Dispositions fondamentales de la Constitution.*) Par là l'Assemblée constituante appliquait le troisième terme de la devise républicaine : la fraternité.

C'est au principe de fraternité qu'il faut rattacher encore cette autre disposition fondamentale : « Il sera créé et organisé une instruction publique commune à tous les citoyens, gratuite à l'égard des parties d'enseignement indispensables pour tous les hommes... » La gratuité de l'enseignement primaire, qui n'est devenue une loi effective que le 16 juin 1881, était donc déjà instituée en principe par la *Constitution* de 1791.

La Constitution de 1791 établissait une chambre

unique, permanente, nommée pour deux ans, et qui ne pouvait être dissoute par le roi. Les représentants étaient au nombre de 745. Des dispositions bizarres divisaient les représentants en trois séries : 247 étaient attribués au territoire ; chacun des 83 départements en nommait trois, sauf le département de Paris qui n'en nommait qu'un ; 249 étaient attribués à la population : la masse totale de la population du royaume était divisée en 249 parts, et chaque département nommait autant de députés qu'il avait de parts de population. Enfin 249 députés étaient attachés à la contribution directe : chaque département nommait autant de députés qu'il payait de parts de contribution. Ce qui était plus grave que cette distribution étrange des élus, c'étaient les restrictions apportées au droit des électeurs : le suffrage n'était ni universel ni direct. Les citoyens actifs, c'est-à-dire les Français âgés de vingt-cinq ans et payant une contribution directe, étaient seuls appelés à élire les députés ; et ils ne les élisaient que par un suffrage à deux degrés. (Voyez n° 38.)

L'organisation du pouvoir exécutif n'était pas moins défectueuse. La royauté était maintenue, et devait se transmettre par droit d'hérédité. Le roi gardait une ombre de pouvoir : il devenait, selon l'expression de Michelet, une majestueuse inutilité. Par son droit de *veto* suspensif, par le refus de sa sanction, il pouvait cependant empêcher pendant quelque temps l'exécution des volontés de l'Assemblée ; mais la durée de ce *veto* ne s'étendait pas au delà de deux législatures. D'autre part, le pouvoir exécutif était singulièrement affaibli, puisque les administrateurs de département et de district étaient élus par le peuple.

Mêmes défauts dans l'organisation du pouvoir judiciaire. Sans doute la Constitution le séparait avec sagesse du pouvoir exécutif et du pouvoir législatif : « Le pouvoir judiciaire ne peut en aucun cas être exercé par le Corps législatif, ni par le roi ; » — mais

elle confiait le choix des juges à l'élection populaire :
« La justice sera rendue gratuitement par des juges
élus à temps par le peuple. »

A côté de ces dispositions contestables, signalons
des innovations heureuses et définitives :

1° Le *jury* était institué en matière criminelle.

2° Le *droit de guerre et de paix* était remis au corps
législatif : « La guerre ne peut être décidée que par
un décret du Corps législatif, rendu sur la proposition formelle et nécessaire du roi et sanctionné par
lui. »

3° La *ratification des traités de paix, d'alliance et
de commerce* appartenait aussi au Corps législatif.

4° La *liberté de réunion* était proclamée : « Les
citoyens peuvent s'assembler paisiblement et sans
armes, en satisfaisant aux lois de police. »

5° Le *droit de pétition* était reconnu.

6° Enfin le *droit de reviser la Constitution* était
inscrit aux dernières pages de l'œuvre de l'Assemblée
constituante.

Quels que soient les défauts de la Constitution de
1791, — le plus grave était de ne pas proclamer la
République, — il ne faut pas oublier qu'elle est la première constitution de la France. Pour la première
fois les représentants élus du pays instituaient librement et après discussion des règles de gouvernement,
et proclamaient solennellement l'égalité de tous les
citoyens et la souveraineté du peuple.

7. Constitution du 24 juin 1793. — Nous n'insisterons pas sur cette constitution, œuvre mort-née de
la Convention, mais qui pourtant mérite une place
dans l'histoire de notre droit public parce qu'elle
est notre première constitution républicaine. La Convention y avait poussé jusqu'à ses dernières conséquences le dogme de la souveraineté populaire. Le
pouvoir législatif devait appartenir à une Chambre
unique, nommée tous les ans par les assemblées primaires. Pouvaient être élus et étaient électeurs tous

les citoyens âgés de vingt et un ans. L'Assemblée législative n'avait d'ailleurs d'autre rôle que de proposer les lois : c'était le peuple qui les votait et les adoptait. Le pouvoir exécutif était confié à un conseil de vingt-quatre membres, choisis par les députés sur une liste de candidats présentée par les assemblées électorales de chaque département. Les administrateurs, les juges étaient élus directement par le peuple.

De cette constitution violente, qui conférait au peuple l'exercice direct de tous les pouvoirs, et qui organisait, suivant l'expression de M. Mignet, « le gouvernement de la multitude », notre droit public ne devait retenir que deux choses : 1° l'abolition de la royauté : « il n'y aura plus de rois, qui sont, dans l'ordre moral, ce que dans l'ordre physique sont les monstres, » ainsi parlait Grégoire ; la Convention avait compris qu'un gouvernement monarchique, quelque tempéré qu'il soit, reste en contradiction avec le principe e la souveraineté populaire ; — 2° L'organisation du uffrage universel, que la Constitution de 1791 avait oumis à toutes sortes d'entraves, et qui, pour la remière fois, était institué dans son intégralité et sa iberté souveraine.

La Convention avait placé au frontispice de la constitution de 1793 la *Déclaration des droits de l'homme*, ais non sans y introduire d'importantes modificaions. La série des articles, outre qu'elle était autrement istribuée, était plus longue et comprenait quelques ffirmations nouvelles. La peine de mort était décrétée contre tout individu qui usurperait la souveraineté. (Art. XXVII.) L'assistance publique était présentée comme une obligation stricte et absolue : « Les ervices publics sont une dette sacrée. La société oit la subsistance aux citoyens malheureux, soit en eur procurant du travail, soit en assurant les moyens 'exister à ceux qui sont hors d'état de travailler. » Art. XXVI.) Enfin, tandis que la Constituante n'avait dmis que la « résistance à l'oppression », la Con-

vention reconnaissait le « droit à l'insurrection »,
ce qui est tout différent. « Quand le gouvernement
viole les droits du peuple, l'insurrection est pour le
peuple et pour chaque portion du peuple le plus
sacré des droits et le plus indispensable des devoirs. »
(Art. XXXV.) C'était en quelque sorte justifier et encourager l'émeute, mettre le fusil aux mains des mécon-
tents ; c'était substituer au progrès pacifique de la
volonté nationale manifestée par le vote les com-
motions violentes des révolutions.

8. **Constitution du 5 fructidor an III (22 août 1795).**
— Si la Constitution de 1793, que la Convention
suspendit presque aussitôt après l'avoir votée,
péchait par excès de témérité, par un esprit plutôt
démagogique que sagement démocratique, la Constitution de l'an III, que la Convention vota sur ses
derniers jours, témoigne au contraire de tendances
prudentes, modérées, mais sur certains points un peu
timorées.

Le suffrage n'était accordé qu'aux citoyens, et pour
être citoyen il fallait payer une contribution directe,
foncière ou personnelle ; il fallait en outre savoir lire
et écrire. Le pouvoir législatif était partagé entre
deux assemblées, les *Cinq-Cents* et les *Anciens*,
renouvelées tous les ans par tiers. Enfin, le pouvoir
exécutif était confié à un directoire de cinq membres,
nommé par le corps législatif, et renouvelé tous les
ans par cinquième.

Comme ses devancières, la Constitution de 1795
débutait par la *Déclaration des droits de l'homme et
du citoyen*. Elle garantissait la liberté, l'égalité, la
sûreté, la propriété ; mais elle ne parlait plus de la
« résistance à l'oppression », sans doute à raison de
l'interprétation dangereuse que la Constitution de
1793 avait donnée à cette expression. La plus
grande nouveauté de la déclaration amendée de
1795, c'est qu'à la liste des droits on avait joint la
liste des devoirs. La morale du citoyen était résumée

en neuf articles : « Nul n'est bon citoyen, disait l'article IV, s'il n'est bon fils, bon père, bon frère, bon ami, bon époux, etc. » L'intention était louable, car une société républicaine a besoin de vertus non moins que de libertés. Mais c'était confondre le domaine de la morale et celui de la politique, et instituer une sorte de morale d'État ; c'était faire d'ailleurs une déclaration platonique absolument dépourvue de sanction.

9. Le Code civil. — La Constitution de 1791 disait : « Il sera fait un code de lois civiles communes à tout le royaume. » Avant 1789, il y avait des législations différentes, non seulement dans chaque province, mais encore pour chaque classe d'individus. En fondant l'unité du territoire et l'unité de la nation, la Révolution condamnait ces distinctions injustes, et aboutissait nécessairement à l'unité de législation et à la codification des lois. La Convention se mit à l'œuvre et prépara un projet de code civil. C'est son travail qui a servi de base au Code de 1804.

Nous n'avons pas à insister sur le *Code civil*, puisqu'il règle simplement les rapports privés des citoyens entre eux et ne rentre pas, à vrai dire, dans le droit public.

Les lois civiles sont tout à fait distinctes des lois politiques, qui déterminent la forme de l'État et les rapports de l'État avec les citoyens. Il était seulement nécessaire de dire que le *Code civil*, bien qu'il porte la signature de Napoléon Ier, est l'œuvre de la Révolution : ce sont d'anciens conventionnels, Cambacérès, Treilhard, Martin (de Douay), Thibaudeau, qui, sous la présidence du premier consul, reprirent et achevèrent le travail de la Convention. Grâce à eux, un ordre civil excellent, issu de l'ordre politique que la Révolution avait créé, devint la législation de la France entière, et subsista, dans ses termes, au moins, et dans ses formules, même lorsque la constitution sociale dont il était la conséquence fut devenue la proie du despotisme impérial ou de la réaction monarchique.

10. Le Consulat, l'Empire, la Restauration. —
Nous n'avons à parler des régimes politiques qui
suivirent la constitution de l'an III que pour montrer
en quelques mots combien ils furent infidèles aux
principes de 89.

La constitution du 22 frimaire an VIII (13 déc.
1799), qui organisait le consulat ; le sénatus-consulte du
14 thermidor an X (2 août 1802) ; enfin le sénatus-
consulte du 28 floréal an XII (18 mai 1804), ne furent que la préparation ou la consécration du despotisme de Napoléon Ier.

Dès 1802, en donnant au premier consul la perpétuité du pouvoir pour lui-même et aussi la faculté
de désigner son successeur, la France rentrait sous
le joug de la monarchie héréditaire. Pour juger ce
que devinrent les libertés publiques sous le règne de
Napoléon Ier, il suffira de relire l'acte de déchéance
dressé contre le despote tombé par ceux-là mêmes
qui avaient été les flatteurs et les complaisants de
son pouvoir :

« Le Sénat conservateur, considérant... que Napoléon Bonaparte a déchiré le pacte qui l'unissait au
peuple français, notamment en levant des impôts autrement qu'en vertu de la loi... ; qu'il a commis cet
attentat aux droits du peuple, lors même qu'il venait
d'ajourner sans nécessité le Corps législatif et de faire
supprimer comme criminel un rapport de ce corps
auquel il contestait son titre et sa part à la représentation nationale ; qu'il a entrepris une suite de
guerres en violation de l'article 50 de l'acte de constitution du 22 frimaire an VIII, qui veut que la
déclaration de guerre soit proposée, discutée, décrétée et promulguée comme des lois... ; qu'il a violé
les lois constitutionnelles par ses décrets sur les
prisons d'État ; qu'il a anéanti la responsabilité des
ministres, confondu tous les pouvoirs et détruit
l'indépendance des corps judiciaires ; que la liberté

de la presse, établie et consacrée comme l'un des droits de la nation, a été constamment soumise à la censure arbitraire de la police, etc., Napoléon Bonaparte est déchu du trône. » (3 avril 1814.)

La Charte du 14 juin 1814 est une sorte de constitution. Seulement, tandis que les constitutions sont délibérées par les représentants du peuple et émanent de la volonté nationale, la Charte est une concession gracieuse de la volonté royale qui l'octroie à ses sujets. La Charte est un don spontané du roi. Il ne s'agit plus des droits du peuple, il ne s'agit que du bon plaisir d'un monarque.

« Par le libre exercice de notre autorité royale, disait Louis XVIII dans le préambule de la Charte, nous avons volontairement accordé et accordons, avons fait concession et octroi à nos sujets de la charte constitutionnelle qui suit :... »

Ainsi, dans sa forme même, la Charte niait le principe essentiel du droit public, la souveraineté de la nation.

Dans ses dispositions principales elle se préoccupait surtout de conserver « les droits et les prérogatives de la couronne » : — « La personne du roi est inviolable et sacrée. » (Art. 13.) — « Le roi seul propose la loi. » — « Toute justice émane du roi. » (Art. 57.) — « Le roi fait des nobles à volonté. » (Art. 71.) — La Chambre des pairs est nommée par le roi. — Quant à la Chambre des députés, il faut, pour y être élu, avoir quarante ans et payer une contribution directe de 1,000 francs. Pour être électeur, il faut être âgé de trente ans et payer une contribution directe de 500 francs. Avec des conditions de cens aussi sévères, le droit de suffrage n'était plus qu'un privilège, la représentation nationale une dérision. Rappelons enfin l'article 14 qui disait : « Le roi fait les règlements et ordonnances nécessaires pour l'exécution des lois et la sûreté de l'État. » C'est en vertu de cet article équivoque que Charles X rédigea les fameuses ordonnances du 25 juillet, qui provoquèrent la révolution de 1830.

11. Révolution de 1830. — La Charte de 1830 n'est que la Charte de 1815 amendée sur quelques points. Reconnaissons pourtant tout ce qu'il y avait de libéral dans le mouvement qui détrôna Charles X et qui porta au pouvoir un roi en quelque sorte électif. Le pouvoir royal devenait, dans une certaine mesure, une délégation de la nation.

Les conditions d'âge et de cens étaient maintenues, mais réduites dans des proportions sensibles : trente ans pour les éligibles et 500 francs de contributions directes; vingt-cinq ans pour les électeurs et 200 francs de contributions directes. La proposition des lois, l'initiative législative appartenait aux Chambres en même temps qu'au roi.

En résumé, la monarchie de 1830 était un essai de gouvernement libéral et constitutionnel, dont le tort le plus grave fut de ne pas vouloir étendre le droit de suffrage, comme le réclamait l'opinion, et de persister à réduire le pays légal à un trop petit nombre de citoyens.

12. Constitution de 1848. — Avec la révolution de 1848, la France rentra pour trop peu de temps dans la voie démocratique et républicaine. La constitution votée le 4 novembre 1848, en même temps qu'elle rétablissait dans leur généralité les principes de 1789, et en assurait l'application, introduisait dans notre droit public des modifications importantes.

La plus grande nouveauté de cette constitution, c'est l'établissement du suffrage universel. La première république avait fondé l'égalité civile ; la seconde république fondait l'égalité politique, c'est-à-dire la participation de tous les citoyens au vote et par suite au gouvernement du pays. Le premier acte du gouvernement provisoire, après la proclamation de la République, fut un décret qui convoquait tous les citoyens pour l'élection d'une assemblée nationale constituante. Les représentants devaient être au nombre de cinq cents; le suffrage était universel et direct; tous les Français âgés de vingt et un ans étaient électeurs; tous les Français âgés de vingt-cinq ans, éligibles. L'Assemblée nationale élue le 23 avril maintint les principes électoraux qui avaient présidé à sa formation :

ART. 24. — *Le suffrage est direct et universel; le scrutin est secret.*

ART. 25. — *Sont électeurs, sans condition de cens, tous les Français âgés de vingt et un ans et jouissant de leurs droits civils et politiques.*

Il était impossible d'étendre plus loin le droit électoral à moins d'accorder le suffrage aux mineurs et aux femmes. Toute condition de cens était abolie. La condition d'âge subsistait seule. Grâce à cette extension du suffrage, on compta, en 1848, 8,220,664 électeurs. Ajoutons que la Constitution de 1848 établissait une Chambre unique, composée de 750 députés, nommés pour trois ans. (Art. 21, 31.) Notons enfin que l'élection des députés se faisait par département et au scrutin de liste. (Art. 30).

Une autre nouveauté essentielle du pacte politique de 1848, c'est l'institution d'un président de la République investi du pouvoir exécutif (art. 43).

On s'inspirait en cela de la constitution des États-Unis d'Amérique. Seulement, poussant jusqu'au bout l'imitation, on confiait au suffrage universel l'élection du président. (Art. 46.) C'était une imprudence, comme les faits se chargèrent trop vite de le démontrer. Issu directement, comme l'Assemblée législative, du suffrage populaire, le président de la République avait une autorité au moins égale à celle de l'Assemblée. Disposant de l'armée et de l'administration supérieure par la nomination du personnel militaire et administratif, possédant en outre l'initiative de toutes les mesures de gouvernement, le président de la République était armé d'un pouvoir dangereux et dont il n'était que trop facile d'abuser.

Vainement la Constitution avait pris des précautions contre le pouvoir personnel : le président, par exemple, n'était pas rééligible (Art. 45.) Il devait, avant d'entrer en fonctions, prêter un serment ainsi conçu : *En présence de Dieu et devant le peuple français, représenté par l'Assemblée nationale, je jure de rester fidèle à la république démocratique, une et indivisible, et de rester fidèle à la Constitution* (Art. 48.) On sait comment ce serment fut tenu. Les serments lient les hommes moins que les dispositions légales. — En outre, le président ne pouvait ni dissoudre ni proroger l'Assemblée. L'Assemblée, qui était permanente (art. 32), avait seule le pouvoir de s'ajourner à un terme qu'elle fixait elle-même, et, pendant la durée de la prorogation, elle déléguait une commission composée des membres du bureau et de vingt-cinq représentants qu'elle élisait au scrutin secret.

Mais quelle que fût la prévoyance de ces dispositions, le président de la République n'en était pas moins le véritable chef de l'État, et il est inutile de raconter ici comment le président Louis-Napoléon Bonaparte devint, sous le nom de Napoléon III, le fondateur du second empire et le restaurateur du despotisme.

L'œuvre des constituants de 1848 n'en mérite pas moins notre admiration. S'ils se sont trompés parfois dans l'application des vrais principes d'un gouvernement libre, leurs intentions étaient pures, leur sincérité absolue.

Quoi de plus beau que la déclaration placée en titre du pacte constitutionnel ? — *La France s'est constituée en république. En adoptant cette forme définitive de gouvernement, elle s'est proposé pour but de marcher plus librement dans la voie du progrès et de la civilisation, d'assurer une répartition de plus en plus équitable des charges et des avantages de la société, d'augmenter l'aisance de chacun par la réduction graduée des dépenses publiques et des impôts, et de faire parvenir tous les citoyens, sans nouvelle commotion, par l'action successive et constante des institutions et des lois, à un degré toujours plus élevé de moralité, de lumières et de bien-être.*

Remarquons encore que, pour la première fois, la Constitution de 1848 définissait la République d'un mot nouveau, et l'appelait *démocratique*, afin d'établir nettement quel est et doit être de plus en plus le gouvernement de tous par tous, le gouvernement du peuple.

Enfin, la Constitution de 1848 mérite nos éloges pour avoir aboli la peine de mort en matière politique et supprimé l'esclavage sur toute terre française.

Nous passons sous silence la Constitution et les sénatus-consultes du second empire. (Constitution du 14 janvier 1852, sénatus-consultes du 7 novembre, du 25 décembre 1852, etc.) Sous les apparences trompeuses de l'appel au peuple, ces actes politiques n'ont été que l'organisation du pouvoir personnel. La puissance était toute concentrée dans les mains de l'empereur. Si, vers la fin, quelques satisfactions furent accordées à l'opinion publique, devant le flot montant de l'opposition, les choses cependant n'étaient guère changées au fond, et le dernier acte de l'empire, la déclaration de guerre à la Prusse, qui perdit l'empereur et faillit perdre la France, fut encore un acte de bon plaisir et de pouvoir absolu.

13. Lois constitutionnelles de 1875. — Quoique établie de fait dès le 4 septembre 1870, la troisième république n'a été organisée régulièrement et complètement que cinq ans après, par la Constitution de 1875.

Nous n'avons pas à raconter ici à travers quelles péripéties l'Assemblée nationale de 1871, élue au scrutin de liste d'après la loi électorale de 1848, parvint à triompher des préjugés monarchiques d'un grand nombre de ses membres, et finit par établir la République.

Rappelons seulement que, dès le 17 février 1871, l'Assemblée reconnaissait la République, en nommant M. Thiers *chef du pouvoir exécutif de la République française*, et qu'elle confirmait encore ce premier vote par la loi du 31 août 1871, qui portait que le chef du pouvoir exécutif prendrait le titre de *Président de la République française*.

Nous n'avons pas non plus à entrer dans le détail de l'organisation politique qui sortit des délibérations de l'Assemblée nationale, puisque l'exposition minutieuse de la Constitution de 1875 sera précisément l'objet de plusieurs des chapitres qui vont suivre. Il nous suffira de signaler les faits essentiels.

Caractérisons d'abord la forme extérieure de la Constitution de 1875. A la différence de ses devancières, elle ne forme pas un tout, un ensemble, un acte unique; elle est composée de plusieurs lois distinctes, l'une qui a trait à l'organisation des pouvoirs publics, l'autre relative à l'organisation du Sénat, la troisième qui concerne les rapports des pouvoirs publics. Elle est beaucoup plus brève que toutes celles qui l'ont précédée. Elle s'est dispensée d'énumérer et même de rappeler les principes de 89, et les bases fondamentales de notre droit public : ces principes sont tellement entrés dans nos mœurs, ils font tellement partie intégrante de la conscience politique des hommes de notre temps, que cette énumération eût été une répétition superflue. Mieux vaut, d'ailleurs, passer sous silence les principes de liberté, et les appliquer sincèrement, que les inscrire avec une hypocrite solennité au frontispice de la Constitution, avec l'intention de les violer ou de les tourner. Moins dogmatiques et plus pratiques que la Constitution de 1791, que la Constitution de 1848, les lois constitutionnelles de 1875 se distinguent surtout par un sage esprit de transaction. Elles sont prudentes et modérées, et ces qualités semblent leur garantir un long avenir.

Les deux premières lois constitutionnelles furent votées définitivement le 24 et le 25 février 1875. Elles décident que deux assemblées, la Chambre des députés et le Sénat, concourent à exercer le pouvoir législatif. La Chambre des députés est élue par le suffrage universel. La loi organique règle que le scrutin aura lieu par arrondissement et que les députés seront élus pour quatre ans. (1)

L'institution du Sénat, qui est une des innovations les plus saillantes de la Constitution de 1875, ne fut pas votée sans difficulté. D'abord un certain nombre de républicains, partisans d'une Chambre unique, ne voulaient pas du tout d'une Chambre haute, sous prétexte que la dualité des assemblées était en contradiction avec l'unité et l'indivisibilité de la volonté nationale. D'autre part, les partisans du Sénat n'étaient pas d'accord entre eux : les uns voulaient un Sénat tout électif, soit par l'élection directe du suffrage universel, soit par une élection restreinte et à deux degrés; les autres demandaient que le président de la République eût le droit de nommer une notable partie des membres de la Chambre haute.

Ce fut l'esprit de transaction qui l'emporta. La loi du 24 février instituait un Sénat composé d'abord de soixante-quinze sénateurs inamovibles, élus par l'Assemblée nationale, et remplacés en cas de démission ou de décès par le Sénat lui-même[2], ensuite de deux cent vingt-cinq autres membres, nommés par les départements, d'après un mode électoral complexe. Les élus du suffrage universel, députés, conseillers généraux, conseillers d'arrondissement, ensuite des délégués choisis par les conseils municipaux, à raison de un par conseil municipal[3], tel était le corps électoral

1. Le vote par scrutin de liste a été rétabli par la loi du 16 juin 1885.
2. La loi du 9 décembre 1884 a décidé que les sénateurs seraient *tous* élus par les départements et les colonies : l'inamovibilité est supprimée.
3. La loi du 9 décembre 1884 a décidé que le nombre des délégués choisis

du Sénat. (Art. 4.) En outre, ces deux cent vingt-cinq membres[1], élus pour neuf ans, étaient renouvelables par tiers tous les trois ans (Art. 6.)

Les autres dispositions capitales des lois constitutionnelles de 1875 sont relatives au pouvoir exécutif et à ses rapports avec le pouvoir législatif.

La présidence de la République est organisée avec plus de prudence qu'elle ne l'avait été en 1848. Le président est élu par les deux Chambres, réunies en assemblée nationale. Il est nommé pour sept ans (Art. 2 de la loi du 25 février.) En cas de haute trahison, il peut être mis en accusation par la Chambre des députés et jugé par le Sénat (Art. 12 de la loi du 16 juillet.) Il nomme les ministres qui sont solidairement responsables devant les Chambres de la politique générale du gouvernement, et individuellement de leurs actes personnels (Art. 6 de la loi du 25 février.) Enfin chacun des actes du président de la République doit être contre-signé par un ministre (Art. 3.) Ces dispositions ont pour but de garantir les libertés publiques contre tout abus d'autorité de la part du pouvoir exécutif.

D'autre part, pour garantir ces mêmes libertés contre l'omnipotence de la Chambre des députés, l'article 5 de la loi du 25 février spécifie que le président de la République peut, sur l'avis conforme du Sénat, dissoudre la Chambre des députés, avant l'expiration légale de son mandat et faire un nouvel appel au suffrage universel.

Enfin la Constitution de 1875 a fait preuve de sagesse en admettant la clause de revision et en réglant l'exercice de ce droit. La revision ne peut avoir lieu que si les deux Chambres, par délibérations séparées, ont déclaré qu'il y avait lieu de reviser les lo's constitu-

par les conseils municipaux serait *proportionnel* au nombre des membres qui composent chaque conseil municipal.

1. Le Sénat se compose de 300 membres *tous élus* par les départements et les colonies (Loi du 9 décembre 1884.)

tionnelles. Elle ne peut être votée que par l'Assemblée nationale formée des deux Chambres. La Constitution de 1875 reconnaît ainsi que le progrès du temps et les changements survenus dans l'opinion peuvent rendre nécessaires des modifications au pacte constitutionnel. Mais en même temps elle ne livre pas le droit de revision à la volonté d'une seule des deux Chambres. Elle croit que les lois constitutionnelles sont perfectibles et peuvent être amendées; mais elle les veut stables dans la mesure du possible. Le but d'une constitution, en effet, est de mettre certains principes protecteurs des droits à l'abri des variations de la législation ordinaire.

Il importe d'ajouter que la loi du 14 août 1884 a complété le § 3, de l'art. 8 de la loi du 25 février 1875 par les dispositions suivantes :

« La forme républicaine du gouvernement ne peut faire l'objet d'une proposition de revision.

« Les membres des familles ayant régné en France sont inéligibles à la présidence de la République. »

Nous avons dit comment, de sujets d'une monarchie, les Français sont devenus, depuis 1789, citoyens libres d'une république démocratique. Les défaillances de la volonté nationale, des retours trop fréquents au régime monarchique, ont pu, à diverses reprises, éclipser pour un temps les principes de notre droit public; mais ces principes n'en sont pas moins fondés depuis 1789, et ils ont toujours tendu à reparaître. Trois républiques les ont proclamés et appliqués; les autres gouvernements n'ont pas toujours osé les nier, même quand ils les violaient. La Constitution de 1875 les consacre d'une façon définitive. Elle offre un abri durable à tous les bons Français, à tous ceux qui aiment leur patrie et qui veulent que la France prospère et progresse en se conformant de plus en plus à la belle devise républicaine : Liberté, égalité, fraternité.

CHAPITRE II

La souveraineté nationale. — Sa légitimité. — Ses limites: la liberté de conscience; la liberté individuelle; la propriété; le domicile.

Après avoir exposé historiquement les origines de notre droit public et avant d'entrer dans l'étude détaillée de nos institutions, il est nécessaire d'examiner théoriquement et d'analyser les principes essentiels de toute organisation politique.

14. La société, état naturel de l'homme. — L'homme est né pour la vie sociale. En dehors de la société, l'homme n'est qu'une brute, disait Aristote, ou bien il lui faudrait être un Dieu. L'homme isolé est condamné soit à périr, soit à vivre misérable. Que serions-nous, matériellement et moralement, sans le concours et la collaboration de nos semblables ?

15. Le contrat social. — Du sein de la société universelle sont sorties dans la suite des temps des nations distinctes. Ce n'est pas ici le lieu de dire sous l'empire de quelles circonstances se sont formés sur la surface de la terre ces groupements d'hommes qu'on appelle des peuples, et qui, une fois constitués, sont unis par la communauté du territoire, de la langue, des intérêts, des coutumes et des mœurs. Ce qu'il importe seulement de comprendre, c'est que ces associations d'hommes sont fondées sur une sorte de contrat tacite par lequel tous les membres de l'association s'engagent les uns envers les autres, et se soumettent à une même autorité protectrice de leurs droits. Sans doute, il n'est pas vrai qu'il y ait à l'origine de chaque société une convention historiquement réelle, un contrat en forme, solennellement consenti et signé par tous les citoyens d'une même nation. Mais ce qui est incontestable, c'est que la vie sociale et l'existence nationale ont pour condition l'accord de tous les citoyens, liés les uns aux autres par des rapports réciproques et par l'obligation d'obéir à une même autorité.

Reste à déterminer l'origine, la source légitime de cette autorité.

16. Réfutation des principes contraires à la souveraineté nationale. — 1° *Le droit du plus fort* — Dans les sociétés primitives, l'autorité ne cherche guère à se légitimer : elle règne en vertu du droit du plus fort. La force ne songe pas à s'allier au droit. Le souverain est généralement un conquérant qui, entouré d'une garde de soldats fidèles, exerce son empire par la terreur. Mais si, en fait, la force a souvent institué et maintenu le pouvoir aux mains d'un homme ou d'une famille, en droit la force ne fonde rien et ne saurait constituer une autorité légitime. Aussi, à mesure que la raison humaine a grandi, les politiques ont-ils cherché d'autres principes pour justifier la possession du pouvoir.

2° *Le droit divin.* — C'est le principe derrière lequel s'abritait la vieille monarchie française. Dieu, le premier souverain des hommes, aurait délégué sa souveraineté à une dynastie chargée de faire à perpétuité le bonheur de la nation. De pareilles idées ne méritent plus guère d'être discutées aujourd'hui. A supposer même que la raison admît l'hypothèse absurde d'une mission divine, il faudrait au moins que le prétendu représentant de Dieu sur la terre justifiât par ses vertus, par ses talents supérieurs, cette investiture privilégiée. Mais l'histoire dément tristement ces prétentions; les rois sont en tout semblables aux autres hommes, pires peut-être, à raison des facilités que procure à la satisfaction de leurs passions la jouissance du pouvoir absolu. D'ailleurs, les peuples, associations d'êtres libres et égaux, ne sauraient abdiquer leurs droits à perpétuité entre les mains d'un homme et de ses descendants. Nulle volonté humaine n'a le droit de s'imposer aux autres volontés humaines, qui sont ses égales. Un roi, fût-il excellent, est toujours un usurpateur, s'il prétend dériver son pouvoir d'une autre source que la volonté nationale. Enfin, sans insister sur les principes, la thèse du droit divin est condamnée par ses conséquences. En effet, dans cette théorie, un roi a beau être détestable, il faut le subir jusqu'au bout ; s'il passe cinquante, soixante ans sur le trône, ce qui s'est vu, il faut que le peuple attende patiemment la venue de son successeur, qui peut-être ne vaudra pas mieux que lui. L'hérédité dynastique, conséquence logique et nécessaire du prétendu principe du droit divin, est jugée par ses résultats. Les rois, pour être rois, n'ont que la peine de naître. Qu'importe qu'ils n'aient ni intelligence ni moralité, qu'ils soient des enfants en bas âge, plus capables de jouer à la paume que d'occuper un trône ! Ils sont les fils de leur père, et ils lui succèdent par droit de naissance.

3° *Le droit des meilleurs.* — On a quelquefois essayé, vu la fragilité des principes précédemment invoqués, de faire appel à un autre principe : le droit des meilleurs. C'est aux plus sages, c'est aux plus habiles, aux plus vertueux, qu'appartient, dit-on, le gouvernement des autres hommes. Nous n'en disconvenons pas, mais nous demandons s'il y a pour un peuple un autre moyen de trouver de tels chefs que de lui laisser la faculté de les choisir lui-même. Vous prétendez être plus instruit, plus expérimenté que vos concitoyens ! Mais qui peut être juge de vos prétentions, sinon vos concitoyens eux-mêmes ? C'est à la voix publique qu'il appartient de désigner les hommes les plus dignes de la confiance du peuple. De sorte que l'on ne peut invoquer le droit des meilleurs sans aboutir à reconnaître le vrai principe de l'autorité, la souveraineté nationale.

17. Souveraineté nationale. — Depuis 1789, la souveraineté nationale est le principe incontesté des sociétés modernes. Mais, dès le moyen âge, le grand théologien saint Thomas déclarait : « C'est à la multitude tout entière ou à ceux qui la représentent, qu'il appartient de faire la loi. » Il ajoutait que « dans un bon gouvernement, tous doivent avoir quelque part au gouvernement ». Les États généraux avaient eu parfois le pressentiment de cette vérité politique que « les nations s'appartiennent à elles-mêmes ». Ceux de 1484, par exemple, déclaraient que l'État est la chose du peuple, et que des flatteurs seuls peuvent attribuer la souveraineté au prince, qui n'existe que par la volonté du peuple. Montesquieu, Rousseau, dans leurs immortels ouvrages, ont définitivement formulé les droits entrevus avant eux : « Le peuple, dit Montesquieu, est souverain par ses suffrages, qui sont ses volontés. La volonté du souverain est le souverain lui-même. » « Un peuple, dit Rousseau, n'est pas un troupeau : c'est une collection d'êtres libres, unis pour protéger de toute la force commune les droits de chacun, et pour concourir ensemble à l'intérêt commun... Un peuple est comme une personne : il s'appartient à lui-même... Le souverain n'est pas le chef du peuple c'est le peuple lui-même. »

Qui donc oserait aujourd'hui protester contre la souveraineté de la volonté nationale? Même les pouvoirs despotiques, qui, comme le second empire, se sont établis par la force et les coups d'État, ont essayé de se couvrir du consentement du peuple. Concluons donc qu'il n'y a de pouvoir légitime que celui qui est délégué par la nation. Tout autre pouvoir n'est qu'un pouvoir de fait, une usurpation, une tyrannie. Un peuple ne doit pas avoir de maître, de quelque espèce qu'il soit : il est son maître à lui-même.

18. Objections. — Mais, dira-t-on, vous avez beau proclamer la souveraineté nationale, et instituer le suffrage universel qui en est l'instrument, vous n'échappez pas à cette loi fatale qui veut que, dans toute société humaine, les plus forts, les plus nombreux, dominent les plus faibles. La volonté nationale ne sera jamais unanime, et, par conséquent, ce ne sera pas la nation tout entière, ce sera seulement la majorité des citoyens qui, en fait, possédera et exercera la souveraineté. — Sans doute, la diversité des opinions et le conflit des passions ne permettent pas d'espérer que l'unanimité des volontés, qui serait l'idéal, puisse jamais se réaliser. La loi des majorités, la loi du nombre, est une conséquence nécessaire de l'exercice de la souveraineté nationale. Mais n'est-il pas juste qu'il en soit ainsi? Si le plus grand nombre des citoyens manifeste sa volonté dans un sens, n'est-il pas légitime que le plus petit nombre s'incline et se soumette? D'ailleurs, la minorité ne perd jamais le droit de déclarer ses préférences. Par son opposition même, par le pouvoir qu'elle a de nommer des représentants qui expriment ses vœux et ses aspirations, n'est-il pas vrai qu'elle exerce aussi en un sens sa part de souveraineté? N'est-il pas certain, si elle a la vérité pour elle, qu'elle finira par devenir à son tour la majorité?

Une autre objection consiste à dire qu'en remettant au peuple le soin de se gouverner lui-même, on ne le garantit nullement contre les erreurs, les injustices et les fautes. Une nation a beau être devenue l'arbitre de ses destinées, elle peut se tromper sur ses véritables intérêts. La souveraineté nationale n'est pas, a-t-on dit, la souveraineté de la raison. Rousseau répondait hardiment à cette objection que le peuple souverain est infaillible : « Le souverain, n'étant formé que des particuliers qui le composent, n'a ni ne peut avoir d'intérêt qui soit contraire au leur ; par conséquent, la puissance souveraine n'a nul besoin de garant envers les sujets, parce qu'il est impossible que le corps veuille nuire à tous ses membres... Le souverain, par cela seul qu'il est, est toujours ce qu'il doit être. » Nous ne suivrons pas Rousseau dans ses paradoxes ; nous accorderons volontiers que l'écart est possible entre la volonté souveraine d'un peuple et ce que commanderaient la justice et la raison. Mais on nous accordera aussi qu'il y a plus de chances encore pour que cet écart existe entre la volonté d'un roi, d'un monarque quelconque, et l'intérêt du peuple. D'ailleurs, les décisions de la souveraineté, si elles sont faillibles, ne sont pas irrévocables. Un peuple libre, qui est maître de régler ses affaires comme il l'entend, s'apercevra bien vite qu'il a fait fausse route, s'il s'est trompé dans son premier jugement, et rien ne l'empêchera de corriger son erreur. Un peuple au contraire lié à une dynastie et sujet d'un pouvoir qu'il n'inspire pas n'a aucun moyen de remédier aux erreurs commises dans le gouvernement. En outre, plus les citoyens s'éclairent et s'instruisent, et plus la volonté nationale se rend compte de ses vrais intérêts, plus elle se rapproche de la raison et de la vérité.

Les erreurs possibles de la volonté nationale n'en diminuent donc pas l'autorité. La seule conclusion à tirer de ce fait que la volonté générale est faillible, c'est qu'il ne faut l'appliquer qu'aux objets où elle est absolument nécessaire, et ne pas faire dépendre de ses décisions les droits imprescriptibles de l'individu, la liberté de conscience, la propriété, etc. (V. n° 21.)

19. Diverses formes de gouvernement. — La volonté générale est donc le vrai principe de l'autorité et la source de tout gouvernement légitime. Quelle est maintenant, entre les diverses formes de gouvernement, celle qui est véritablement conforme aux principes de la souveraineté nationale ?

Il est difficile d'arriver à une classification exacte des divers systèmes de gouvernement. Aristote et les anciens en général se contentaient de distinguer le gouvernement d'un seul, ou *monarchie*, le gouvernement de plusieurs ou *oligarchie*, le gouvernement de tous ou *démocratie*. Mais cette classification ne tenait pas compte de ce fait que les monarchies et les autres gouvernements sont tantôt despotiques et absolus, tantôt libéraux et constitutionnels.

Montesquieu a proposé une autre division. « Il y a, dit-il, trois espèces de gouvernement : *le républicain, le monarchique, le despotique* ; le républicain est celui où le peuple en corps, ou seulement une partie du peuple, a la souveraine puissance ; le monarchique est celui où un seul gouverne, mais par des lois fixes et établies ; au lieu que dans le despotique un seul, sans loi et sans règle, entraîne tout par sa volonté et par ses caprices. »

Mais cette classification est vicieuse (outre qu'elle confond la république et l'aristocratie), parce qu'elle est fondée sur deux principes erronés : d'une part, la distribution de la souveraineté à une ou plusieurs personnes ; d'autre part, l'usage libéral ou despotique de la souveraineté. C'est d'après ce premier principe que Montesquieu distingue la monarchie de la république, et d'après le second qu'il sépare le despotisme des deux autres formes de gouvernement.

Au fond, et sans méconnaître la diversité très complexe des formes gouvernementales, il est permis de les ramener toutes à deux grandes catégories : les gouvernements libres et les gouvernements absolus. Un gouvernement libre est celui où, sous la protection des lois consenties ou votées par le peuple ou par les représentants du peuple, et sous l'autorité de divers pouvoirs, tous issus de la volonté nationale, la nation demeure la maîtresse de ses destinées. Un gouvernement absolu est celui où un homme ou plusieurs hommes, un roi par droit de naissance, un César par un coup de force, même une assemblée, par un régime de terreur, usurpent la souveraineté et empiètent sur les libertés publiques.

20. La République seule forme de gouvernement compatible avec le principe de la souveraineté nationale. — Il y a sans doute divers degrés dans la liberté, et les gouvernements libres eux-mêmes affectent plusieurs formes. Un gouvernement monarchique, s'il est en même temps représentatif, c'est-à-dire s'il fait appel pour la confection des lois à la volonté de la nation exprimée par des députés librement élus, s'il exerce ses pouvoirs d'après une Constitution fixe et établie, mérite certainement le nom de gouvernement libéral. Mais il n'en est pas moins vrai que le principe monarchique, qui se confond presque avec le principe héréditaire, est incompatible avec l'exercice complet de la souveraineté nationale. Un peuple qui lie ses destinées à celles d'une famille royale ou impériale abdique en effet ses droits. Un peuple n'est souverain que quand il peut, à des époques régulières et légalement fixées, manifester les changements de sa volonté, condamner ou approuver l'usage que ses mandataires ont fait du pouvoir qui leur a été confié pour un temps, et faire passer l'autorité dans d'autres mains. Même une royauté élective qui ne peut finir qu'avec la vie du roi élu, est en contradiction avec le principe de la souveraineté de la nation. Qui peut répondre, en effet, que, jusqu'à la fin de ses jours, le roi sera fidèle à ses engagements, et qu'il n'abusera pas du pouvoir irresponsable qui lui a été remis pour une durée d'années indéfinie ?

Reconnaissons donc qu'il n'y a de gouvernement véritablement libre que chez les peuples qui n'aliènent jamais leur souveraineté, qui la délèguent seulement pour un temps à des mandataires qu'ils 'ont choisis, qui peuvent reprendre le pouvoir qu'ils ont donné, chez lesquels il n'y a pas de puissance inamovible, qui restent maîtres de modifier leur volonté première, et où toutes les fonctions gouvernementales sont soumises à des renouvellements ou à des confirmations périodiques ; chez les peuples, enfin, qui vivent en république.

21. Limites de la souveraineté nationale. — D'après ce qui a été dit, la souveraineté réside dans l'universalité des citoyens. L'État n'est plus un homme ou un groupe d'hommes privilégiés. L'État, c'est la nation, c'est tout le monde. Mais en déplaçant la souveraineté, en la transportant, comme il est légitime, des mains d'un seul aux mains de tous, faut-il laisser au nouveau souverain, le peuple, l'omnipotence absolue que s'arrogeaient les anciens souverains, les rois? En d'autres termes, l'État, ou, ce qui revient au même, la souveraineté nationale a-t-elle ou non des limites?

Si l'on en croyait certains théoriciens de la souveraineté nationale, tels que Rousseau, par exemple, rien ne bornerait la toute-puissance du peuple souverain. D'après l'auteur du *Con'rat social*, la solution du problème politique serait l'aliénation totale de chaque associé, l'abandon de sa personne et de ses droits que chaque citoyen ferait à la communauté. L'individu s'effacerait complètement pour faire place au citoyen, ou, pour mieux dire, les droits individuels seraient entièrement abolis et remplacés par les droits de l'État. En entrant dans la société, le citoyen abdiquerait toute personnalité, comme le moine quand il entre dans son couvent.

Il est impossible d'admettre de pareilles théories. Sans doute, il ne saurait être question d'affaiblir et de désarmer l'État, de lui disputer ses droits, de lui contester les pouvoirs légitimes qu'il exerce pour assurer la défense du pays, pour maintenir à l'intérieur l'ordre et la sécurité, et en général pour établir les lois les plus utiles et les plus conformes à l'intérêt général, comme pour veiller à l'exécution de ces lois. Mais si la souveraineté nationale, manifestée par les suffrages de la majorité des citoyens et représentée par ses mandataires, a un empire incontestable et incontesté, il n'en est pas moins vrai que cet empire a ses bornes, ses limites naturelles, où expirent son pouvoir et son droit. Il y a un certain nombre de choses qui ne sauraient être asservies à l'État, qui nous appartiennent à tous en notre qualité d'hommes; il y a des droits naturels, la libre disposition de notre personne, de nos biens, le libre exercice de notre pensée, qui doivent être respectés et qui restent en dehors de la souveraineté nationale. Si l'on n'admettait pas ces limites de l'action de l'État, le régime républicain n'aurait fait, en quelque sorte, que déplacer la base du despotisme, sans supprimer le despotisme lui-même : on l'aurait retiré aux rois pour le donner à la foule.

Comme le disait le philosophe anglais Locke,

« la société civile est un contrat par lequel chaque homme abandonne une part de son indépendance naturelle, afin de jouir en paix, comme citoyen, de la liberté qu'il réserve ». Rousseau, lui aussi, a dit dans le même sens : « Chacun ne doit aliéner que la partie de sa puissance, de ses biens, dont l'usage importe à la communauté. » En d'autres termes, le problème politique consiste à faire exactement et équitablement le départ des sacrifices nécessaires que l'intérêt général impose à l'individu, et des droits que la liberté individuelle commande à l'État de respecter.

Comment fixer la limite délicate et souvent indécise de ces deux droits en apparence rivaux ? Spinoza disait que le droit de l'État n'a pas d'autres bornes que sa puissance ; Hobbes, qu'il fallait s'arrêter au point où un citoyen préférerait la mort à l'obéissance ; Rousseau, que le souverain était le seul juge. Il ne faut pas hésiter à repousser ces maximes d'absolutisme monarchique ou démocratique. Le droit seul, le droit naturel et inviolable de la personne humaine, doit être la règle en cette matière. (V. n°° 22 et suivants.)

Il importe de remarquer que la souveraineté nationale renierait en quelque sorte son origine et se mettrait en contradiction avec elle-même si elle s'avisait d'attenter aux libertés individuelles, dans le cas où l'exercice de ces libertés ne nuit pas aux libertés d'autrui. Qu'un monarque, issu du droit divin ou du droit de la force, considère comme lui appartenant la conscience et la pensée de ses sujets, aussi bien que leur vie et leurs propriétés, c'est le comble de l'injustice, sans doute, mais c'est une conséquence logique du système. Un roi est chose sacrée : il n'a de comptes à rendre à personne, sinon à Dieu. Ses sujets n'ont aucun droit : tout ce qu'ils possèdent en apparence n'est qu'une concession qui leur est faite par l'autorité ; ils ne peuvent donc prétendre à aucune garantie. Il en va autrement dans une société qui proclame la souveraineté de tous les citoyens. Cette souverair   en effet, n'a pas d'autre fondemen. ̄de la liberté et l'égalité de tous ies membres de l'association. Chaque citoyen français n'a sa part de souveraineté que parce que préalablement la raison nous a conduits à lui reconnaître des droits naturels. Il serait donc illogique de déclarer, d'une part, qu'il est souverain au nom de sa liberté naturelle ; d'autre part, qu'il n'est pas libre, qu'il est esclave, au nom de la souveraineté nationale.

En fait, les constitutions républicaines ont généralement reconnu la limite nécessaire des droits de l'État. Mais, dans la pratique, les gouvernements ont une tendance naturelle à dépasser cette limite. « Le difficile, disait Mirabeau, est de ne promulguer que des lois nécessaires, de rester à jamais fidèle à ce principe vraiment constitutionnel de la société, de se mettre en garde contre la fureur de gouverner, la plus funeste maladie des gouvernements modernes. »

Il est donc indispensable d'énoncer les droits individuels auxquels l'État ne doit pas toucher et qui restent, dans une société libre, le bien inaliénable de chaque citoyen.

Ces droits sont : 1° la liberté de conscience ; 2° la liberté individuelle ; 3° la propriété.

1° *La liberté de conscience.*

22. Définition. — La liberté de conscience est le droit de choisir et de préférer les opinions qu'on juge les plus conformes à la vérité sans pouvoir être inquiété à ce sujet. Elle implique d'ailleurs plusieurs libertés distinctes, nécessaires à son existence et à son exercice : d'abord, la liberté de penser, c'est-à-dire le droit tout intérieur de se former librement une croyance ; en second lieu, la liberté de manifester sa pensée : le droit de croire, en effet, ne serait qu'un leurre, s'il n'avait pour corollaire la liberté de publier ce que l'on croit; ensuite, le droit d'enseigner aux autres ce que l'on juge être la vérité; enfin, le droit d'user de cette triple liberté sans souffrir aucune diminution dans sa dignité d'homme et de citoyen. Il est évident, en effet, que la liberté de conscience n'existe véritablement pas, si elle a pour résultat de priver ceux qui en usent de tout ou partie de leurs droits civils et politiques. Un juif, en Angleterre, est libre dans son culte, mais il ne peut siéger au Parlement ; il ne possède donc pas complètement la liberté de conscience.

23. Historique. — L'histoire de la liberté de conscience n'est guère que celle des attentats commis contre elle. Nous ne rappellerons pas les crimes de l'Inquisition, les supplices infligés aux hérétiques, la Saint-Barthélemy, les dragonnades, la révocation de l'édit de Nantes. L'ancien régime se croyait naïvement le droit d'imposer par tous les moyens l'unité de croyance et de culte. Instruments dociles de la théocratie, les rois, quand ils ne faisaient pas brûler les protestants et les juifs, leur interdisaient du moins tout emploi et toute fonction. C'est la Révolution seule qui a enfin consacré les droits de la liberté de conscience, éloquemment revendiqués par les philosophes du xviii° siècle.

Fidèle aux articles 10 et 11 de la *Déclaration des droits de l'homme* (V. n° 5), la Constituante accorda la plénitude des droits politiques aux protestants le 23 décembre 1789, aux juifs le 28 septembre 1791.

La Convention professa plus qu'elle ne pratiqua la liberté des cultes : par exemple, elle prononçait la peine de la déportation contre les évêques qui apportaient des empêchements au mariage des prêtres ; elle interdisait les manifestations extérieures de la religion ; elle proclamait le culte de la Raison ; puis elle supprimait tous les cultes (15 novembre 1793); elle condamnait à la déportation, à la mort, les prêtres non assermentés. Et cependant l'article 122 de l'Acte constitutionnel disait : « La Constitution garantit à tous les Français la liberté, l'égalité et le *libre exercice des cultes.* »

La Constitution de 1795 s'exprimait ainsi : « Nul ne peut être empêché de dire, écrire, imprimer et publier sa pensée... » (Art. 353.) — « Nul ne peut être empêché d'exercer, en se conformant aux lois, le culte qu'il a choisi. Nul ne peut être forcé de contribuer aux dépenses d'aucun culte. La République n'en salarie aucun. » (Art. 354.) C'était prononcer à la fois l'égalité de tous les cultes et la suppression du budget des cultes. (V. Ch. XII.)

Le gouvernement consulaire ne resta point fidèle à ces principes. Tout en reconnaissant la liberté des cultes, il rendit au culte catholique la prédominance. « Je suis persuadé, disait le premier consul, que la religion catholique est la seule qui puisse procurer un bonheur véritable à une société bien ordonnée, et affermir les bases d'un bon gouvernement. »

C'était déjà entrer dans la voie où la Restauration s'engagea ouvertement en proclamant la religion catholique religion d'État. L'article 5 de la Charte disait, il est vrai : « Chacun professe sa religion avec une égale liberté et obtient pour son culte la même protection. » Mais l'article 6 ajoutait : « Cependant, la religion catholique, apostolique et romaine, est la religion de l'État. » C'était dire qu'il y avait une religion privilégiée, un culte favori. L'égalité des cultes n'était plus qu'un vain mot. Ajoutons que l'inégalité se marquait encore dans l'article 7, qui n'admettait que les cultes chrétiens à la participation du traitement payé par l'État. Le budget du culte israélite ne fut réglé que par la loi du 8 février 1831, qui l'assimila aussi aux autres cultes reconnus par l'État.

La Révolution de 1830 n'eut pas, au point de vue de la liberté des cultes, toutes les conséquences qu'on devait attendre du libéralisme de ses auteurs. On supprima le titre de religion d'État, mais on substitua à cette expression celle de « religion de la majorité », empruntée au texte du Concordat. C'était donner encore à l'opinion religieuse de la majorité une sorte de prédominance sur l'opinion de la minorité.

La Constitution de 1848 a fait disparaître les inégalités que laissait encore subsister la Charte de 1830. Elle promet à tous les citoyens, pour l'exercice de leur culte, la même protection. Elle déclare que les « ministres, soit des cultes actuellement reconnus par la loi, soit *de ceux qui seraient reconnus à l'avenir*, ont le droit de recevoir un traitement de l'Etat. » (Art. 7.), En prévoyant la reconnaissance possible de cultes nouveaux, les constituants de 1848 voulaient faire entendre qu'ils ne prétendaient pas renfermer l'expression des sentiments religieux dans les formes traditionnelles et déjà acceptées. C'était un pas de plus dans la voie de la liberté des cultes.

24. Limites de la liberté de conscience. — La liberté de conscience n'a d'autres limites que la liberté d'autrui. L'Etat, qui n'est ni catholique, ni juif, ni protestant, ni libre-penseur, doit garder la neutralité la plus absolue vis-à-vis des diverses manifestations de la pensée et de la conscience humaines. Il n'a le droit d'intervenir que le jour où ces manifestations porteraient atteinte à la liberté des autres citoyens, ou bien seraient un danger pour la sécurité publique. « En elle-même, dit Stuart Mill, la liberté de penser est un droit absolu et sans limites. Quand bien même toute l'humanité serait d'un côté, moins un seul homme, cet homme, on n'aurait pas le droit de lui imposer silence ; car, en parlant, il use de ses propres facultés et n'empiète sur personne. » Cette pensée du philosophe anglais n'est rigoureusement juste que s'il s'agit de la liberté de penser renfermée dans le for intérieur. Mais si la liberté de penser, se répandant au dehors, en vient à provoquer à des actes criminels, à des violences contre les personnes ou à la rébellion contre les lois, c'est alors qu'elle appelle des restrictions nécessaires, et que, de quelque autorité, religieuse ou autre, qu'elle prétende se couvrir, elle peut et doit être légitimement réprimée.

2° *La liberté individuelle.*

25. Définition. — L'expression de *liberté individuelle* pourrait être entendue dans un sens très large et comprendre l'exercice de tous les droits inhérents à la personne. Mais, dans notre droit public, en général, la liberté individuelle signifie le droit reconnu à chaque citoyen de disposer de sa personne et de n'être arrêté et détenu que dans les circonstances et selon les formes déterminées par la loi. « La jouissance de la liberté individuelle, disait en 1810 le rapporteur au Corps législatif, est pour l'homme vivant en société le premier de tous les biens, celui dont la conservation importe le plus essentiellement à son bonheur. Le gouvernement et la loi doivent donc le protéger et le préserver avec une religieuse attention de tout acte arbitraire de la part des ministres et de leurs agents. »

26. Historique. — Les atteintes à la liberté individuelle étaient nombreuses sous l'ancien régime. Par les lettres de cachet, le roi disposait, quand il lui plaisait, de la personne de ses sujets. Un exempt muni d'une de ces lettres pouvait enjoindre à n'importe qui d'aller en exil ou de le suivre à la Bastille. On fabriquait souvent de fausses lettres de cachet. Voltaire demandait au lieutenant de police Hérault : « Monsieur, que fait-on à ceux qui fabriquent de fausses lettres de cachet ? — Monsieur, on les pend. — C'est toujours bien fait, en attendant qu'on traite de même ceux qui en signent de vraies ! » En outre, le roi, abusant de son pouvoir absolu et de son irresponsabilité, établissait parfois des commissions, des tribunaux extraordinaires, qui prononçaient arbitrairement l'arrestation et la condamnation des citoyens.

C'est dans la *Déclaration des droits de l'homme* et dans la Constitution de 1791 qu'il faut chercher la première affirmation nette et décisive de la liberté individuelle : « La Constitution garantit... la liberté à tout homme d'aller, de rester, de partir, sans être arrêté ou détenu que selon les formes déterminées par la Constitution. » (Titre Ier.)

Mais, dès l'an VIII, le gouvernement consulaire revenait au régime du bon plaisir, en s'attribuant, par l'article 46 de la Constitution du 22 frimaire, le droit d'arrêter les citoyens par simple mesure de police. L'empire rétablit ouvertement le système des lettres de cachet et des prisons d'État. Des ordres d'exil étaient donnés capricieusement et avec un sans gêne inouï. Savary, ministre de la police, écrivait à madame de Staël, en lui interdisant le territoire français : « Votre exil est la conséquence naturelle de la marche que vous suivez depuis plusieurs années. *Il m'a paru que l'air de ce pays-ci ne vous convenait point.* »

Sous la Restauration, le gouvernement garda encore le drcit d'arrêter et de détenir sans les renvoyer devant les tribunaux les individus accusés de certains délits politiques. (Lois des 29 avril 1815 et 26 mai 1820.)

La Charte de 1830 rétablissait le principe de la liberté individuelle, que la Constitution de 1848 formula plus nettement encore. Mais sous le second empire, la liberté individuelle, comme toutes les autres, fléchit de nouveau devant la raison d'État. La loi du 9 janvier 1852 donnait au gouvernement le pouvoir d'interdire le séjour du département de la Seine et des communes de l'agglomération lyonnaise à certains condamnés, et même aux individus qui, *sans avoir subi de condamnation,* ne justifiaient pas de moyens d'existence. Plus tard, la loi dite de sûreté générale (27 février 1858), rendue à la suite de l'attentat du 14 janvier, autorisait le gouvernement à considérer tels et tels individus comme dangereux pour la sûreté publique, et par suite à les interner dans un des départements de France ou d'Algérie, ou à les expulser du territoire. On empiétait ainsi sur l'exercice de la justice régulière, et on permettait à l'administration de frapper qui il lui plaisait, sans jugement, sans contrôle.

27. Législation actuelle. — Aujourd'hui, les lois d'exception ont disparu. La liberté individuelle est un droit reconnu et protégé par la loi. Le Code pénal punit rigoureusement les arrestations et les détentions arbitraires. (Art. 341, 342.)

Mais toutes les libertés, c'est-à-dire les droits individuels, ont leurs limites, tout comme les droits de l'État. Il est évident que l'arrestation ou la détention de telle ou telle personne est, dans certains cas, une nécessité de justice et une mesure d'ordre social. Seulement, toute restriction apportée à la liberté individuelle ne doit et ne peut avoir lieu que suivant des formes prescrites et avec le concours d'agents expressément désignés.

Indiquons sommairement les formes légales du droit d'arrestation. Le *juge d'instruction* ordonne une arrestation dans tous les cas où la loi autorise cette atteinte à la liberté des citoyens. (Code d'instruction criminelle, art. 61, 91, 94, 97.) Il délivre les mandats d'amener et les mandats d'arrêt. Le *procureur de la République* (art. 40), en cas de flagrant délit et lorsque le fait est de nature à entraîner une peine afflictive et infamante (travaux forcés, détention, réclusion), fait saisir les prévenus ou délivre contre eux un mandat d'amener. Les *juges de paix, officiers de gendarmerie et commissaires de police* sont investis du même pouvoir à titre d'auxiliaires du procureur de la République.

Les préfets des départements et le préfet de police à Paris ont compétence pour ordonner ou requérir une arrestation, dans le but de livrer à l'autorité judiciaire les auteurs d'un crime ou d'un délit (art. 10).

Un mandat d'amener n'est pas nécessaire, en cas de flagrant délit, pour autoriser les gendarmes, les gardes champêtres et forestiers, les officiers de paix et agents de police, les simples particuliers eux-mêmes, à effectuer une arrestation.

28. Inviolabilité du domicile. — L'inviolabilité du domicile est la conséquence nécessaire de la liberté individuelle. Elle a été consacrée dans ces termes par l'article 76 de la Constitution de l'an VIII : « La maison de toute personne habitant le territoire français est inviolable pendant la nuit; nul n'a le droit d'y entrer que dans le cas d'incendie, d'inondation ou de réclamation faite de l'intérieur de la maison ; pendant le jour, on peut y entrer pour un objet spécial déterminé ou par un ordre émané d'une autorité publique. » La Constitution de 1848 s'exprime ainsi : « La demeure de toute personne habitant le territoire français est inviolable; il n'est permis d'y pénétrer que selon les formes et dans les cas prévus par la loi. » (Art. 5.) Les officiers de police ne peuvent, en effet, pénétrer dans le domicile des citoyens que s'ils sont porteurs d'un *ordre régulier de justice*, ou dans des cas formellement déterminés par la loi, comme le *flagrant délit*, la *réquisition du propriétaire*, la qualité de *débitant de boisson*. En dehors de ces cas, et en l'absence des formalités que la loi a prescrites, la violation du domicile est un abus d'autorité que le Code pénal frappe sévèrement. L'article 184 édicte des peines qui varient de six jours à un an de prison, de 16 à 800 francs d'amende pour les agents de l'autorité qui « se seraient introduits dans le domicile d'un citoyen contre le gré de celui-ci ».

3° *La propriété.*

29. Définition. — « La propriété, dit la Constitution de 1795, est le droit de jouir et de disposer de ses biens, de ses revenus, du fruit de son travail et de son industrie. » C'est aussi la définition du *Code civil*. (Art. 544.) On pourrait cependant ajouter que la propriété est encore le droit d'user de ses biens, l'usage étant autre chose que la simple jouissance. Nous n'avons pas à insister ici sur l'origine de la propriété. Voici comment un économiste contemporain (M. Wolowski) explique sa légitimité : « C'est sur la liberté qu'il convient de fonder le principe de la propriété, et, si l'on veut savoir à quel signe on la reconnaît, nous répondrons que c'est par le travail que l'homme imprime sa personnalité sur les choses. C'est le travail qui défriche la terre et d'une bande inoccupée fait un champ approprié; c'est le travail qui d'une forêt vierge fait un bois régulièrement aménagé; c'est le travail, ou plutôt c'est une série de travaux exécutés par une succession souvent très nombreuse d'ouvriers, qui de la graine fait sortir le chanvre, du chanvre le fil, du fil l'étoffe, le vêtement... C'est le travail qui est le signe distinctif de la propriété; il en est la *condition*, il n'en est pas le *principe*, lequel remonte à la liberté de l'âme humaine. »

M. Thiers a dit dans le même sens : « L'homme a une première propriété dans sa personne et sa famille, il en a une seconde moins adhérente à son être, mais non moins sacrée, dans le produit de ses facultés qui embrasse tout ce qu'on appelle les biens de ce monde, et que la société est intéressée au plus haut point à lui garantir; car, sans cette garantie, point de travail; sans travail, pas de civilisation, pas même le nécessaire; mais la misère, le brigandage et la barbarie. »

30. **Historique.** — Il s'en faut que sous l'ancien régime la propriété fût considérée comme un droit essentiel de l'individu. Dans ses *Instructions au Dauphin*, Louis XIV disait : « Le roi représente la nation tout entière: toute puissance réside dans les mains du roi. Les rois sont seigneurs absolus et ont naturellement la disposition pleine et entière de tous les biens qui sont possédés, aussi bien par les gens d'Église que

par les séculiers. » Bossuet, l'apologiste du pouvoir absolu, disait de même : « Otez le gouvernement, la terre et tous ses biens sont aussi communs entre les hommes que l'air et la lumière. Selon le droit primitif de la nature, nul n'a de droit particulier sur quoi que ce soit, et tout est propre à tous... Du gouvernement est né le droit de propriété, et en général tout droit vient de l'autorité publique. » Le théologien du xvii⁰ siècle donne ainsi la main aux communistes de tous les temps, puisqu'il affirme, comme eux, qu'il n'y a pas de propriété individuelle et que tout appartient à tous. Dans une certaine mesure, c'était aussi la théorie de Robespierre, qui proposait à la Convention cette définition du droit de propriété : « Le droit de jouir de la portion de bien *que nous garantit la loi.* » Ici encore, la propriété est considérée, non comme un droit naturel, mais comme une concession de l'autorité.

Les constitutions républicaines ont réagi contre les doctrines inexactes qui fondent la propriété sur la loi ou sur l'utilité sociale. D'après la *Déclaration des droits de l'homme,* la propriété est un droit inviolable et sacré. La Constitution de 1795 met sur le même rang l'égalité, la liberté, la sûreté et la *propriété.* La Constitution de 1848 déclare que la République française a pour base la famille, le travail, la *propriété,* l'ordre public. Napoléon I⁰ʳ, qui, sur ce point comme sur beaucoup d'autres, n'a pas conformé ses actes à ses théories, disait lui-même : « La propriété est inviolable : un empereur, avec les nombreuses armées dont il dispose, ne pourrait s'emparer d'un champ, car violer la propriété dans un seul, c'est la violer dans tous. »

31. Restrictions du droit de propriété. — La propriété est donc, elle aussi, un de ces droits primordiaux sur lesquels la souveraineté nationale n'a point de prise. La loi pourtant, dans l'intérêt général, peut, dans des circonstances exceptionnelles, apporter certaines restrictions au droit de propriété. La *Déclaration* de 1789 disait déjà : « Nul ne peut être privé de sa propriété, si ce n'est lorsque la nécessité publique, légalement constatée, l'exige évidemment et sous la condition d'une juste et préalable indemnité. »

C'est ce qu'on appelle l'*expropriation pour cause d'utilité publique*. (Loi du 3 mai 1841.)

De même, d'après la loi, le propriétaire ne peut *bâtir sur un terrain joignant la voie publique sans observer l'alignement ;* il ne peut *planter des arbres* sur son propre terrain, *établir des vues, des fenêtres* sur la propriété de son voisin, sans observer *certaines distances,* etc.

Ici, comme partout, la loi a dû concilier les deux grands principes fondamentaux du droit social : d'une part, le respect des libertés individuelles ; d'autre part, la subordination de l'intérêt privé à l'intérêt général.

CHAPITRE III

Exercice de la souveraineté nationale. — Le suffrage universel. — Les suffrages restreints. — Les suffrages à plusieurs degrés. — Électeurs, éligibles, le vote.

SOMMAIRE

32. *Le suffrage universel; sa légitimité :* le suffrage universel est l'instrument de la souveraineté nationale. Le suffrage universel est profondément juste : c'est un droit. Le suffrage universel est profondément politique : ses avantages sociaux. Le suffrage universel a aussi une portée morale. — 33. *Organisation du suffrage universel :* ses conditions d'exercice. Il doit être libre, éclairé. Conséquences : développement de l'instruction, liberté de la presse, droit de réunion. Il doit être exercé périodiquement à des intervalles assez rapprochés. Il doit être direct le plus possible. Doit-il être obligatoire? — 34. *Plébiscites :* critique de ce mode électoral. — 35. *Suffrages restreints :* exemples empruntés aux législations étrangères. — 36. *Suffrages à deux degrés :* caractères de ce mode électoral qui implique la défiance du suffrage universel. — 37. *Electorat :* définition. — 38. *Historique* des conditions de l'électorat en France. — 39. *Conditions normales de l'électorat :* âge, sexe, domicile, nationalité, honorabilité, etc. — 40. *Eligibilité :* définition. — 41. *Historique :* Diverses modifications du droit d'éligibilité en France. — 42. *Conditions normales de l'éligibilité.* — 43. *Le vote :* formes et conditions du vote. Le lieu du vote : le vote au chef-lieu de canton; le vote à la commune. Le vote doit être secret. — 44. *Opérations électorales.* Dispositions particulières adoptées pour la tenue des opérations électorales.

32. Le suffrage universel; sa légitimité. — Le suffrage universel est l'instrument nécessaire de la souveraineté nationale. Ou bien la souveraineté nationale n'est qu'un vain mot, ou bien tous les citoyens doivent également jouir du droit de su.... ..Si vous admettez que tous les individus dont se compose la nation sont citoyens, que tous les citoyens sont égaux, vous ne pouvez pas ne pas reconnaître, par une conséquence nécessaire, qu'ils doivent tous concourir par leur vote au gouvernement du pays. Aussi du jour où l'on a pris au sérieux la doctrine de la souveraineté nationale, on a compris qu'il fallait donner à l'égalité politique de tous les citoyens sa sanction réelle : on a institué le suffrage universel. La Convention l'avait déjà proclamé (V. n° 7) : la République de 1848, et ce sera son éternel honneur devant l'histoire, l'a définitivement établi. Le suffrage universel aura encore ses détracteurs et ses adversaires ; on essayera de le mutiler, comme par la loi du 31 mai 1850 ; on s'ingéniera à le tromper, on s'efforcera de l'escamoter, comme sous l'empire. Mais on ne réussira pas à en ébranler le principe ni à en supprimer l'exercice au moins apparent. Ceux-là mêmes qui s'en plaignent, et qui déplorent le plus aigrement d'avoir à s'incliner devant la loi du nombre, avouent qu'il est désormais impossible de priver une société démocratique d'un droit qu'elle possède et auquel elle a pris goût. Consacré par un usage de plus de trente ans, le suffrage universel est une conquête définitive, et on peut prédire malheur aux partis politiques qui prétendraient y toucher.

Le suffrage universel est d'abord profondément juste. Il est équitable que tous les citoyens, puisque la loi les contraint tous à payer l'impôt, à subir le service militaire, à supporter enfin leur part des charges communes de la nation, participent par le vote, qui est l'expression de leur volonté, à l'établissement de la loi. On ne peut décider de la destinée d'un être libre sans son aveu. De quel droit demanderait-on à une fraction du peuple l'obéissance à des lois qu'elle n'aurait point consenties et qu'une autre fraction du même peuple aurait seule instituées ?

Le vote est donc un droit individuel, qui appartient à tous les membres du corps politique, un de ces droits naturels et imprescriptibles dont La Fayette disait qu'il n'est jamais permis à aucune puissance, pas même à une nation entière, de les violer, pas même envers un seul homme.

Le suffrage universel, en second lieu, est profondément politique ; je veux dire que ses avantages sociaux sont considérables. On l'a remarqué avec raison : en mettant aux mains de tous les citoyens le bulletin de vote, on leur ôte le fusil. Le suffrage universel désarme les agitateurs et supprime les principales raisons d'être des émeutes et des révolutions. Par le vote, en effet, les électeurs sont certains de faire triompher leur volonté, lentement il est vrai, mais sûrement et pacifiquement. L'universalité du droit de vote donne d'ailleurs à la loi une autorité nouvelle. Quand la majorité a parlé, il ne reste qu'à s'incliner ; il n'appartient pas à quelques-uns de défaire ou de contredire l'œuvre de tous. « Le suffrage universel, disait Prévost-Paradol, a cet avantage qu'on ne peut rien inventer ni proposer au delà pour séduire l'imagination populaire, et que les agitateurs ne peuvent revendiquer aucun moyen plus radical de connaître et de satisfaire la volonté du plus grand nombre [1]. »

Enfin, nous ajouterons que le suffrage universel a aussi une portée morale. En appelant au scrutin tous les citoyens, il accroît leur dignité et la conscience de leur responsabilité ; il les force à s'éclairer, à réfléchir ; il fait aux plus humbles et aux plus ignorants une obligation d'avoir des sentiments et des opinions, d'aimer la patrie, de s'intéresser à sa fortune et de connaître ses intérêts. « Il y a un jour dans l'année, a dit Victor Hugo, où le gagne-pain, le journalier, où l'homme qui traîne des fardeaux, l'homme qui casse des pierres au bord des

____
1. *La France nouvelle,* p. 57.

routes, juge les représentants, le Sénat, les ministres, le président de la République. Il y a un jour dans l'année où le plus modeste citoyen prend part à la vie immense du pays tout entier, où la plus étroite poitrine se dilate à l'air vaste des affaires publiques ; un jour où le plus faible sent en lui la grandeur de la souveraineté nationale, où le plus humble sent en lui l'âme de la patrie.

33. Conditions d'exercice du suffrage universel. — Le suffrage universel doit être libre, entièrement libre. Cela va de soi : instrument de la liberté et de l'égalité politiques, il ne serait qu'une duperie et un leurre s'il était opprimé ou simplement gêné dans son action. Que signifierait d'inscrire dans les constitutions et dans les lois le principe de la souveraineté nationale, si le jour où le souverain est invité à faire connaître sa volonté, on songeait à lui forger des entraves? Sous le second empire, par la pression administrative, par les candidatures officielles, par tout un appareil de promesses ou de menaces, le pouvoir disposait à son gré du suffrage universel et lui faisait dire à peu près ce qu'il voulait. Un gouvernement libéral doit répudier ces pratiques et livrer le suffrage universel à lui-même. Sans doute, abandonné à ses propres inspirations, le suffrage universel peut encore se tromper : les peuples ne sont pas plus infaillibles que les individus. Mais on n'a pas jusqu'à présent trouvé le moyen d'avoir raison contre tout le monde, et la meilleure manière de savoir quel est l'intérêt général sera toujours de consulter les intéressés.

Pour être vraiment libre, le suffrage universel doit être éclairé. L'instruction distribuée à tous, l'instruction gratuite et obligatoire, est en un sens une conséquence directe de la loi du suffrage universel. En outre, pour assurer l'indépendance et étendre les lumières du corps électoral, il faut une presse libre, qui pénètre profondément dans les masses populaires, qui discute toutes les questions importantes, et qui mette ainsi la nation en mesure de prononcer un verdict compétent et éclairé. Il faut aussi des réunions libres, soit pendant la période électorale, pour apprécier les candidats, pour étudier les programmes, soit en tout temps, pour maintenir des rapports constants entre le mandataire et ses mandants et pour développer l'éducation politique du peuple.

Pour être conforme au principe de la souveraineté nationale, l'organisation du suffrage universel doit encore satisfaire à quelques autres conditions : il faut, par exemple, que le suffrage soit exercé périodiquement, à des intervalles assez rapprochés. Si la consultation du pays est trop fréquente, on risque de fatiguer inutilement les électeurs et de nuire à l'esprit de suite, à la stabilité nécessaire pour la marche des affaires ; si la consultation est trop rare, les électeurs ne peuvent plus exercer sur la conduite de leurs représentants le contrôle nécessaire, ni suivre d'assez près la gestion des affaires publiques.

Le suffrage universel doit être encore un suffrage direct, sinon absolument, au moins le plus souvent possible. Il convient, dans la plupart des cas, que les citoyens choisissent directement leurs mandataires. « Je suis convaincu, disait M. de Bismarck, le 29 mars 1867, que le suffrage indirect fausse l'élection et l'opinion de la nation... Pour être choisi au suffrage direct, il faut jouir d'un crédit plus considérable, dans un rayon plus grand, car alors le poids du patronage local ne pèse plus aussi lourdement sur le cercle étendu des électeurs. » En d'autres termes, des élections indirectes ont pour résultat, précisément parce qu'elles constituent un corps électoral de second degré, plus restreint et moins nombreux, de soustraire à la volonté générale et de soumettre à des influences particulières le choix définitif du mandataire. Cependant, on conçoit que, dans certains cas, et quand il s'agit de former des assemblées d'un caractère spécial, il soit équitable et utile de recourir au suffrage indirect et aux élections à deux ou trois degrés. Nous ne devons pas oublier que c'est le mode électoral établi par la Constitution française de 1875 pour l'élection du Sénat.

C'est une question de savoir si le suffrage doit être obligatoire. En d'autres termes, le vote, qui est un droit et une obligation morale, est-il aussi un devoir strict, dont la loi puisse ordonner et imposer l'accomplissement? Sans doute, l'abstention est coupable; elle témoigne d'une indifférence fâcheuse. Il n'est permis à aucun citoyen de se désintéresser de la chose publique. Mais autre chose est dire que le vote est un devoir qui relève de la conscience, autre chose contraindre le citoyen, par des pénalités qu'on lui infligerait, à remplir ce devoir. Frappera-t-on d'une amende l'électeur qui manque à l'appel? Mais ce serait, sous prétexte de favoriser l'exercice du suffrage, porter atteinte à la liberté qui est précisément la raison d'être du droit de suffrage? Il y a d'ailleurs des abstentions voulues, calculées, qui équivalent à des votes exprimés. Décidera-t-on que l'électeur, après plusieurs absences dûment constatées, sera déchu des droits politiques qu'il s'abstient d'exercer ? Mais ce serait encore une mesure antilibérale, qui d'ailleurs fermerait la porte au repentir. Il convient donc, selon nous, pour combattre l'abstention, de s'en remettre au progrès des mœurs politiques, et de compter sur le bon sens croissant des populations, qui de plus en plus comprennent quel prix elles doivent attacher à l'exercice du suffrage.

34. Plébiscites. — Le suffrage universel est généralement consulté par fractions, par groupes naturels d'électeurs, selon la division du pays en communes, en cantons, en arrondissements, en départements. Mais il peut arriver aussi que le corps électoral tout entier soit appelé à se prononcer par le vote, soit sur une question politique, soit sur le choix des représentants du pays. Cette consultation intégrale et directe de la nation est ce qu'on appelle un plébiscite. C'est par un plébis-

cite qu'ont été votées les Constitutions de 1793, de l'an III, de l'an VIII ; c'est par un plébiscite qu'a été ratifié le sénatus-consulte de l'an XII qui proclamait Bonaparte empereur ; c'est encore par des plébiscites plus ou moins sincères que le second empire a fait sanctionner, en apparence au moins, soit sa fondation, soit les changements apportés à sa constitution. Mais, pour avoir été souvent employé, le plébiscite n'en vaut pas mieux. Les vrais amis de la liberté et de la sincérité du suffrage universel doivent s'en défier. Nous ne saurions être de l'avis de ceux qui y voient l'expression la plus authentique et la plus solennelle de la souveraineté populaire. Les enseignements de l'histoire suffiraient à montrer que, le plus souvent, le plébiscite n'a été qu'une comédie organisée au profit d'une volonté particulière qui, sans en avoir l'air, se substituait à la volonté nationale. Si le plébiscite porte sur une question de gouvernement, il est évident que les électeurs, qui n'ont le choix qu'entre un *oui* et un *non*, seront singulièrement gênés. S'ils votent *oui*, ils auront absous le gouvernement de toutes ses fautes, qu'ils condamnent ; ils l'auront encouragé à en commettre de nouvelles. S'ils votent *non*, ils auront renversé le régime établi, et exposé le pays à l'anarchie. A des questions ainsi posées, il ne peut être fait que des réponses incertaines et ambiguës. Si le plébiscite porte sur une loi, n'est-il pas certain que la loi en question aurait tout à gagner à être votée après discussion par l'assemblée des représentants du peuple, plutôt que d'être établie brutalement et en bloc par la nation entière ? Si, enfin, le plébiscite porte sur des personnes, comment espérer que tout un peuple puisse, en connaissance de cause, se prononcer sur la valeur morale et les mérites de ceux qui sollicitent ses suffrages ?

35. Suffrages restreints. — Après avoir démontré la légitimité du suffrage universel et direct, examinons les autres modes électoraux que l'usage a consacrés à certaines époques et dans certains pays. Le suffrage universél, en effet, est encore une exception dans les législations électorales. Il existe dans les républiques américaines, aux États-Unis, par exemple, au Mexique, dans la Confédération argentine, etc. En Europe, les législations les plus larges au point de vue électif, celles qui se rapprochent le plus de la nôtre, sont les législations de la Suisse, du Danemark, de la Grèce, de l'Allemagne.

Dans la plupart des autres pays, ceux-là mêmes qu passent pour les plus civilisés et qui admettent le suffrage direct, toute sorte de restrictions limitent le droit du suffrage. Un grand nombre de législations exigent une condition de cens et par là assurent la prépondérance des classes riches. En Belgique, d'après la lo du 18 mai 1872, il faut, pour exercer le droit de vote, payer un cens électoral de 20 florins au moins (42 fr. 32 c.). En Portugal, on est électeur moyennant le payement de 5 fr. 55 c. de contributions directes. Le paysan hongrois est électeur s'il justifie d'un revenu de 105 florins (262 fr. 50 c.). En Angleterre, la législation distingue pour l'élection des 652 membres de la Chambre des communes trois catégories de collèges électoraux : 1° les bourgs ; 2° les comtés ; 3° les universités. Dans chacun de ces collèges, le droit électoral est soumis à des conditions spéciales qu'il serait trop long d'analyser ici et qui restreignent considérablement la liberté du suffrage. Ce n'est pas seulement le cens, c'est quelquefois le degré d'instruction qui sert de règle. A Oxford, à Cambridge, en Angleterre, les maîtres ès arts sont électeurs sans condition de cens. C'est créer un privilège, non plus en faveur de la fortune, mais en faveur de la science. Ailleurs, on restreint le corps électoral en poussant trop loin la limite d'âge. En Danemark, par exemple, personne ne vote avant l'âge de trente ans.

En résumé, le suffrage restreint, qu'il prenne pour base de sa limitation, soit la fortune, soit l'instruction, soit des conditions d'âge trop sévères, est en contradiction avec le principe de la souveraineté nationale et doit être repoussé.

36. Suffrages à deux degrés. — Le suffrage à deux degrés s'oppose au suffrage direct, de même que le suffrage restreint s'oppose au suffrage universel. Une élection est faite à deux degrés, quand les représentants sont choisis par un certain nombre d'électeurs, désignés eux-mêmes par une première assemblée électorale. Le suffrage à deux degrés peut d'ailleurs coexister, soit avec le suffrage universel, soit avec le suffrage restreint.

Ce mode de suffrage implique une certaine défiance des droits du peuple. Il est usité dans les pays où l'on croit encore que la masse de la population est incapable de choisir directement ses mandataires. On procède alors à une sorte de sélection. L'ensemble des électeurs fait un premier triage, en désignant les électeurs du second degré, dont le nombre est limité, et qui seuls sont appelés à nommer les membres des chambres électives.

La Prusse, la Bavière, la Norvège, le Brésil emploient le suffrage à deux degrés pour les élections législatives. Dans certaines législations, il faut, pour être électeur du second degré, satisfaire à certaines conditions spéciales : en Bavière, par exemple, on est électeur du premier degré à vingt et un ans ; on ne peut être électeur du second degré qu'à vingt-cinq ans. Au Brésil, les électeurs du premier degré doivent être possesseurs d'un revenu de 300 francs au moins ; ceux du second degré, d'un revenu de 600 francs.

La Suède admet aussi les élections à deux degrés, mais facultativement ; le choix entre le suffrage direct et le suffrage indirect est laissé à la volonté de la population.

37. Électorat. — L'électorat est le droit d'élire, le droit de contribuer à l'élection des mandataires de la nation. Dans un pays de suffrage universel, ce droit appartient, en principe, à tous les citoyens ; mais il n'en est pas moins vrai que le droit électoral, même le plus large et le plus libéral, doit fixer certaines conditions d'âge, de résidence, de capacité civile, sant lesquelles le citoyen n'est pas reconnu apte à voter. Qui songerait à admettre parmi les électeurs les enfants, les indignes, ceux qui ont été condamnés pour crimes ou pour délits d'un certain caractère? L'électorat fait partie des droits civils et politiques qu'un citoyen peut perdre par sa faute et son indignité. Outre ces incapacités naturelles et absolues, il y en a d'autres, relatives et temporaires, qui peuvent être établies par la loi, par exemple, celle qui concerne les militaires présents sous les drapeaux.

Cherchons donc, en nous aidant de l'histoire, quelles sont les conditions normales et légitimes qu'il convient d'imposer aux électeurs.

38. Historique. — Ce n'est pas le lieu de rechercher dans quelles conditions on procédait, sous l'ancienne monarchie, à l'élection des États généraux. Lorsque, en 1788, Louis XVI se décida à faire appel à la nation, on fut assez embarrassé : les précédents manquaient. Depuis 1614, date de la dernière tenue des États, les traditions s'étaient perdues. On les rechercha péniblement « pour rendre l'Assemblée aussi nationale et aussi régulière que possible ». L'élection eut lieu, avec des conditions différentes pour les trois ordres. Pour le tiers état, les formalités furent compliquées et les électeurs soumis à une série d'éliminations. Une première assemblée, dans chaque paroisse et communauté, rédigeait des cahiers et choisissait des délégués ; ces délégués se réunissaient dans une seconde assemblée, qui elle-même nommait le quart de ses membres, lesquels devaient se joindre à l'assemblée générale des trois ordres, tenue au chef-lieu du bailliage ou de la sénéchaussée. L'élection des *États généraux* de 1789 ne fut donc pas, tant s'en faut, une consultation directe de la nation.

C'est avec la Constitution de 1791 que l'électorat reçut pour la première fois une organisation régulière. Mais cette Constitution n'admettait pas le suffrage universel ; elle divisait les citoyens en deux catégories : les citoyens actifs et les citoyens passifs. Les citoyens passifs n'étaient pas électeurs. Pour être citoyen actif, il fallait être né ou naturalisé Français ; avoir vingt-cinq ans accomplis ; être domicilié dans la ville ou dans le canton depuis un an au moins ; payer une contribution directe de la valeur tantôt de trois journées, tantôt de dix journées de travail; avoir prêté le serment civique; être inscrit au rôle des gardes nationales ; enfin, n'être pas dans un état de domesticité, c'est-à-dire de serviteur à gages.

Les citoyens actifs eux-mêmes formaient deux degrés d'électeurs : les électeurs du premier degré constituaient les assemblées primaires qui devaient se réunir de plein droit tous les deux ans. Celles-ci désignaient les électeurs du second degré, à raison d'un électeur par cent citoyens actifs. Pour être électeur du second degré, il fallait joindre aux qualités de l'électeur ordinaire une autre condition : celle de propriétaire ou usufruitier d'un bien égal à la valeur de deux cents journées de travail, pour les villes au-dessus de six mille âmes, et de cent cinquante journées de travail, pour les campagnes et les villes au-dessous de six mille âmes.

La Constitution de 1791 faisait donc du cens une condition de l'élection. Elle établissait beaucoup de degrés d'électeurs et peu d'électeurs en somme : deux millions tout au plus. C'était trop pour la cour, a dit Michelet ; ce n'était pas assez pour le peuple.

Le décret du 11 avril 1792 relatif à l'élection de la Convention se rapprocha de la vérité et de la justice en supprimant toute condition de cens.

Le système électoral que la Convention elle-même vota le 24 juin 1793, et qui ne fut d'ailleurs pas appliqué, établissait le suffrage universel et direct. La population devenait la base unique de la représentation. Il y avait un député à raison de quarante mille électeurs. Et, pour être électeur, il suffisait d'avoir vingt et un ans et d'être domicilié depuis six mois dans le canton. Les étrangers eux-mêmes, domiciliés en France, étaient appelés, sous certaines conditions, à exercer le droit de suffrage.

La Constitution de l'an III rétablit le suffrage à deux degrés et la condition du cens. Étaient électeurs du premier degré tous les citoyens français âgés de vingt et un ans, domiciliés depuis un an sur le territoire de la République et payant une contribution directe, foncière ou personnelle. Les électeurs du premier degré, réunis chaque année dans les assemblées primaires, nommaient les électeurs du second degré à raison d'un par deux cents citoyens. Les électeurs du second degré, appelés seuls à nommer les députés, devaient avoir vingt-cinq ans accomplis et satisfaire aux conditions de cens fixées par la Constitution de 1791.

La Constitution de l'an VIII imagina un suffrage plus compliqué encore, un suffrage à quatre degrés. Il y avait d'abord une liste communale, dite *liste de confiance*, dressée par les citoyens de chaque arrondissement. Cette liste contenait un nombre de noms égal au *dixième* du nombre des citoyens appelés à la constituer. Puis venait une seconde liste, *départementale* celle-là, formée du dixième des membres de la liste communale. Enfin, les citoyens portés sur la liste départementale désignaient pareillement un dixième de leurs membres, qui constituaient une troisième liste, la liste *nationale*. Toutes les listes nationales des départements étaient envoyées au Sénat, qui choisissait parmi les citoyens inscrits sur ces listes les membres du Corps législatif, du Tribunat et les consuls.

Nous n'insisterons pas sur les modifications que Napoléon apporta au régime électoral du pays. Le dictateur qui réduisait le Corps législatif au rôle d'une assemblée de muets ne pouvait songer qu'à restreindre le droit de suffrage et à en gêner l'exercice.

La caractéristique de l'électorat sous la Restauration et même sous la monarchie de Juillet, c'est qu'il était fondé sur le cens. L'article 40 de la Charte du 4 juin 1814 établissait que l'électeur devait payer une contribution directe de 300 francs. En outre, l'âge de l'électorat était fixé à trente ans. En 1820, la loi du 29 juin, et en 1830, l'ordonnance du 25 juillet, aggravèrent encore, par certaines èxigences, la condition de cens imposée aux électeurs.

La monarchie de 1830 fit quelques concessions, mais sans toucher au fond du régime censitaire. La loi du 19 avril 1831 réduisit à 200 francs de contributions directes le cens exigé pour être électeur. L'âge de l'électorat était abaissé à vingt-cinq ans. (Art. 34 de la Charte.)

En outre, le cens était réduit à 100 francs pour les membres de l'Institut et pour les officiers retraités qui justifiaient d'une pension de 1,200 francs et d'un domicilé de trois ans dans l'arrondissement électoral.

On sait avec quelle énergie l'opinion publique, dans les dernières années de la monarchie de juillet, réclama l'extension du droit de suffrage et ce qu'on appelait alors *l'adjonction des capacités*.

La Révolution de 1848 sortit en partie de ce mouvement.

Dès les premiers jours de son existence, le gouvernement provisoire (décret du 5 mars 1848) supprima toute condition de cens et déclara que le suffrage serait désormais universel et direct.

La Constitution du 4 novembre 1848 maintint ces principes nouveaux, que la Convention avait proclamés, il est vrai, mais sans pouvoir les appliquer. Les articles 24 et 25 sont ainsi conçus :

Art. 24 *Le suffrage est direct et universel.*

Art. 25. *Sont électeurs sans condition de cens, tous*

les Français âgés de vingt et un ans et jouissant de leurs droits civils et politiques.

La loi rétrograde du 31 mai 1850 mutila le suffrage universel et supprima trois millions d'électeurs, en exigeant trois années de domicile pour l'inscription sur les listes électorales.

Cette loi malheureuse fournit à Napoléon III l'honneur facile d'effacer ces conditions restrictives (décret organique du 2 février 1852). De sorte que le droit d'électorat est resté pendant l'empire et reste encore aujourd'hui, avec quelques légères différences (touchant les incapacités), tel qu'il a été constitué par la République de 1848.

39. **Conditions normales de l'électorat.** — 1° *Age.* — L'incapacité électorale est évidente chez l'enfant et chez le tout jeune homme. Il paraît juste et logique que la majorité politique coïncide avec la majorité civile. Vous n'admettez pas que l'homme soit majeur, qu'il puisse gérer ses propres affaires et jouir de ses droits civils avant vingt et un ans; comment admettriez-vous que le citoyen avant cet âge jouît de ses droits politiques et participât aux affaires de son pays ? On pourrait plutôt proposer de reculer jusqu'à vingt-cinq ans l'âge de l'électorat ; mais cette proposition semble fondée moins sur des raisons solides que sur une défiance injuste à l'égard des jeunes générations.

2° *Sexe.* — Dans toutes les législations, le sexe masculin seul participe aux droits politiques et à l'électorat. Mais on sait que, dans ces derniers temps, de vives discussions se sont élevées sur ce sujet en Angleterre, aux États-Unis, et qu'elles ont trouvé un écho jusqu'en France. En 1870, à la Chambre des communes d'Angleterre, quarante députés ont voté pour le droit des femmes ; en 1875, la progression fut sensible : cent cinquante-deux contre cent quatre-vingt-quatre se prononcèrent pour l'extension aux femmes du droit de suffrage. Un illustre philosophe Stuart

Mill, dans ses études sur la capacité électorale, déclare qu'il ne voit pas pourquoi on tiendrait compte de la différence des sexes plutôt que de la taille ou de la couleur des cheveux.

Si l'on n'écoutait que la logique, les femmes étant au même titre que les hommes des personnes morales, il semblerait nécessaire de leur accorder les mêmes droits politiques qu'aux hommes. Mais si l'on réfléchit à la condition civile de la femme qui, dans l'état normal du mariage, est forcément subordonnée au mari; si l'on considère les fonctions spéciales que la nature impose aux mères, il paraît difficile et dangereux d'initier le sexe faible aux agitations inséparables de la vie politique, en même temps que d'introduire dans le ménage une cause de division et de trouble. Ajoutons qu'il ne faut pas, en pareille matière, devancer l'opinion publique et les réclamations des intéressés. Or, les femmes ne paraissent guère disposées à revendiquer les droits politiques [1].

3º *Domicile.* — La condition du domicile est d'une application fort variable. La loi française actuelle exige six mois de résidence dans la commune. Par là, on exclut les nomades, les vagabonds, tous ceux dont la vie errante trahit les mœurs irrégulières. En exigeant davantage, on arriverait par une voie détournée à une restriction injuste du droit de suffrage. On exclurait un grand nombre d'électeurs, les ouvriers, par exemple, que les nécessités du travail obligent à changer souvent de résidence.

4º *Nationalité.* — La condition de Français est une

---

1. On a essayé en France, d'une manière indirecte, d'assurer la représentation des femmes et des enfants. C'est ainsi que, en 1871, un député de l'Assemblée nationale proposait que l'enfant à l'âge de cinq ans possédât virtuellement la capacité électorale et transmît à son père le droit d'un double vote. Un autre député demandait que le père de famille votât autant de fois qu'il aurait de fils mineurs sans distinction d'âge et de filles majeures restées dans la famille.

condition qu'il est inutile de justifier. Toutes les lé
gislations électorales sont unanimes à exiger la con
dition de nationalité.

5° *Honorabilité.*—Tout le monde est d'accord pour
reconnaître que le droit de vote ne peut être maintenu aux individus privés de leurs droits civils et politiques par suite de condamnations judiciaires. Il
serait trop long d'énumérer ici toutes les catégories
d'incapacités qui de ce chef ont été inscrites dans la
loi. (V. le décret organique du 2 février 1852. L'art. 15
édicte dix-sept catégories d'*incapacités perpétuelles;*
l'art. 16 établit un certain nombre d'*incapacités
temporaires.*)

6° *Inscription sur les listes électorales.* — La *possession* du droit électoral est distincte de son *exercice;*
pour être *électeur*, il suffit de ne se trouver compris
dans aucune des incapacités prévues par la loi; pour
exercer le *droit d'électeur*, il faut, en outre, être
inscrit sur les listes électorales.

Voici quelles sont les formalités prescrites par la
législation actuelle :

Au commencement de chaque année, les listes élec-
toralé sont revisées; elles sont définitivement closes
le 31 mars. La commission chargée de les dresser se
compose :

Dans les communes. . . .
1° Du maire ou de l'adjoint, *président;*
2° D'un délégué nommé par le conseil municipal;
3° D'un délégué administratif choisi
par le préfet.

Dans les sections de com-
munes (là où les com-
munes sont divisées en
sections). . . . .
1° Du maire, ou de l'adjoint, ou
d'un conseiller municipal dans
l'ordre du tableau, *président;*
2° D'un délégué nommé par le conseil municipal;
3° D'un délégué administratif choisi
par le préfet.

Le tableau suivant récapitule les opérations relatives à ces deux listes.

OPÉRATIONS pour la revision des listes électorales.	NOMBRE de JOURS	DERNIER DÉLAI des OPÉRATIONS
Préparation du tableau de rectification..................	10	10 janvier.
Délai pour former le tableau..	4	14 id.
Publication de ce tableau....	1	15 id.
Délai pour les protestations concernant les inscriptions.	20	4 février.
Délai pour les décisions de la commission municipale...	5	9 id.
Délai pour la notification aux intéressés de ces décisions.	3	12 id.
Délai d'appel en justice de paix......................	5	17 id.
Délai pour les décisions du juge de paix	10	27 id.
Délai pour la notification de ces décisions..............	3	3 mars.,
Délai d'appel en cassation...	10	13 id.
Clôture de la liste électorale	——	31 id.

40. Éligibilité. — L'éligibilité est la réunion des conditions nécessaires pour être élu. Ces conditions diffèrent de celles de l'électorat, et on conçoit qu'elles puissent être plus sévères. On peut être électeur, et n'être point éligible. L'historique de la question va nous prouver cependant que de plus en plus on tend à élargir les bases de l'éligibilité et à confondre les électeurs et les éligibles.

41. Historique. — La Constituante se montra fort rigoureuse pour les conditions de l'éligibilité à l'Assemblée nationale. Elle exigea les qualités suivantes : être citoyen actif (V. n° 38), avoir vingt-cinq ans, payer une contribution directe de la valeur d'un marc d'argent, enfin posséder une propriété foncière.

La Constitution du 14 septembre 1791 fit disparaitre ces dispositions limitatives et vraiment abusives.

Elle déclara que tous les citoyens actifs pourraient être élus représentants de la nation. Elle se montrait beaucoup moins sévère pour l'éligibilité que pour l'électorat, pour lequel elle exigeait la condition du cens. Le contraire eût été plus logique.

Ajoutons que la Constituante réserva ses rigueurs pour elle-même, puisqu'elle proclama l'inéligibilité de ses propres membres qui ne purent entrer à l'Assemblée législative.

La Convention s'était montrée fort large dans la Constitution du 24 juin 1793, qui admettait à l'éligibilité tous les citoyens français; elle le fut moins dans la Constitution de l'an III. D'après l'article 83 de cette Constitution, il fallait, pour être éligible au Conseil des Anciens, avoir quarante ans accomplis, être marié ou veuf (les célibataires étaient exclus de l'Assemblée), être domicilié depuis quinze ans sur le territoire de la République. Les conditions d'éligibilité au Conseil des Cinq-Cents étaient un peu plus douces : trente ans d'âge et dix ans de domicile. Rappelons aussi que, par un décret spécial, la Convention ordonna que les électeurs seraient tenus de prendre les deux tiers du Corps législatif nouveau parmi les conventionnels sortants. C'était le contraire de ce qu'avait fait la Constituante; mais la mesure, quoique opposée, était tout aussi singulière.

D'après la Constitution de l'an VIII, l'âge des sénateurs était fixé à quarante ans, celui des députés à trente, celui des tribuns à vingt-cinq. L'élection des députés et des tribuns était faite par le Sénat. Pour être éligible par le Sénat, il fallait être porté sur la liste nationale. (V. n° 38.) Un membre sortant du Corps législatif ne pouvait y rentrer qu'après un an d'intervalle : c'était un ressouvenir de la Constituante.

La Charte du 4 juin 1814 aggrava les conditions d'éligibilité à la Chambre des députés : quarante ans d'âge, une contribution directe de 1,000 francs.

La Charte amendée de 1830 fixa l'âge à trente

ans. La loi électorale du 19 avril 1831 réduisit le cens d'éligibilité à 500 francs ; mais elle augmenta le nombre des *inéligibilités relatives*, c'est-à-dire de celles qui proviennent de la fonction occupée par l'inéligible, fonction jugée incompatible avec le mandat de député. Ainsi, l'article 64 refusait l'éligibilité aux préfets et sous-préfets, aux officiers généraux, aux receveurs généraux et particuliers de finances, aux procureurs généraux et procureurs du roi, etc., tandis que la loi du 5 février 1817 n'excluait que les préfets et les officiers généraux.

La Constitution de 1848 élargit la base de l'éligibilité comme la base de l'électorat :

ART. 26. *Sont éligibles sans condition de domicile tous les électeurs âgés de vingt-cinq ans.*

La loi du 15 mars 1849 établit la nomenclature des cas d'inéligibilité absolue ou relative.

Le décret du 2 février 1852 restreignit le nombre des inéligibilités absolues. Il ne déplaisait pas à l'empire que les fonctionnaires, nécessairement dévoués au régime qui les salariait, devinssent les députés du pays.

La Constitution de 1875 a rétabli à peu de chose près les conditions édictées en 1848 et en 1849.

42. Conditions normales de l'éligibilité. — Les conditions de l'éligibilité, nous l'avons dit, peuvent être plus étroites que celles de l'électorat. Il faut, pour prétendre à l'honneur de représenter son pays, des qualités qui ne sont pas nécessaires pour exercer simplement le droit de suffrage. Mais, d'autre part, la liberté exige que le choix de l'électeur soit limité le moins possible. Le suffrage universel ne serait qu'un leurre, s'il lui était enjoint de choisir ses représentants dans un tout petit nombre de catégories.

Dans les pays où règnent les préjugés aristocratiques et où l'on estime l'homme moins pour sa valeur personnelle que pour sa fortune, la condition du cens subsiste encore pour l'éligible commé pour l'électeur.

Au Brésil, les aspirants à la députation doivent justifier d'un revenu de 1,200 francs.

D'autres Constitutions tiennent compte de la condition sociale, de la religion, des qualités personnelles. Celle des Portugais dispense de la condition du cens les hommes mariés, les prêtres, les fonctionnaires civils et militaires, les gradués de l'université. Ailleurs, en Suisse, en Angleterre, au Paraguay, la laïcité du candidat est une des conditions de l'éligibilité. La Suède n'ouvre les portes de ses assemblées qu'aux protestants, le grand-duché de Bade qu'aux chrétiens.

Dans une Constitution libérale, les seules conditions qui puissent être équitablement établies sont celles qui portent . 1° sur le domicile ; 2° sur l'âge ; 3° sur certaines incompatibilités.

Et encore la condition de domicile ou de résidence ne paraît pas absolument nécessaire. Aussi, maintenue pour l'éligibilité au conseil municipal et au conseil général, a-t-elle disparu de nos lois pour l'éligibilité aux grandes assemblées délibérantes.

La condition d'âge variera selon le caractère des assemblées élues. Elle est, dans notre législation actuelle, de vingt-cinq ans pour le conseil municipal, le conseil général, la Chambre des députés ; de quarante ans pour le Sénat.

Quant aux incompatibilités, il est évident que le législateur, en les établissant, s'est préoccupé, non de restreindre et de gêner le droit de l'électeur, mais de protéger la liberté du suffrage et d'assurer l'indépendance des élus. En déclarant incompatibles le mandat de député et les fonctions salariées par l'État, on a voulu empêcher que les représentants du pays ne fussent les agents et les serviteurs du gouvernement qu'ils ont précisément pour mission de contrôler. D'ailleurs, si un préfet, si un haut fonctionnaire avait le droit de se présenter aux suffrages du corps électoral précisément dans la région où il exerce ses fonctions, l'indépendance des électeurs ne serait plus entière. On admet donc généralement que les fonctionnaires doivent être exclus des assemblées électives, bien que cette exclusion ait l'inconvénient d'écarter des chambres des hommes compétents, que recommandent leurs études spéciales et la pratique des affaires.

43. Le vote. — Formes et conditions du vote. — Le législateur n'a pas seulement à déterminer les conditions de l'électorat et de l'éligibilité ; il doit aussi fixer les formes et les conditions du vote. Il y a des précautions à prendre, en effet, pour que les opérations électorales s'accomplissent avec ordre et avec indépendance.

En premier lieu, le vote doit avoir lieu dans un édifice public ouvert à tous les électeurs, à la mairie par exemple, ou tout au moins dans un local désigné par l'autorité. La Constitution de 1848 faisait voter au chef-lieu de canton. (Art. 30.) La législation actuelle a préféré le chef-lieu de la commune. Elle a voulu par là rendre plus facile l'exercice du droit de suffrage. L'éloignement du chef-lieu de canton pouvait, en effet, gêner les vieillards, les malades, même les paresseux. En revanche, on peut soutenir que le vote au chef-lieu du canton assure mieux l'indépendance de l'électeur, en l'éloignant des influences locales qui pèsent le plus directement sur lui. Quoi qu'il en soit, le lieu de vote doit être choisi de façon à protéger la liberté de l'électeur et à le garantir contre toute pression.

Une autre condition essentielle, c'est que le vote doit être secret. Le vote public à haute voix, comme en 1789, présenterait des inconvénients graves. Beaucoup d'électeurs n'oseraient pas déclarer publiquement leur sentiment et leurs préférences. C'est donc avec un bulletin fermé que le citoyen exprimera son vote. Ajoutons que le bulletin, même plié et fermé, n'a pas toujours paru une garantie suffisante du secret du vote. A plusieurs reprises, on a proposé d'autres précautions. On a fait remarquer que le bulletin, par sa forme extérieure, par la couleur ou la transparence du papier, trahissait parfois le suffrage de l'électeur. Pour remédier à cet inconvénient, on a demandé que le bulletin fût enfermé dans une enveloppe. Cette proposition, déjà une première fois repoussée par l'Assemblée nationale le 24 novembre 1875, l'a été de nouveau par le Sénat, dans la séance du 19 juillet 1881. Peut-être est-il en effet puéril de multiplier les précautions en pareille matière. Tout en sauvegardant le secret du vote, la loi doit avoir bonne opinion du courage des électeurs ; elle doit les traiter comme des citoyens libres, et non comme des serfs tremblants, qui n'oseraient voter qu'en cachette et à la faveur d'un déguisement.

Une autre question est de savoir si le bulletin de vote doit être imprimé ou écrit de la main de l'électeur. La loi admet l'un et l'autre mode. Sans doute, le suffrage aurait plus de valeur si l'électeur l'écrivait lui-même. Mais tous les citoyens ne savent pas encore écrire, et jusqu'à ce que l'instruction obligatoire ait porté tous ses fruits, il faut bien consentir à accepter les bulletins imprimés, si l'on ne veut pas mettre dans l'embarras un grand nombre d'électeurs.

44. Opérations électorales. — Après ces considérations générales, il convient de faire connaître les dispositions particulières adoptées par la loi française pour la tenue des opérations électorales.

Quand le jour fixé, dans le décret de convocation pour l'ouverture des collèges électoraux, est arrivé, les électeurs se rendent à la section de vote que le maire a fait connaître par voie d'affiches.

Le bureau de chaque section de vote est composé d'un président, de quatre assesseurs et d'un secrétaire, choisis parmi les électeurs. La présidence appartient au maire, ou à défaut du maire à l'adjoint, ou à défaut de l'adjoint, à un conseiller municipal. Les assesseurs et le secrétaire sont choisis parmi les électeurs les plus jeunes et parmi les plus âgés.

L'entrée du collège électoral ne peut être permise qu'à ceux qui ont le droit d'y venir voter ; elle est interdite aux personnes armées. Nul ne peut être admis à voter, si son identité n'est pas constatée par le bureau ; voilà pourquoi chaque votant doit être muni de sa carte d'électeur.

Les bulletins de vote doivent être préparés en dehors de l'assemblée, sur du papier blanc et sans signe extérieur. L'urne où le président enferme les bulletins doit être fermée à clef.

Le président a la police de l'assemblée.

Le scrutin ne peut durer qu'un seul jour. Il a lieu le dimanche autant que possible, et reste ouvert depuis huit heures du matin jusqu'à six heures du soir.

La table où prennent place le président et les assesseurs doit être disposée de manière que la circulation soit possible tout autour, pendant le dépouillement du scrutin, qui doit se faire en bon ordre.

Le dépouillement du scrutin doit se faire publiquement devant les électeurs, à peine de nullité. Pour les collèges divisés en sections, le dépouillement du scrutin se fait dans chaque section, et le résultat, arrêté et signé par le bureau, est porté par le président au bureau de la première section.

Procès-verbal des opérations est rédigé en double expédition par le secrétaire, signé par tous les membres du bureau, et une copie est envoyée sans délai à la préfecture. Ce procès-verbal établit le nombre définitif des suffrages obtenus par chacun des candidats et mentionne les observations relatives aux votes contestés, ainsi que les décisions prises à leur égard.

Le résultat du scrutin est proclamé, aussitôt connu, par le président du collège électoral, en présence des électeurs réunis.

CHAPITRE IV

Les agents de la souveraineté. — Le pouvoir législatif, le pouvoir exécutif, le pouvoir judiciaire. - Rapports des pouvoirs entre eux.

45. Délégation des pouvoirs. — « La nation, de qui seule émanent tous les pouvoirs, ne peut les exercer que par délégation [1]. » En d'autres termes, la souverai-

---

1. *Constitution de 1791.* Il est impossible, en lisant ce bel article, de ne pas se rappeler le début de l'oraison funèbre de Bossuet : « Celui qui règne dans les cieux et de qui relèvent tous les empires, etc. »

neté nationale, « bien qu'elle réside dans l'universalité des citoyens [1] », délègue nécessairement ses pouvoirs à un certain nombre d'hommes qu'elle élit directement ou indirectement. Il lui faut des agents. L'ensemble des citoyens ne saurait par lui-même et dans la multitude de ses membres exercer les fonctions publiques. Tout un peuple ne peut demeurer en permanence sur la place publique pour s'occuper des affaires de l'Etat. Rousseau en convenait lui-même : « On ne peut imaginer, disait-il, que le peuple soit incessamment assemblé pour vaquer aux affaires publiques. » Le gouvernement direct du peuple n'est pas possible : il faut de toute nécessité en venir au gouvernement représentatif. Au nom de la nation, sous son autorité et en vertu de ses votes, il y aura donc, à la tête du pouvoir, un certain nombre de délégués, qui, temporairement, seront chargés d'exercer les fonctions que leur aura transmises la volonté nationale.

46. **Division des pouvoirs.** — De même qu'un corps individuel, le corps d'un homme, le corps d'un animal quelconque, ne peut vivre qu'à la condition d'obéir aux lois de la nature, lois fatales et nécessaires dont la violation entraînerait la mort ; de même le corps politique, le corps social, ne peut être maintenu dans l'ordre et dans le progrès que s'il est soumis à un certain nombre de lois générales, librement consenties par la nation ou par les représentants de la nation, et, une fois qu'elles ont été discutées et votées, rigoureusement exécutées et exactement obéies. « Il n'y a point en France d'autorité supérieure à celle de la loi [2]. » La loi, dans les pays libres, est souveraine maîtresse. Elle est le véritable principe et le ressort essentiel de la vie sociale ; et c'est par rapport à elle que les délégués de la souveraineté nationale exercent

1. *Constitution de 1848.*
2. *Constitution de 1791.*

leurs diverses fonctions et deviennent les différentes parties du pouvoir politique.

Or, il y a trois choses relatives à la loi : d'abord, il faut l'établir; ensuite, il faut en assurer l'exécution; enfin, il faut en punir la violation.

De là trois pouvoirs depuis longtemps distingués par la science politique : le pouvoir *législatif*, le pouvoir *exécutif*, le pouvoir *judiciaire*.

47. Séparation des pouvoirs. — Les trois pouvoirs ne sont pas seulement distincts en théorie; ils doivent être séparés en fait et confiés à des mains différentes. La doctrine de la séparation des pouvoirs est un des principes essentiels de toute constitution libre.

Dans l'*Esprit des lois*, Montesquieu avait déjà fortement établi la nécessité de ne pas concentrer dans un même homme ou dans un même groupe d'hommes toute la puissance publique. « Tout serait perdu, disait-il, si le même homme ou le même corps exerçait les trois pouvoirs. » Faite au profit d'une assemblée comme la Convention ou d'un homme tel que Napoléon, la confusion des pouvoirs est également dangereuse et fatale à la liberté. C'est que, comme le dit encore Montesquieu, « pour qu'on ne puisse pas abuser du pouvoir, il faut que, par la disposition des choses, le pouvoir arrête le pouvoir ». Un seul homme, une seule assemblée seraient exposés, s'ils étaient seuls investis des trois pouvoirs, celui de faire les lois, celui de les exécuter et celui enfin de juger les délits et les crimes, à s'enivrer de leur toute-puissance et à agir tyranniquement. Il faut donc à des fonctions différentes des organes distincts, et voilà pourquoi, à côté des assemblées électives investies de la puissance législative, il doit y avoir un homme ou un groupe d'hommes chargés de la puissance exécutive, et un corps de magistrats dépositaires du pouvoir judiciaire.

Toutes les constitutions libérales admettent la séparation des pouvoirs comme la condition même de la liberté. L'article 16 de la *Déclaration des droits de l'homme* est ainsi conçu : « Toute société dans laquelle la garantie des droits n'est pas assurée ni la *séparation des pouvoirs déterminée,* n'a point de constitution. » De même, la Constitution du 4 novembre 1848 porte, à l'article 19, que « la séparation des pouvoirs est la première condition d'un gouvernement libre ».

48. **Pondération des pouvoirs.**—S'il est nécessaire, pour garantir la liberté, que les pouvoirs soient séparés, il ne l'est pas moins, pour assurer la bonne direction des affaires publiques, qu'il y ait entre eux une sorte d'accord, d'équilibre et de pondération. Les constitutions libres, tout en maintenant l'indépendance mutuelle des trois pouvoirs, tout en assignant à chacun des attributions spéciales, règlent aussi les conditions de leur accord, et les subordonnent dans une certaine mesure les uns aux autres. Que deviendrait un État où chaque pouvoir agirait pour ainsi dire à sa tête sans tenir compte des deux autres? Ce serait à bref délai le désordre et l'anarchie.

La pondération des pouvoirs suppose précisément un ensemble de dispositions qui prévoient et préviennent les conflits possibles, et qui assurent le concours, l'harmonie des divers agents de la souveraineté. Mais, avant d'étudier les rapports des pouvoirs entre eux, il convient de les considérer isolément, en eux-mêmes, dans leurs attributions spéciales, dans leur rôle et leurs conditions légitimes d'action.

1° *Pouvoir législatif.*

49. **Définition.** — Le pouvoir législatif est le pouvoir de proposer, de discuter et d'établir les lois, c'est-à-dire les règles d'un intérêt général, applicables à tous les citoyens sans distinction de personnes. On verra plus loin s'il convient que ce pouvoir soit confié

à une seule Assemblée ou à deux Assemblées. (V. n° 70.)
Ce qu'il importe de dire dès à présent, c'est que le
pouvoir législatif est l'agent direct de la souveraineté
nationale; le pouvoir exécutif et le pouvoir judiciaire
sont plutôt les agents de la loi. De là le caractère
éminent du pouvoir législatif, qui a pour rôle de déga-
ger par l'étude, par la discussion, ce qu'il y a de juste
et d'utile dans les aspirations confuses de la volonté
nationale. Si le pouvoir exécutif et le pouvoir judiciaire
sont les bras qui agissent, le pouvoir législatif est la
tête qui conçoit. Il n'a d'autres limites que celles qui
lui sont imposées par l'intérêt général, par la justice
et par la raison.

50. **Historique.** — Avant la Révolution de 1789, la
nation ne participait point à la confection de la loi.
La volonté royale était la source unique de la législation. Le pouvoir législatif n'a été rendu à la nation
que par la Révolution. Trois assemblées uniques
l'exercèrent successivement: la Constituante, la Législative, la Convention. Dès les premiers jours de la
Révolution, le roi cessa de participer au pouvoir législatif, si ce n'est par le droit d'accorder ou de refuser sa
sanction aux lois votées par les représentants du
peuple. A partir du 10 août 1792, le pouvoir législatif
fut attribué sans réserve à la Législative d'abord, à
la Convention ensuite.

La Constitution de l'an III créa, on le sait, deux
Chambres. Mais le Conseil des Cinq-Cents garda seul
le privilège de l'initiative et de l'élaboration des lois; le
Conseil des Anciens avait seulement le droit de rejeter
ou d'approuver dans leur ensemble les lois votées par
le Conseil des Cinq-Cents.

Après le coup d'Etat du 18 brumaire, le pouvoir
législatif fut singulièrement réduit et amoindri. La
Constitution du 22 frimaire an VIII (13 décembre 1799)
attribuait au gouvernement seul l'initiative des lois.
Les projets de loi devaient être présentés d'abord
au Tribunat, qui les discutait, les adoptait ou les reje-

tait, mais sans pouvoir les amender. Même rejetés par le Tribunat, les projets étaient portés devant le Corps législatif; trois tribuns exposaient les résolutions du Tribunat; les commissaires du gouvernement seuls leur répondaient; quant aux membres du Corps législatif, ils n'avaient pas le droit de prendre part à la discussion : ils écoutaient et votaient silencieusement. C'était, comme on l'a dit, « une assemblée de muets ».

La Constitution impériale du 28 floréal an XII (18 mai 1804) rendit au Corps législatif le droit de discuter les lois, mais non le droit de les proposer ou de les amender. Les attributions législatives appartenaient véritablement au Conseil d'État, nommé par l'empereur. Le Corps législatif, *improprement appelé de ce nom*, comme disait le *Moniteur* du 15 décembre 1808, n'avait en réalité aucun pouvoir. L'empereur se considérait comme le vrai représentant de la nation, et ne laissait aux députés qu'une ombre et une apparence d'autorité.

La Charte de 1814 semblait rétablir dans une certaine mesure le pouvoir législatif des Chambres. Elle déclarait que le pouvoir de faire les lois appartenait collectivement au roi, à la Chambre des pairs (nommée par le roi) et à la Chambre des députés. Le roi seul avait le droit d'initiative. Mais le Parlement jouissait de la faculté de *supplier* le roi de présenter tel ou tel projet de loi; de sorte que, sous la Restauration, l'initiative parlementaire trouva l'occasion de s'exercer indirectement et sous cette forme humiliée. La loi n'était d'ailleurs définitive, après avoir été votée par les deux Chambres, que si elle était sanctionnée par le roi. Le pouvoir législatif était donc emprisonné et comme cerné par le pouvoir royal : à son origine, par le droit d'initiative réservé au roi, et dans son aboutissement, par la nécessité de la sanction royale. La Révolution de 1830 restitua aux Chambres le droit d'initiative, qu'elles partagèrent désormais avec le roi.

La Constitution de 1848 délégua le pouvoir législatif à une assemblée unique, qui devait l'exercer dans toute sa plénitude. Le chef du pouvoir exécutif conservait sa part du droit de présenter des projets de loi.

Le second Empire fut un retour aux pratiques illibérales de 1808. D'après la Constitution du 14 janvier 1852, l'empereur avait *seul* l'initiative des lois. Le Corps législatif discutait et votait les projets présentés par le chef de l'État, mais ne pouvait les amender *sans le consentement du Conseil d'État*. Le Sénat n'était pas appelé à délibérer sur les projets et pouvait seulement s'opposer à la promulgation des lois.

Les progrès de l'opinion obligèrent l'Empire, sur ses derniers jours, à faire quelques concessions. En 1869, le Corps législatif fut remis en possession du droit d'initiative et du droit d'amendement. Enfin, la Constitution du 8 mai 1870 appela le Sénat à partager le droit d'initiative.

Napoléon III revenait ainsi aux formes nécessaires du régime parlementaire. Sûr d'une majorité docile, il ne lui en coûtait pas de reconnaître, en apparence au moins, le pouvoir législatif des Chambres : dont une d'ailleurs était tout entière issue de son choix et de sa volonté.

Aux termes de la Constitution de 1875, « le pouvoir législatif s'exerce par deux Chambres : la Chambre des députés et le Sénat ». Chacune des deux Chambres a le droit d'initiative, et participe également à la confection des lois, sous cette réserve que la Chambre des députés a la priorité en matière de lois de finances. Le président de la République a aussi le droit d'initiative, mais il n'a aucun droit de sanction.

51. Fonctions du pouvoir législatif. — Il est facile, d'après l'historique qui précède, de déterminer les fonctions du pouvoir législatif dans une constitution libérale, et de reconnaître à quelles conditions ce pouvoir jouit de la plénitude de ses droits.

Il faut, en premier lieu, que les représentants de la nation puissent librement proposer toutes les lois dont l'opportunité ou la justice leur paraît démontrée. C'est le *droit d'initiative*. Le pouvoir légiférant n'est plus qu'un vain mot, s'il n'a le droit de s'exercer que sur les projets qui lui sont présentés par un autre pouvoir.

La seconde condition, c'est la liberté la plus complète de la discussion. Une assemblée qui vote sans parler, sans discuter, comme le Corps législatif du premier empire, ne possède pas véritablement le pouvoir législatif. Il faut que tous les membres de la Chambre ou des Chambres puissent prendre part à la délibération et amender à leur gré les projets qui leur sont soumis. C'est le droit de *discussion* et d'*amendement*.

Enfin, quand le pouvoir législatif s'est prononcé, il ne doit rencontrer devant lui aucune résistance, aucun *veto*, aucun droit de sanction. Quand la loi est sortie des mûres délibérations des législateurs, ce ne sont pas seulement les citoyens, c'est le pouvoir exécutif qui doit s'incliner devant elle. Aucun obstacle ne peut tenir en échec la volonté du pouvoir législatif.

A ces conditions, le pouvoir législatif fonctionne librement et régulièrement. Il est inutile d'ajouter que ce pouvoir n'appartient légitimement qu'aux représentants élus de la nation.

2° *Pouvoir exécutif.*

52. Nécessité du pouvoir exécutif. — La loi une fois faite, il s'agit de l'exécuter, de la traduire par des actes. Il ne faut pas qu'elle reste à l'état de lettre morte, et qu'on se contente de l'inscrire dans les codes ou dans les recueils de lois ; il faut qu'elle passe dans les faits, qu'elle devienne une réalité. De là, la nécessité d'un pouvoir nouveau distinct et, dans une certaine mesure, indépendant du pouvoir législatif : le pouvoir exécutif.

Le rôle du pouvoir exécutif est donc un rôle d'action. Tandis que les membres des Assemblées législatives délibèrent et discutent, le pouvoir exécutif donne des ordres, signe des nominations, agit en un mot.

Le pouvoir exécutif n'est légitime, comme le pouvoir législatif, que s'il émane de la souveraineté nationale ; seulement, il peut être délégué au citoyen ou aux citoyens qui le détiennent, soit directement par le peuple et le suffrage universel, soit indirectement par les représentants du peuple. (V. n° 62.)

De même que la nation ne peut exercer directement le pouvoir législatif, de même les grandes assemblées délibérantes ne sauraient exercer par elles-mêmes le pouvoir exécutif. Il faut, soit pour empêcher que les pouvoirs ne soient confondus, soit à raison de la multiplicité des affaires et de la nécessité d'une action prompte, que le pouvoir exécutif soit délégué, pour un temps plus ou moins long, à un ou plusieurs hommes qui en usent sous leur responsabilité personnelle et dans des conditions déterminées.

53. Historique. — Le pouvoir exécutif, d'après la Constitution de 1791, était « délégué au roi, pour être exercé sous son autorité par des ministres et autres agents responsables ». La royauté était « héréditaire de mâle en mâle ». Le roi nommait et révoquait les ministres. Il ne pouvait, en aucun cas, dissoudre l'Assemblée nationale. Il promulguait les lois et avait le droit d'opposer aux décrets de l'Assemblée un *veto* suspensif. « Chef de l'administration générale du royaume, » il nommait à presque tous les emplois civils et militaires.

Après la journée du 10 août 1792, le roi fut « suspendu de ses fonctions » jusqu'à ce que la Convention nationale eût statué sur les mesures à prendre pour assurer la souveraineté du peuple. En attendant, l'Assemblée législative nomma six ministres, qui formaient un Conseil chargé provisoirement du pouvoir exécutif.

La Convention proclama la République et ne laissa au Conseil exécutif qu'une puissance nominale. En d'autres temps, le pouvoir exécutif avait absorbé et confisqué à son profit le pouvoir législatif ; la Convention donnait l'exemple contraire.

La Constitution de 1793 confia le pouvoir exécutif à un conseil de vingt-quatre membres, désignés par le Corps législatif sur une liste de candidats présentés par les assemblées électorales des départements.

La Constitution de l'an IV créa le Directoire. Le pouvoir exécutif était remis à un conseil de cinq directeurs, nommé par le Conseil des Anciens sur une liste dressée par le Conseil des Cinq-Cents, et renouvelé chaque année par l'élection d'un nouveau membre. Chaque membre du Directoire le présidait à son tour *pendant trois mois seulement*.

Après le 18 brumaire, aux termes de la Constitution du 22 frimaire an VIII (13 décembre 1799), le pouvoir exécutif devait appartenir à trois consuls nommés pour dix ans par le Sénat et indéfiniment rééligibles. Mais pour la première formation du gouvernement consulaire, le Sénat n'intervint pas ; l'article 39 de la Constitution était ainsi conçu : « La Constitution nomme premier consul le citoyen Bonaparte ; second et troisième consuls, les citoyens Cambacérès et Lebrun. »

La Constitution de l'an VIII attribuait déjà au premier consul des fonctions spéciales auxquelles ses collègues ne participaient point. Elle préparait par là le pouvoir dictatorial dont Bonaparte ne tarda pas à s'emparer. Proclamé consul à vie par le Sénatus-Consulte du 14 thermidor an X (2 août 1802), il se faisait attribuer le droit de nommer les présidents des collèges électoraux et celui de dissoudre ces collèges. Enfin, par le Sénatus-Consulte du 28 floréal an XII (18 mai 1804), il devenait empereur des Français. Le pouvoir exécutif était héréditaire « dans la descendance directe, naturelle et légitime » de Napoléon Bonaparte. Le droit de sanction était dévolu à l'empereur. Malgré l'avis du Sénat et après avoir entendu le Conseil d'État, l'empereur était libre de promulguer quand même la loi.

Lorsque l'Empire eut succombé sous le poids de ses fautes et sous les conséquences de son despotisme, la royauté reparut, mais ce ne fut pas la royauté absolue. La Charte établissait des garanties constitutionnelles. Les ministres du roi étaient responsables. (Art. 13.) Le roi sanctionnait et promulguai. les lois (art. 22); mais il ne pouvait promulguer que les lois discutées et votées librement par la majorité de chacune des deux Chambres. (Art. 18.) Il pouvait dissoudre la Chambre des députés; mais, dans ce cas, il devait en convoquer une nouvelle dans le délai de trois mois. (Art. 30.)

Avec la révolution de Juillet, les conditions du pouvoir exécutif furent changées, en ce que la royauté devint élective, sinon en droit, du moins en fait. La résolution prise au Palais-Bourbon, le 7 août 1830, n'était au fond que l'élection du roi ; seulement, une fois cette élection accomplie, on rentrait dans le système de l'hérédité dynastique, et, pour tout le reste, on s'en tenait aux principes de la Charte de 1814.

La Constitution de 1848 délégua le pouvoir exécutif à un citoyen qui recevait le titre de Président de la République. Il était élu, pour quatre ans, par le suffrage universel.

Le Président de la République de 1848 avait à peu près les mêmes attributions que la Constitution de 1875 lui a maintenues. (V. n° 66.) Notons cependant qu'il ne pouvait ni proroger ni dissoudre l'Assemblée, et qu'il était responsable, en ce qui le concernait, de tous les actes du gouvernement et de l'administration. Ajoutons enfin qu'on instituait, à côté du Président, un vice-président nommé par l'Assemblée, sur une liste de trois candidats présentée par le président.

Après le coup d'État du 2 décembre 1851, la Constitution du 14 janvier 1852 attribua au Président de la République le privilège de l'initiative des lois et le droit de sanction.

Les lois constitutionnelles de 1875 ont établi un Président de la République irresponsable, sauf dans le cas de haute trahison, un ministère solidaire et responsable devant les Chambres. Le Président de la République est élu par les deux Chambres; ses pouvoirs durent sept ans; il est rééligible. (V. n°ˢ 61 et suivants.)

54. Rôle et organisation du pouvoir exécutif. — On verra plus loin comment, dans la Constitution actuelle, le pouvoir exécutif est organisé et réglé. Il suffit ici d'indiquer les principes généraux de son fonctionnement.

Le pouvoir exécutif suppose un grand nombre d'agents : 1° le Président de la République, chef du pouvoir exécutif; 2° au-dessous du Président, les ministres, que le Président nomme et révoque, et qui doivent être le plus possible choisis parmi les membres du Sénat et de la Chambre des députés; 3° enfin, au-dessous des ministres, les agents des diverses administrations, que les ministres à leur tour nomment et révoquent.

Cette légion d'hommes qui, à des degrés divers, et dans des directions différentes, administrent le pays et font exécuter la loi, est tout entière subordonnée au Président de la République et à ses ministres. Les fonctionnaires, par conséquent, sont, eux aussi, les mandataires du pays, puisqu'ils dépendent de chefs qui tiennent leurs pouvoirs de la volonté nationale.

Dans les limites de ses attributions, le pouvoir exécutif doit être indépendant et ne relever que de lui-même. Sans doute, il est subordonné au pouvoir législatif: d'abord, parce qu'il n'a d'autre mission essentielle que celle de promulguer et d'exécuter la loi; ensuite, parce que, s'il l'exécute mal, il est nécessaire que les représentants du pays puissent lui refuser leur confiance qu'il a trompée et lui retirer des fonction

dont il use mal. Mais tant qu'il se conforme à la loi
et au vœu du pays, le pouvoir exécutif a la liberté
absolue de choisir les voies et moyens les plus propres
à assurer le gouvernement.

3° *Le pouvoir judiciaire.*

55. Nature du pouvoir judiciaire. — Le droit de
faire des lois a pour conséquence nécessaire le droit
de punir ceux qui les violent. Le droit de punir, qu'on
a autrefois essayé de fonder sur des doctrines théolo-
giques, sur la doctrine de l'expiation, n'a en réalité
d'autre principe que l'intérêt social. La société a le
droit de se défendre contre ceux de ses membres qui,
par leurs méfaits, compromettraient la sécurité
publique et attenteraient à l'ordre établi par la loi.
Elle punit, non pour se venger, non pour satisfaire à
la justice divine, mais pour mettre les criminels et
les malfaiteurs dans l'impuissance de nuire, et pour
décourager, par l'exemple et l'intimidation, ceux qui
seraient tentés de les imiter. De là ce qu'on appelle
la *justice criminelle.* D'autre part, la société doit
protection à tous les citoyens pour la défense de leurs
intérêts particuliers : de là ce qu'on appelle la *justice
civile.*

En d'autres termes, à côté du pouvoir qui légifère
et du pouvoir qui exécute la loi, il faut qu'un autre
pouvoir, une autre autorité, intervienne, soit pour
juger et punir la violation de la loi, soit pour
résoudre et vider les différends que soulève de particulier à particulier l'exécution de la loi, différends
que les parties intéressées ne peuvent elles-mêmes
apprécier équitablement.

Le pouvoir judiciaire, comme les deux autres pouvoirs, dérive de la souveraineté nationale. Dans les
États monarchiques, où le souverain est le roi, la
justice émane du roi. Dans les États républicains et
démocratiques, la justice émane du peuple.

C'est une question qui a été vivement discutée, et qui l'est encore, que celle de la séparation du pouvoir judiciaire et du pouvoir exécutif. L'administration et la justice, d'après quelques théoriciens, seraient au même titre les deux attributs de la puissance exécutive. Il n'est pas possible d'admettre une pareille confusion. L'administration est directement soumise au pouvoir exécutif, dont elle n'est que l'instrument docile. La justice, au contraire, doit être indépendante ; elle se meut dans son domaine propre, et, bien qu'il soit à désirer qu'elle ne contrarie pas l'action administrative, il lui appartient de prononcer librement ses arrêts, sans que le pouvoir exécutif ait le droit d'influencer ou de modifier ses décisions.

D'un autre côté, la justice, si elle a le devoir de rester fidèle à la loi et de s'inspirer de la pensée du législateur, ne saurait être à la disposition du pouvoir législatif. Sans cela, on pourrait craindre que la loi ne fût faite en vue de son application à telle ou telle personne.

56. **Historique.** — Avant 1789, l'organisation du pouvoir judiciaire était un véritable chaos. Nous n'avons pas à rappeler les abus de toute sorte qui altéraient l'exercice de la justice : la vénalité des offices, que l'on multipliait à plaisir pour créer des ressources au Trésor royal ; la vénalité des jugements eux-mêmes, comme le prouve l'usage de ce qu'on appelait les *épices,* la longueur ruineuse de la procédure, etc. Mais nous devons rappeler que les justiciables étaient comme perdus dans un réseau confus de juridictions de toute espèce : juridictions royales, les unes souveraines, le Conseil du roi, le Parlement ; les autres non souveraines, les grands bailliages, les sénéchaussées, etc. ; en second lieu, les juridictions seigneuriales ; les juridictions municipales ; enfin, les juridictions ecclésiastiques.

Dès la nuit du 4 août 1789, une partie des anciennes juridictions fut supprimée par l'Assemblée nationale; la vénalité des offices fut abolie, la gratuité de la justice décrétée. La Constitution de 1791 établit le jury : elle l'admettait même en matière civile, et non pas seulement en matière criminelle. En matière criminelle, c'était un jury aussi qui était chargé de recevoir l'accusation. La justice n'était plus aux mains du roi; la distinction entre le pouvoir exécutif et le pouvoir judiciaire était même poussée si loin que les juges devaient être élus par le peuple. « Le pouvoir judiciaire ne peut, en aucun cas, être exercé par le Corps législatif ni par le roi. » Le roi donnait bien l'investiture aux juges élus, par des lettres patentes, mais ces lettres patentes, il ne pouvait les refuser. « L'accusateur public » était, lui aussi, nommé par le peuple. D'autre part, et en souvenir de l'immixtion trop fréquente des anciennes cours judiciaires dans les affaires politiques, la Constitution édictait l'article suivant : « Les tribunaux ne peuvent ni s'immiscer dans l'exercice du pouvoir législatif, ou suspendre l'exécution des lois, ni entreprendre sur des fonctions administratives, ou citer devant eux les administrateurs pour raison de leurs fonctions. »

Déjà le décret des 8 et 9 octobre 1789 avait profondément modifié l'ancien régime criminel et y avait introduit des principes nouveaux : la publicité de l'instruction et des débats, la défense des accusés. Il établissait aussi une classification légale des faits punissables, divisés en crimes, délits et contraventions.

Sous la Convention, le cours de la justice normale et régulière fut suspendu par la violence des pouvoirs politiques : ce fut le règne du tribunal révolutionnaire, « commission sanglante qui frappait ses victimes, mais ne les jugeait pas ».

La Constitution de 1793 maintenait l'élection des juges de tout ordre, même de ceux qui composaient la Cour suprême de cassation. L'élection était annuelle. En matière criminelle, nul ne pouvait être mis en accusation que par des jurés et jugé que par des jurés.

La Constitution de l'an IV, tout en conservant le principe de l'élection, prolongeait du moins la durée des fonctions. Tous les cinq ans, on devait procéder à l'élection des juges des tribunaux civils. Il y avait un tribunal civil par département. Les droits du pouvoir exécutif étaient en partie rétablis ; le tribunal civil se composait de vingt juges au moins, plus un commissaire et un substitut, nommés et destituables par le Directoire exécutif.

C'est sous le gouvernement consulaire et sous le premier empire que furent établies les principales dispositions qui, avec quelques changements, constituent encore notre organisation judiciaire. (V. Ch. VII.)

57. Organisation normale du pouvoir judiciaire. — Le soin de rendre la justice doit être confié à un corps de magistrats, qui soient assez indépendants du pouvoir exécutif et du pouvoir législatif pour résister au besoin à l'action politique et à l'action administrative, et sauvegarder de leurs empiétements les intérêts privés que la justice est appelée à défendre.

Divers moyens ont été pratiqués pour assurer cette indépendance. L'inamovibilité et l'élection sont les principaux.

La Révolution avait adopté le système électif : les magistrats étaient nommés directement par le peuple. Les États-Unis, la Suisse, d'autres pays encore, sont restés fidèles à cette pratique. Il est permis de penser que, dans l'état de nos mœurs, l'adoption du système électif n'est pas opportune, et que, même au point de vue des principes, l'élection des juges est un procédé contestable. Le juge, qui doit être avant tout un homme froid, impartial, inaccessible à la passion, serait trop souvent, au contraire, un homme de parti, s'il devait son titre à un mandat populaire. En outre, il ne serait pas, tant s'en faut, libre et indépendant comme il doit l'être vis-à-vis de ses électeurs d'hier, ces justiciables d'aujourd'hui. « Il est presque inutile, disait Prévost-Paradol, de démontrer, d'une part, que l'esprit de parti dicterait ordinairement le choix de la majorité, et, d'autre part, que le magistrat, dépendant des justiciables, serait très souvent incliné à sacrifier aux nécessités de sa réélection future ou à la gratitude pour son élection passée le devoir de l'impartialité et les intérêts sacrés de la justice. »

Ajoutons, à un autre point de vue, que les électeurs en général ne sont guère compétents pour apprécier les qualités professionnelles de savoir et de capacité qu'on doit exiger des magistrats. Et si, par défiance du suffrage universel, on institue un corps électoral restreint composé d'hommes du métier, outre que l'élection n'aurait alors rien de démocratique, elle aboutirait vraisemblablement à des choix de coterie.

Enfin, on peut se demander s'il n'y aurait pas, pour la coordination et l'équilibre des pouvoirs publics, un écueil redoutable dans le fait d'une magistrature qui tirerait son investiture soit du suffrage universel, soit du suffrage restreint de la nation. Trop peu indépendante vis-à-vis de ses justiciables, une magistrature élue le serait trop peut-être vis-à-vis des autres pouvoirs. Chargée de ce qui touche si vivement la plupart des hommes, le règlement des affaires privées, de ce qui est nécessairement sensible à quelques-uns, l'application du Code pénal, elle prendrait, j'en ai peur, un ascendant extraordinaire et deviendrait dans l'État un pouvoir prépondérant.

Faut-il donc accepter, pour protéger l'indépendance du juge, l'autre expédient, celui qui est encore en vigueur dans notre pays, je veux dire l'inamovibilité? Un magistrat est inamovible, c'est-à-dire que, quoique nommé par le gouvernement, il ne peut plus être révoqué. Mais l'inamovibilité elle-même soulève bien des difficultés. D'abord, il est à remarquer que les magistrats français ne sont pas tous inamovibles. Les juges de paix sont-ils moins indépendants que les juges de première instance ou les conseillers de cour d'appel ? Non, et cependant ils ne sont pas inamovibles comme eux : ce qui tendrait à prouver que l'inamovibilité n'est pas aussi nécessaire qu'on le prétend. Mais ce qui est plus grave, c'est la situation exceptionnelle que crée aux magistrats leur inamovibilité. Dans une société démocratique, où tout se renouvelle, où le président de la République doit être réélu tous les sept ans, où la Chambre des députés se renouvelle en entier tous les quatre ans, où le Sénat lui-même, dans sa grande majorité, est soumis à la réélection tous les neuf ans, n'y a-t-il pas contradiction à admettre que les représentants du pouvoir judiciaire seuls jouissent du privilège de rester perpétuellement en fonctions ? Ce n'est pas qu'on doive désirer que le pouvoir judiciaire change souvent de mains. Il faut, pour l'exercer dignement, une science et une expérience que le temps seul peut procurer. Mais si, en fait, on peut souhaiter que les magistrats soient à peu près inamovibles sur leurs sièges, en droit, on a raison de se demander si l'inamovibilité, considérée comme un principe et comme un dogme, est vraiment conforme à l'esprit général d'une société démocratique.

Nous concluons donc que le pouvoir exécutif, qui nomme les magistrats, devrait avoir aussi le droit de les révoquer. Les mêmes raisons qui veulent que le chef du pouvoir exécutif soit désigné par les dépositaires du pouvoir législatif, et non directement par le peuple, exigent aussi, selon nous, que les représentants du pouvoir judiciaire dépendent du pouvoir exécutif, et non immédiatement de la nation. Hâtons-nous d'ajouter que le droit de révoquer les magistrats, quoique laissé à la discrétion du pouvoir exécutif, ne devrait être exercé qu'avec mesure et dans des circonstances graves. La situation des magistrats serait entourée de garanties sérieuses, qui ne permettraient pas à un caprice ministériel de la briser sans raison. Le magistrat menacé de destitution aurait tout droit de se défendre, de se justifier (1).

58. Rapports des trois pouvoirs entre eux. — Il n'est pas de question politique plus délicate que celle des rapports des pouvoirs. Considérons-la donc avec quelque attention.

Les Assemblées investies du pouvoir législatif, outre leur fonction propre, qui est de légiférer, ont aussi le droit d'agir, dans une certaine mesure, sur le pouvoir exécutif. Elles interviennent, jusqu'à un certain point, dans le gouvernement, de même que, nous le verrons tout à l'heure, le pouvoir exécutif participe et doit participer à l'œuvre législative.

L'influence du pouvoir législatif sur le gouvernement se manifeste d'abord par ce fait que les ministres, quoique nommés par le chef du pouvoir exécutif, dont ils sont les agents, ne peuvent cependant être choisis que d'après les indications fournies par les votes des Assemblées électives et en quelque sorte avec leur assentiment. Pris dans la majorité des Chambres, ils doivent gouverner selon le vœu des représentants du pays. Ils ne peuvent se maintenir au pouvoir, si les Chambres, par leurs votes, leur témoignent un sentiment marqué de mécontentement et de défiance.

Mais ce n'est pas seulement parce qu'elles contribuent à instituer et à renverser le ministère que les Chambres exercent leur influence et leur action sur le pouvoir exécutif. Même avec un ministère qu'ils soutiennent de leur confiance et dont ils approuvent la conduite générale, les représentants de la nation ont le devoir et le droit de contrôler, de surveiller les actes particuliers du gouvernement. Examinons rapidement quelques-uns des moyens qui peuvent être employés pour assurer la collaboration constante des

1. La loi du 30 août 1883 ...r la *Réforme de l'organisation judiciaire*, maintient le principe de l'inamovibilite, et stipule que le déplacement des magistrats ne peut être prononcé que sur l'avis conforme du Conseil supérieur de la magistrature, c'est-à-dire la Cour de cassation.

pouvoirs publics, et par là maintenir l'accord nécessaire entre la volonté de la nation et la conduite du
pouvoir exécutif.

Même sous les gouvernements despotiques tels que
le second empire, le pouvoir exécutif n'osa pas toujours
confisquer au pouvoir législatif tous ses droits de discussion et de contrôle. C'est ainsi que, sous Napoléon III, la Chambre était autorisée à répondre au
discours du Trône par une *adresse* dont tous les points
étaient discutés : ce qui permettait à l'opposition de
formuler ses critiques. De même, à cette époque, l'*examen du budget* ouvrait annuellement à la discussion
un champ restreint. Mais il est évident que, réduit à
ces limites, le droit de contrôle des Chambres était
insuffisant et inefficace : il ne pouvait s'exercer que
de loin en loin, à des époques fixes, au début et à la
clôture des sessions.

Sous la Restauration, l'esprit de liberté et d'initiative des Chambres se faisait péniblement jour dans
l'*examen des pétitions* dont elles étaient saisies. C'est
sans doute par crainte de voir se renouveler, dans
des occasions semblables, de larges et sérieuses discussions, que l'auteur de la Constitution de 1852
interdisait aux citoyens d'adresser leurs pétitions à
la Chambre des députés, et, par une disposition bi-
zarre, les faisait envoyer au Sénat.

Quand on veut assurer véritablement aux représentants élus du pays l'influence à laquelle ils ont droit,
il faut mettre entre leurs mains des instruments plus
efficaces que ceux dont nous venons de parler ; il
faut leur reconnaître le droit de questionner, d'inter-
peller les ministres toutes les fois que les circonstances
paraissent l'exiger. Les *questions,* les *interpellations*
sont des usages aujourd'hui consacrés par la pratique parlementaire. Par là, le pouvoir législatif est
en mesure de demander au pouvoir exécutif un
compte incessant, soit de sa ligne générale de conduite
politique, soit de ses moindres actes administratifs.

Signalons encore une autre arme que les Constitutions libérales mettent généralement aux mains des Assemblées législatives : c'est l'*enquête*. Sur un événement important, sur de graves intérêts, qu'il s'agit de connaître à fond, sur un acte même du gouvernement, les Chambres peuvent vouloir faire la lumière par elles-mêmes et charger quelques-uns de leurs membres de procéder à une enquête directe.

Dans l'emploi de ces différents moyens d'action, le pouvoir législatif doit d'ailleurs se montrer prudent, réservé, discret. S'il en abuse, s'il multiplie inutilement les questions et les interpellations, s'il affaiblit par un contrôle taquin et par une défiance soupçonneuse le pouvoir exécutif, il est évident qu'il sort de son rôle, qu'il empiète et qu'il usurpe sur les droits du gouvernement, qu'il fait tourner enfin contre le bien de l'État, contre la division nécessaire des pouvoirs, des prérogatives dont il ne devrait user que pour garantir la volonté du peuple et assurer l'accord, l'union désirable des pouvoirs publics. Il ne faut pas non plus, sous peine de nuire à la stabilité gouvernementale et de compromettre la marche des affaires, qui, pour être bien conduites, ont besoin d'esprit de suite, que les Chambres usent indiscrètement du droit de renverser les ministères sous un vote hostile et de défiance. On doit y regarder à deux fois avant de se prononcer contre un ministère, et ne le condamner que pour des motifs sérieux, quand on s'est bien convaincu qu'il est décidément en opposition avec les volontés de la majorité de la nation.

Après avoir montré comment le pouvoir exécutif dépend du pouvoir législatif, il faut considérer l'autre face du problème, et chercher par quels moyens peut et doit être garantie l'indépendance relative du pouvoir exécutif. S'il y a des précautions à prendre contre l'omnipotence du pouvoir exécutif, il y a aussi un frein et un contrepoids à opposer au pouvoir des assemblées législatives.

Ce n'est ni dans le droit de sanction, ni dans un *veto* absolu ou simplement suspensif, que des constitutions vraiment libérales doivent chercher les moyens d'assurer les droits du pouvoir exécutif. Accorder au Président de la République le droit de consentir ou de refuser les lois votées par les Chambres, ce serait mettre abusivement entre ses mains une portion considérable du pouvoir législatif. Il est cependant légitime que le pouvoir exécutif, dans des cas exceptionnels, et quand il juge que la loi qu'on le charge d'appliquer soulève de trop grandes difficultés, ait le droit de faire connaître son opinion aux Chambres. C'est pour cela que la Constitution de 1875 autorise le Président à adresser aux Chambres un message motivé pour demander une seconde délibération sur la loi qu'il lui répugnerait d'exécuter. (Art. 7 de la loi du 15 juillet 1875.) Ainsi entendu et transformé, l'ancien droit de *veto* que la Constitution de 1791 accordait au roi et que la Constitution des États-Unis reconnaît encore à son Président n'offre rien de dangereux.

Mais le chef du pouvoir exécutif peut disposer d'un moyen plus efficace pour arrêter au besoin les écarts d'une Assemblée législative qui lui paraîtrait sortir de son rôle et contredire la volonté du pays. C'est le droit de dissolution : c'est-à-dire, le droit d'en appeler au pays, pour l'élection d'une nouvelle Chambre. Le droit de dissolution est consacré par un long usage dans la Constitution anglaise. Il offre des avantages sérieux, puisqu'il confie au peuple lui-même le soin de rétablir l'harmonie entre les pouvoirs publics. L'opinion publique reste en définitive souveraine maîtresse, puisqu'il lui appartient, soit de réélire la Chambre dissoute, si elle en approuve l'esprit et la conduite, soit de donner raison au pouvoir exécutif par l'élection de nouveaux députés. L'usage du droit de dissolution n'en est pas moins fort délicat; il peut être dangereux pour les libertés publiques, surtout dans un pays où florissaient naguère les candidatures officielles. Il serait à craindre, en effet, que le pouvoir exécutif, qui reste en possession du gouvernement, alors que l'ancienne assemblée est dissoute et que le pays se prépare à de nouvelles élections, n'abusât de sa situation pour peser sur la conscience des électeurs et leur dicter leur vote. C'est donc avec sagesse que la Constitution de 1875 n'a accordé le droit de dissolution au Président de la République qu'avec certains tempéraments. Le Sénat ne peut jamais être dissous, et la Chambre des députés ne peut l'être que sur l'avis conforme du Sénat. Dans ces conditions, l'exercice du droit de dissolution devient difficile, et l'abus n'en est guère possible. Ce n'est évidemment que dans des circonstances graves, et en présence d'un désaccord flagrant entre le pays et la Chambre des députés, que le Sénat et le Président de la République pourraient se mettre d'accord sur l'opportunité et la nécessité d'une dissolution de la Chambre des députés.

Si l'on réfléchit à la nature du pouvoir exécutif, si l'on considère qu'il dispose de toutes les places et fonctions publiques, qu'il nomme et révoque les administrateurs et les employés de tout ordre, on reconnaîtra qu'il n'y a pas à se préoccuper outre mesure des moyens d'assurer son indépendance et son autorité. Il y aurait plutôt à redouter que l'équilibre nécessaire des pouvoirs politiques ne se rompît à son profit.

Ajoutons que, par sa valeur personnelle, le Président de la République, qui sera presque toujours un homme éminent, puisqu'il est appelé par la confiance de ses concitoyens à occuper la magistrature suprême de l'État, est nécessairement appelé à jouir d'un grand prestige qui complétera son indépendance.

Remarquons enfin que le Président de la République est nommé pour une durée déterminée, et qu'il n'est pas révocable jusqu'au terme légal de son mandat. Les ministres, sur le choix desquels les Chambres exercent une grande et légitime influence, les ministres passent ; le chef du pouvoir exécutif demeure, avec ses pouvoirs irresponsables et irrévocables.

Qu'on ne s'étonne donc pas de toutes les précautions prises contre le pouvoir exécutif et du soin jaloux avec lequel les Chambres délibérantes s'efforcent de maintenir leurs prérogatives et leur action propre.

Il reste à dire que le pouvoir exécutif, armé de certains droits contre les abus de pouvoir des Chambres, et en possession d'une réelle indépendance, intervient encore dans le travail législatif des Assemblées, soit par les messages qu'il a le droit de leur adresser, soit par les projets de lois qu'il prépare et qu'il leur propose. La préparation des lois est une œuvre gouvernementale qui appartient au pouvoir exécutif aussi bien qu'au pouvoir législatif. Le *droit d'initiative,* quelquefois considéré comme le privilège du pouvoir exécutif et que les Constitutions de l'an VIII ou de 1852 avaient le tort grave de refuser aux Chambres, doit être partagé entre les Chambres et le pouvoir exécutif. Il est impossible d'admettre que les ministres qui disposent de tant de moyens d'information, qui d'ailleurs continuent sans interruption l'exercice de leurs pouvoirs, tandis que les Chambres ne sont pas toujours en session, ne puissent pas soumettre au Parlement des propositions de lois. L'indépendance du pouvoir législatif n'est nullement amoindrie par cette collaboration du pouvoir exécutif. L'équilibre politique n'exige pas seulement la division des pouvoirs, renfermés et comme parqués dans leur fonction spéciale : elle exige encore leur concours constant et leur mutuelle pénétration.

DEUXIÈME PARTIE

L'ÉTAT

CHAPITRE V

La Constitution. — Le Président de la République. — Le Sénat. — La Chambre des députés. — Mode de nomination : attributions.

SOMMAIRE

59. *Ce qu'on appelle une Constitution.* — 60. *La Constitution de 1875* : lois constitutionnelles et lois organiques. — 61. *Le Président de la République.* Définition générale. — 62. *Mode de nomination.* Deux systèmes : élection directe par le suffrage universel ; élection par les Chambres. Discussion de ces deux systèmes. Pourquoi le second doit être préféré. — 63. *Comment on élit le Président de la République :* élection de 1879. — 64. *Durée des pouvoirs du Président de la République.* Sa rééligibilité. — 65. Son irresponsabilité : la responsabilité des ministres. — 66. *Attributions du Président de la République.* — 67. *Le ministère.* — 68. *Décrets. Arrétés ministériels.* — 69. *Le Sénat.* — 70. *La question des deux Chambres.* Raisons en faveur de l'existence des deux Chambres. — 71. *Electeurs sénatoriaux.* — 72. *Éligibles au Sénat.* — 73. *La Chambre des députés.* Son rôle et son caractère particulier. — 74. *Scrutin d'arrondissement et scrutin de liste.* Discussion des avantages et des inconvénients de ces deux modes électoraux.—75. *Élection des Députés.* — 76. *Eligibilité* à la Chambre des

députés. — 77. *Organisation intérieure des Chambres.* Sessions, règlement, etc. — 78. *Fonctions des Chambres.* Attributions communes et attributions distinctes.

59. Ce qu'on appelle une Constitution. — La Constitution est une loi, mais une loi fondamentale, qui fixe la procédure à suivre dans la confection des autres lois, qui règle les attributions des différentes autorités, les rapports des différents pouvoirs. Elle institue, en un mot, le régime politique de la nation.

Toute Constitution aspire à durer le plus possible, à régler pour un long temps les destinées d'un pays. Mais l'expérience nous a appris qu'en fait les Constitutions durent peu. Notre pays en a traversé une quinzaine depuis 1789 ; et si l'on doit espérer que le progrès des idées républicaines et démocratiques assurera un plus long avenir à la Constitution de 1875, il serait cependant chimérique de compter qu'elle soit faite pour l'éternité. La clause de revision que la sagesse des législateurs y a inscrite permet d'y introduire, sans ébranlement nouveau, sans révolution violente, les modifications qu'exigerait l'intérêt de la France et de la République.

La Constitution, comme toutes les autres lois, doit être l'expression de la volonté nationale. C'est un contrat politique qui n'a de valeur que s'il a été consenti par le peuple ou par ses représentants. Le pouvoir constituant n'est donc guère distinct du pouvoir législatif. On a cependant prétendu que les Constitutions ne pouvaient être légitimement établies que par des assemblées nommées à cet effet, avec un mandat spécial et défini. En fait, l'Assemblée nationale qui a voté les lois constitutionnelles de 1875 n'avait pas été élue comme assemblée constituante. L'épithète de « Constituante », que contenait le décret du 4 septembre 1870, qui convoquait une Assemblée et qui fut rapporté à raison des événements, ne se retrouve plus dans le décret du 29 janvier 1871 qui réunit définitivement les collèges électoraux. Mais l'Assemblée nationale affirma son pouvoir constituant dans le préambule des lois par lesquelles elle réglait l'organisation provisoire du pouvoir exécutif : « L'Assemblée nationale, considérant qu'elle a le droit d'user du pouvoir constituant, attribut essentiel de la souveraineté dont elle est investie...»(Loi du 31 août 1871.—Voyez aussi la loi du 13 novembre 1873.) Aujourd'hui, le pouvoir constituant appartient aux deux Chambres réunies en *Assemblée nationale.*

60. La Constitution de 1875. — Les lois constitutionnelles qui nous régissent sont :

La *Loi relative à l'organisation des pouvoirs publics* (25 février 1875) ;

1 a *Loi relative à l'organisation du Sénat* (24 fév. 1875);

La *Loi sur les rapports des pouvoirs publics* (16 juillet 1875).

A ces trois lois il faut joindre :

1° *La loi constitutionnelle du* 19 *juin* 1879, d'après laquelle est abrogé l'article 9 de la loi du 25 février 1875, qui fixait le siège du pouvoir exécutif et des deux Chambres à Versailles.

2° *La loi du 14 août* 1884, *portant revision partielle* des lois constitutionnelles. Cette loi : 1° modifie le § 2 de l'art. 5 de la loi constitutionnelle du 25 février 1875, relative à l'organisation des pouvoirs publics ; 2° complète le § 3 de l'art. 8 de la même loi du 25 février 1885; décide que les art. 1 à 7 de la loi constitutionnelle du 24 février 1875, relative à l'organisation du Sénat, n'auront plus le caractère constitutionnel; 4° enfin, abroge le § 3 de l'art. 1er de la loi constitutionnelle du 16 juillet 1875 sur les rapport des pouvoirs publics.

Des *lois organiques* complètent, par leurs prescriptions, l'organisation des pouvoirs publics : celle relative à l'élection des sénateurs (2 août 1875), modifiée par la loi du 9 décembre 1884 ; celle relative à l'élection des députés (30 novembre 1875), modifiée par les lois des 28 juillet 1881 et 16 juin 1885. Ces lois organiques ne portent pas sur les principes essentiels de la Constitution : ce sont de simples lois de procédure électorale ; elles peuvent être modifiées par des lois nouvelles votées en la forme ordinaire, à la différence des lois constitutionnelles, qui ne peuvent être changées que par une résolution des deux Chambres réunies en *Assemblée nationale.*

La définition suivante établit nettement la distinction qui existe entre les lois constitutionnelles et les lois organiques : « La loi constitutionnelle est celle qui règle la nature, l'étendue et l'exercice des pouvoirs du gouvernement ; les lois organiques sont celles qui ont pour objet de régler le mode et l'action des institutions ou établissements dont le principe a été consacré par une loi précédente. » (LITTRÉ.)

Au lieu de commenter article par article les lois constitutionnelles, il est plus expédient de rattacher les dispositions principales qu'elles renferment aux deux catégories de pouvoirs qu'elles définissent : d'abord le pouvoir exécutif dévolu au Président de la République et à ses ministres ; ensuite le pouvoir législatif qu'exercent simultanément la Chambre des députés et le Sénat.

1° *Le Président de la République.*

61. Définition générale. — Le Président de la République est le délégué suprême de la nation. Il est chargé pour un temps de présider à l'exécution des lois. Il occupe donc dans la République, avec les caractères particuliers d'un pouvoir électif et temporaire, la situation qui appartient au roi dans ces monarchies libérales et parlementaires qu'on est convenu d'appeler des monarchies constitutionnelles. Il est, et ces mots résument tout, le *chef du pouvoir exécutif.*

62. Mode de nomination. — Par qui doit être nommé le Président de la République ? Sera-ce par le suffrage universel direct ou indirect, comme le voulait la Constitution de 1848, comme le veut encore la

Constitution des Etats-Unis? L'expérience qui a été infligée à la France par l'élection du président Louis-Napoléon et par ses conséquences n'est pas de nature à recommander cette procédure électorale. Le suffrage universel, admirablement compétent quand il est question de nommer, dans les étroites limites d'un arrondissement ou d'un département, des députés intègres et consciencieux, dont le caractère garantisse la sincérité et la fidélité aux engagements contractés, l'est beaucoup moins quand il s'agit de choisir et de reconnaître, sur toute l'étendue du territoire, parmi les candidats à la présidence de la République, l'homme le plus capable de s'acquitter avec honneur et surtout avec loyauté de ce suprême mandat. Le suffrage universel peut se laisser égarer par la gloire d'un nom illustre, plus ou moins dignement porté; il peut céder, quand il est appelé à se prononcer sur des hommes qu'il n'a pas vus de près, à des entraînements funestes.

En outre, quand bien même l'élection du Président de la République remise directement au peuple assurerait un choix aussi éclairé et aussi bon, cette espèce de plébiscite présenterait d'autres inconvénients graves : ce serait préparer une tendance fatale à l'opposition et au conflit entre le pouvoir législatif et le pouvoir exécutif, également issus du suffrage universel; ce serait créer au profit du Président de la République un prestige dangereux et une autorité excessive, dont il pourrait être tenté d'abuser pour tenir en échec la volonté des Chambres.

La Constitution de 1875 a donc sagement fait de réserver aux Chambres réunies en Assemblée nationale le droit d'élire le Président de la République.

Nommé par les représentants de la nation, le Président de la République est encore le délégué de la nation, bien qu'il ne le soit qu'indirectement, et le principe de la souveraineté nationale qui exige que tout pouvoir émane du peuple est parfaitement sauvegardé.

Dira-t-on que, par ce système, on risque d'abaisser l'autorité du Président de la République devant le pouvoir législatif? L'objection n'a pas de valeur, puisque le Président, une fois élu par les Chambres, reste tout à fait indépendant vis-à-vis d'elles, n'étant pas révocable pendant la durée de ses pouvoirs, c'est-à-dire pendant sept ans.

Ce qui n'est pas contestable, c'est que les membres des deux assemblées législatives, quand ils sont appelés à ce grand acte de l'élection du chef du pouvoir exécutif, ont toutes les qualités requises pour constituer un bon collège électoral, qui ne se laisse influencer par aucune passion extérieure et qui sache réellement choisir l'homme le plus digne d'être appelé à la plus haute fonction du gouvernement.

Ajoutons que l'élection remise aux mains des Chambres rend plus facile et plus prompte la transmission du pouvoir. Le suffrage universel, pour être mis en mouvement, demande un certain temps. Surtout dans le cas où la démission ou la mort du Président en fonctions rendrait nécessaire le choix immédiat d'un autre Président, il serait fâcheux d'avoir à attendre le verdict de la nation convoquée dans ses comices. Quelque diligence qu'on y mît, il y aurait un interrègne plus ou moins long, préjudiciable aux intérêts du pays; et cette diligence elle-même serait dangereuse, puisqu'elle obligerait le pays à un choix hâtif.

63. Comment on élit le Président de la République. — Pour faire comprendre avec quelle facilité les pouvoirs présidentiels peuvent passer des mains d'un citoyen aux mains d'un autre citoyen, il suffira de rappeler comment M. Jules Grévy, Président actuel de la République française, a succédé à M. le maréchal de Mac-Mahon.

Le 30 janvier 1879, le Sénat et la Chambre des députés ont reçu simultanément communication du message par lequel M. de Mac-Mahon déclarait se démettre de ses fonctions de Président de la République. Les présidents de chaque Chambre, qui s'étaient préalablement concertés, ont annoncé que l'Assemblée nationale se réunirait, à quatre heures et demie, dans la salle des séances de la Chambre des députés, pour élire un nouveau Président de la République.

A quatre heures et demie, les deux Chambres se constituèrent en Assemblée nationale, sous la présidence du président du Sénat, assisté des secrétaires du Sénat. Le président fit observer que l'Assemblée, réunie pour nommer le Président de la République était seulement un collège électoral. Le scrutin eut lieu sans discussion par appel nominal. M. Jules Grévy ayant obtenu 563 suffrages sur 670 suffrages exprimés, le président le proclama Président de la République ; enfin, conformément au deuxième paragraphe de l'article 7 de la loi constitutionnelle du 25 février 1875, le président annonça que le conseil des ministres, investi par intérim du pouvoir exécutif, transmettrait à M. Jules Grévy la décision de l'Assemblée.

Les choses se sont passées dans le même ordre et avec la même régularité, pour la réélection de M. Jules Grévy, le 28 décembre 1885.

Dans le cas de démission ou de mort du Président, les deux Chambres se réunissent immédiatement et de plein droit. Mais dans le cas où le Président arrive régulièrement au terme de son mandat, la Constitution a voulu, pour éviter tout interrègne présidentiel, que le nouveau Président fût élu quelques semaines au moins avant la fin des pouvoirs de l'ancien Président. « Un mois au moins avant le terme légal des pouvoirs du Président de la République, les Chambres devront être réunies en Assemblée nationale pour procéder à l'élection du nouveau Président. A défaut de cette convocation, cette réunion aurait lieu, de plein droit, le quinzième jour avant l'expiration des pouvoirs.» (Art. 3 de la loi du 16 juillet 1875.)

64. Durée des pouvoirs. — Le pouvoir exécutif est confié au Président de la République pour une durée relativement longue, pour sept ans. Dans un pays qui aime et qui a raison d'aimer la stabilité, qui a traversé des siècles de monarchie, il eût été malavisé d'instituer un pouvoir présidentiel qui ne durât qu'un an, comme en Suisse, ou même quatre ans, comme aux États-Unis et dans la Constitution française de 1848. C'est dans le même esprit que la Constitution de 1875 a admis la rééligibilité du Président. Si, à l'expiration de son mandat, le Président en fonctions paraît encore le plus digne de cette haute magistrature, il peut y être maintenu. Il ne faut pas oublier pourtant que Washington, le fondateur de la République américaine, après avoir été réélu président, ne consentit pas à se laisser porter candidat une troisième fois, ne voulant pas que, sous un régime républicain, le même homme se perpétuât au pouvoir.

65. Irresponsabilité du Président de la République. — D'après l'article 6 de la loi du 25 février, le Président de la République n'a pas de responsabilité politique ni administrative : il n'est responsable que dans le cas de haute trahison. Cette règle a été rappelée dans le message présidentiel du 14 décembre 1877, qui disait : « La Constitution de 1875 a fondé une République parlementaire, en établissant mon irresponsabilité, tandis qu'elle a institué la responsabilité solidaire et individuelle des ministres. Ainsi sont déterminés nos devoirs et nos droits respectifs : l'indépendance des ministres est la condition de leur responsabilité. » Les ministres, en effet, sont solidairement responsables devant les Chambres de la politique générale du gouvernement et individuellement de leurs actes personnels. Par là, les constituants de 1875 ont établi dans le pouvoir exécutif deux parties : l'une relativement immuable et irresponsable pendant sept ans, le Président de la République ; l'autre incessamment mobile et responsable, les ministres, qui doivent se retirer devant la manifestation de la volonté des Chambres et que le Président doit remplacer en s'inspirant de cette volonté.

66. Attributions du Président de la République. — Les attributions du Président de la République concernent tantôt le pouvoir exécutif seul, tantôt ses rapports avec le pouvoir législatif ou judiciaire, tantôt sont de simple apparat.

1° « Le Président de la République nomme à tous les emplois civils et militaires. » (Art. 3 de la loi du 25 février.) Si le Président ne nomme pas lui-même à certaines fonctions inférieures, c'est qu'il a délégué son droit de nomination, soit aux ministres qu'il nomme, soit aux agents des ministres.

« Il dispose de la force armée. » La Constitution de 1848 ajoutait : « sans pouvoir jamais la commander en personne ».

« Il promulgue les lois lorsqu'elles ont été votées par les deux Chambres : il en surveille et assure l'exécution. » (V. Ch. VI.)

Au fur et à mesure des vacances, il nomme en Conseil des ministres les membres du Conseil d'État.

2° Le Président de la République présente des projets de lois aux Chambres et communique avec elles par des messages. (Art. 3 de la loi du 25 février ; art. 6 de la loi du 16 juillet.)

Il peut, sur l'avis conforme du Sénat, dissoudre la Chambre des députés avant l'expiration légale de son mandat. (Art. 5 de la loi du 25 février.) En ce cas, les collèges électoraux sont convoqués pour de nouvelles élections dans le délai de *deux* mois, et la Chambre dans le délai de *dix* jours, qui suivront la clôture des opérations électorales (L. du 14 août 1884.)

Il a le droit de convoquer les Chambres, de les ajourner, de clore leurs sessions, mais sous certaines réserves. (Art. 2 de la loi du 10 juillet.)

Il déclare la guerre, mais il ne peut le faire sans l'assentiment préalable des deux Chambres.

Il négocie et ratifie les traités avec les pu'ssances étrangères. Il en donne connaissance aux Chambres aussitôt que l'intérêt et la sûreté de l'État le permettent. (Art. 8.)

Enfin, le droit de faire grâce est une des attributions réservées au Président de la République : les amnisties, cependant, ne peuvent être concédées que par une loi. (Art. 3 de la loi du 25 février.)

3° Le Président de la République préside aux solennités nationales. Les envoyés et ambassadeurs des puissances étrangères sont accrédités auprès de lui

Telle est l'énumération exacte et complète des fonctions du Président de la République. Ajoutons que, par l'autorité de son caractère, par des conseils discrètement donnés, par ses opinions, par la dignité générale de sa conduite privée ou de sa conduite politique, un Président peut, sans sortir de son rôle, exercer sur les Chambres elles-mêmes et sur l'ensemble du gouvernement une influence morale qui n'est point définie par la Constitution.

67. Le ministère. — « Les ministres assistent le Président de la République », disent la plupart des traités politiques. En réalité, ils gouvernent plus que le Président de la République : ce sont eux qui prennent l'initiative des mesures politiques qui sont délibérées en conseil des ministres, sous la présidence du Président de la République ; en outre, chacun des actes du Président de la République doit être contresigné par un ministre ; enfin, ce sont eux qui soutiennent devant les Chambres la politique du gouvernement et qui en sont responsables, puisqu'ils laissent la place à d'autres lorsque les Chambres désapprouvent cette politique.

Les ministres se réunissent en conseil plusieurs fois la semaine ; un d'entre eux prend le titre de président du conseil.

68. Décrets. Arrêtés ministériels. — Les actes du Président de la République contresignés par un ministre portent le nom de *décrets.* Le mot décret a souvent changé de sens. Sous la Révolution, sous le Consulat et l'Empire, on donnait volontiers ce nom aux actes législatifs. Aujourd'hui, les décrets sont exclusivement les actes du pouvoir exécutif ayant pour objet de pourvoir à l'application des principes posés dans la loi. Ils sont insérés au *Bulletin des lois*. Les règlements d'administration publique élaborés par le conseil d'État sont aussi des décrets.

Les actes particuliers des ministres s'appellent des *arrêtés*[1]. Les ministres donnent, en outre, des instructions sous forme de *circulaires* à tous les fonctionnaires qui sont sous leurs ordres.

2° *Le Sénat.*

69. Institution du Sénat. — La Constitution de 1875 avait réglé tout entière l'organisation du Sénat par uneloi constitutionnelle, tandis que l'organisation de la Chambre des députés avait été laissée à une loi organique. L'organisation du Sénat ne pouvait donc alors être modifiée par une loi ordinaire. Mais, plus tard la loi portant revision partielle des lois constitutionnelles (14 août 1884) décida que les articles 1 à 7 de laloi relative à l'organisation du Sénat n'auraient plus le caractère constitutionnel. Postérieurement à cette décision, fut votée la loi du 9 décembre 1884, portant modification aux lois sur l'organisation du Sénat et l'élection des sénateurs. (Voir l'Appendice.)

Il serait assez facile de démontrer historiquement que l'institution du Sénat a été imposée aux républicains de 1875 comme une concession, comme un transaction nécessaire. La Constitution républicaine n'aurait pas trouvé au sein de l'Assemblée nationale l'appoint de voix dont elle avait besoin pour triompher de la résistance des monarchistes, si les républicains,

---

1. On appelle aussi *arrêtés* les décisions des préfets, des conseils de préfecture, des sous-préfets et des maires.

par esprit de conciliation, n'y avaient introduit la clause de l'existence d'une seconde Chambre. Mais ce qui ne nous paraît pas moins certain, c'est que la création du Sénat a été autre chose qu'un accident et une œuvre de circonstance : elle a été un événement des plus heureux et une institution des plus fécondes. Le Sénat est une condition essentielle de stabilité, inséparable des vrais intérêts d'une République durable.

70. La question des deux Chambres. — On peut dire que les législations constitutionnelles sont presque unanimes en faveur de l'existence de deux Chambres législatives. La Grande-Bretagne a sa Chambre des lords et sa Chambre des communes, la Belgique et l'Italie ont une Chambre des représentants et un Sénat. Le régime des deux Chambres existe aux États-Unis et dans les Républiques de l'Amérique du Sud. Pour être plus bref, il vaut mieux citer les rares pays qui ne possèdent qu'une Chambre : la Grèce, la Serbie, la Bolivie qui a eu d'abord trois Assemblées, puis deux, puis une; le Mexique, le Honduras.

Au fond, cette unanimité est plus apparente que réelle et ne suffit pas à décider la question. Il s'en faut, en effet, que les Chambres hautes, les Sénats des divers pays se ressemblent et puissent se comparer entre eux. Un Sénat fédéral, comme celui des États-Unis, destiné à assurer l'indépendance des divers Etats au sein de la Confédération, n'aurait aucune raison d'être dans un pays unitaire comme la France. Un Sénat aristocratique et féodal, comme il y en a beaucoup, visant surtout à tenir en échec la volonté de la Chambre des députés, serait en contradiction avec le principe d'une Constitution républicaine et démocratique. Il n'y a donc pas lieu de considérer comme un argument péremptoire en faveur de la dualité des Chambres l'exemple général des autres pays.

Notre propre histoire elle-même ne nous fournit pas d'expérience concluante. Au point de vue de la liberté, on peut rappeler les excès dictatoriaux de la Convention; mais que dire des instincts modérés et libéraux de l'Assemblée constituante de 1789 ou de celle de 1848? Au point de vue de la stabilité, c'est une assemblée unique, la Législative de 1849, qui a succombé sous le coup d'État de décembre 1851; mais c'est de deux assemblées, les Cinq-Cents et les Anciens, que le coup d'État du 18 brumaire a eu trop facilement raison.

Laissons donc de côté les antécédents historiques ou les exemples étrangers, et raisonnons. Un dilemme qui est devenu banal a été employé, je crois, pour la première fois, par Sieyès. Le voici : « La loi n'est que l'expression de la volonté nationale; or la volonté nationale est une; s'il existe deux Chambres, ou bien elles représenteront la même volonté, et l'une d'elles est inutile, ou bien l'une d'elles représentera autre chose que la volonté nationale, ce qui est inadmissible. »

On peut répondre à Sieyès qu'il n'est pas aussi facile qu'il le croit de reconnaître exactement la volonté nationale, qui est toujours générale et quelque peu flottante. La volonté nationale ne peut que manifester des tendances vagues, et souvent ce ne sera pas trop des réflexions successives de deux assemblées pour déterminer ce que veut le pays et ce qui est réellement conforme à son intérêt. Le travail législatif n'est pas en fait cet enregistrement facile des volontés nationales, tel que Sieyès se plaisait à l'imaginer : les assemblées délibérantes ont autre chose à faire qu'à prendre des lois toutes faites des mains du peuple. Une loi, quelque simple qu'elle soit, suppose une multitude de dispositions, de détails d'application, dont l'élaboration est nécessairement longue et compliquée. Si ce que Sieyès disait de la volonté nationale était exact, ce n'est pas seulement la seconde Chambre qu'il faudrait supprimer, c'est de la première elle-même qu'on pourrait à la rigueur se passer. De même, ce n'est qu'en théorie que la volonté nationale est une : en fait, il y a toujours des divergences, des contradictions, au moins dans le détail. De là encore, — le problème de la confection de la loi n'étant pas décidément aussi simple que le prétendait Sieyès, — l'utilité possible d'une seconde Chambre qui, au milieu des divisions de l'opinion publique, vient contrôler ou confirmer les volontés de la première.

C'est ce que pensait Washington.

Un soir, Jefferson, partisan d'une Chambre unique, soupait chez lui. On servit le thé. Au moment où Jefferson allait verser de la tasse dans la soucoupe une partie du thé qu'il trouvait trop chaud, son ami l'arrête, en lui disant: « Que faites-vous donc là ? — Mais, répond Jefferson surpris, je veux faire refroidir mon thé dans la soucoupe : je ne puis l'avaler tout bouillant. — Alors, répond en souriant Washington, il vous faut donc deux tasses: vous n'osez pas boire votre thé dans la première, et vous faites de votre soucoupe une seconde tasse... Eh bien ! c'est pour la même raison que nous demandons deux Chambres en politique, pour ne pas nous brûler ! »

Cette anecdote exprime sous une forme piquante le meilleur argument qui puisse être invoqué pour justifier l'existence de deux Assemblées. Il est certain que le contrôle des deux Chambres l'une par l'autre oblige chacune à se surveiller davantage, à mieux étudier le pour et le contre dans chaque question. La nécessité d'une double discussion offre ainsi des garanties contre des lois précipitées, mal faites, improvisées dans un moment d'effervescence, plutôt que mûrement réfléchies.

D'autre part, il faut bien reconnaître que l'existence de deux Chambres peut présenter parfois des inconvénients. Louis Blanc cite quelque part l'argument que Stuart Mill faisait valoir contre l'existence de deux Chambres. Stuart Mill supposait une Assemblée de six membres se fractionnant en deux corps de trois cents membres chacun et appelée à se prononcer sur une réforme utile. Si tous les membres étaient dans une même Assemblée, il faudrait, disait-il, pour que la réforme utile fût rejetée, que le nombre des opposants fût de trois cent un, tandis que, dans le système de la délibération séparée, il suffirait que le nombre des opposants fût de cent cinquante et un. Dans le premier cas, il faudrait la moitié des membres pour arrêter le progrès; dans le second, un quart suffirait.

Louis Blanc ajoutait : « Il est vrai que, dans cette hypothèse, ce qui ferait obstacle à des changements salutaires serait aussi de nature à faire obstacle à des changements nuisibles. Mais l'avantage serait loin de compenser l'inconvénient, parce qu'il est plus facile, hélas! d'arrêter le progrès que de l'accomplir; parce que, chez la plupart des hommes, l'amour des choses nouvelles est victorieusement combattu par la force de l'habitude, la soumission aux idées reçues, l'esprit de routine, la peur de l'inconnu; parce que dans tous les pays, et même dans le nôtre, qui a vu tant de révolutions, l'instinct conservateur est très répandu, très craintif. »

Louis Blanc oubliait trop qu'il faut précisément tenir compte de cet esprit de conservation, et que le progrès ne peut se réaliser que grâce à des concessions, à des transactions entre l'esprit conservateur et l'esprit libéral. Le Sénat est l'instrument nécessaire de ces transactions auxquelles ne se résignerait pas aussi facilement une Chambre unique.

Les auteurs de la Constitution de l'an III, en établissant les deux conseils législatifs du Directoire, disaient : « Le conseil des Cinq-Cents doit être l'imagination de la République; le conseil des Anciens en doit être la raison. » L'antithèse était évidemment forcée: la raison ne doit pas être le privilège d'une seule des deux assemblées, et l'imagination ne convient comme guide ni à l'une ni à l'autre. Ce qui est vrai, c'est que le rôle des deux Assemblées n'est pas identique : l'une doit être surtout une Chambre d'initiative et de marche en avant ; l'autre, plutôt une Chambre modératrice, qui par son calme et son sang-froid tempère l'élan de la première. Il s'en faut donc que les deux Assemblées fassent double emploi : elles ont, elles doivent avoir chacune sa physionomie distincte, et voilà pourquoi, pour le dire en passant, il ne convient pas qu'elles aient exactement la même oririgine électorale. Quoique issues l'une et l'autre de la volonté nationale, elles doivent l'exprimer différemment.

Disons enfin que, par la création du Sénat tel qu'il a été constitué, on a prévu et conjuré un des dangers qui peuvent menacer l'existence des Républiques : l'absolutisme d'une Assemblée, lequel n'est guère moins à redouter que le despotisme d'un homme. La seconde Chambre, qui peut, soit amender les lois votées par la première, soit même les repousser intégralement, qui peut se mettre d'accord avec le chef du pouvoir exécutif pour prononcer la dissolution de la Chambre des députés, est évidemment un frein et une garantie contre l'abus du pouvoir illimité, qui est la tentation nécessaire d'une Chambre unique.

Mais, dira-t-on, n'y a-t-il pas un autre danger à placer en face l'une de l'autre deux Assemblées dont l'opposition créera une sorte de conflit permanent dans l'État ? En fait, les membres des deux Chambres, s'ils ne sont jamais tout à fait d'accord, ne sont jamais non plus en opposition complète. S'ils diffèrent parfois dans la conception des moyens, ils poursuivent le même but ; par suite ils se feront des concessions réciproques, et ce n'est évidemment que dans des cas exceptionnels que le conflit entre les deux moitiés du Parlement peut arriver à cet état de crise aiguë qui rendrait nécessaire la dissolution de la Chambre des députés.

71. Électeurs sénatoriaux. — La partie la plus contestable de la Constitution de 1875, celle qui devait sans aucun doute être revisée la première, c'est la composition du corps électoral chargé de nommer les sénateurs. Outre que ce mode électoral était très compliqué, il était évident qu'il y avait une disproportion injuste à mettre sur le même rang, en ne donnant qu'un électeur à chacune, toutes les communes de France, les plus grandes comme les plus petites, celles qui ont plus de cent mille habitants et celles qui n'en ont pas cent. Aussi la loi du 9 décembre 1884, a-t-elle justement décidé que le nombre des délégués choisis par les conseils municipaux serait proportionnel au nombre des membres qui composent chaque conseil municipal.

Aux termes de la loi précitée du 9 décembre 1884, qui implique la suppression de l'inamovibilité des sénateurs (la loi constitutionnelle du 24 février 1875 en avait établi 75 élus par l'Assemblée nationale), le Sénat se compose de 300 membres *élus par les départements et les colonies.*

Les sénateurs sont élus pour neuf années. Il est à remarquer que la durée de leurs pouvoirs dépasse, et de beaucoup, celle des pouvoirs des députés et même celle des pouvoirs du Président de la République.

D'autre part, les sénateurs sont renouvelables par tiers tous les trois ans. A cet effet, les départements ont été divisés en trois séries contenant chacune un nombre égal de sénateurs, et il a été procédé par voie de tirage au sort à la désignation des séries qui ont dû être renouvelées à l'expiration de la première et de la deuxième période triennale.

En d'autres termes, on a préféré, pour l'élection du Sénat, au renouvellement intégral le renouvellement partiel, qui a cet avantage que, tout en infusant tous les trois ans un sang nouveau dans le corps sénatorial, il ne peut en altérer complètement le caractère et le tempérament. Le système du renouvellement partiel convient aux assemblées qui doivent représenter particulièrement l'esprit de stabilité et de conservation.

Les électeurs sénatoriaux sont de plusieurs ordres, Il y a d'abord les *électeurs de droit* : 1° les députés ; 2° les conseillers généraux ; 3° les conseillers d'arrondissement.

Il y a en outre les *délégués élus*, par les conseils municipaux, proportionnellement au nombre des membres de chaque conseil municipal. Le choix des conseils municipaux peut porter sur tous les électeurs de la commune, y compris les membres du conseil municipal.

Les conseils municipaux se réunissent pour la nomination de leurs délégués, en vertu d'un décret du Président de la République, rendu au moins six semaines à l'avance. Ce décret fixe le jour où doivent avoir lieu les élections sénatoriales et celui où doivent être choisis les délégués des conseils municipaux. L'heure de la réunion est fixée par un arrêté préfectoral. Le maire notifie cet arrêté aux conseillers municipaux en leur indiquant le lieu de la réunion.

L'élection des délégués se fait sans débat. Après deux tours de scrutin la majorité relative suffit, et, en cas d'égalité de suffrages, le plus âgé est élu.

En même temps que les délégués, sont élus des suppléants destinés à les remplacer en cas de refus ou d'empêchement.

Le collège électoral du Sénat se réunit au chef-lieu du département ou de la colonie.

Le bureau est présidé par le Président du tribunal civil, assisté des plus deux âgés et des deux plus jeunes électeurs, présents à l'ouverture de la séance. Le premier scrutin est ouvert à huit heures du matin et fermé à midi. Le second scrutin, s'il y a lieu, est ouvert à deux heures et fermé à quatre heures. Le troisième est ouvert à six heures et fermé à huit heures.

Ajoutons que l'élection des sénateurs a lieu au scrutin de liste. (Voir Appendice, loi du 9 décembre 1884.

L'art. 2 fixe le nombre des sénateurs à élire par département.)

Enfin, nul n'est élu sénateur, à l'un des deux premiers tours de scrutin, s'il ne réunit : 1° la majorité absolue des suffrages exprimés; 2° un nombre de voix égal au quart des électeurs inscrits. Au troisième tour, la majorité relative suffit.

72. **Éligibles au Sénat.** — Nul ne peut être sénateur s'il n'est Français, âgé de quarante ans au moins, et s'il ne jouit de ses droits civils et politiques. Les conditions d'éligibilité, si l'on excepte la condition d'âge, sont beaucoup plus larges pour les sénateurs que pour les députés. C'est ainsi que les fonctionnaires peuvent être nommés sénateurs, sauf certaines exceptions assez peu nombreuses et énoncées dans l'article 20 de la loi organique du 2 août 1875.

Il y a incompatibilité entre les fonctions de sénateurs et celles :

De conseiller d'État et maître des requêtes, préfet et sous-préfet, à l'exception du préfet de la Seine et du préfet de police;

De membre des parquets des cours d'appel et des tribunaux de première instance, à l'exception du procureur général près la cour de Paris ;

De trésorier-payeur général, de receveur particulier, de fonctionnaire et employé des administrations centrales des ministères.

L'article 21 de la même loi spécifie des inéligibilités relatives pour un certain nombre de fonctionnaires, qui ne peuvent être élus dans le ressort de leurs fonctions que six mois après la cessation de ces fonctions. L'art. 4 de la loi du 9 décembre 1884 a déclaré inéligibles au Sénat les membres des familles qui ont régné sur la France.

La même loi déclare également que les militaires des armées de terre et de mer ne peuvent être élus sénateurs, sauf les maréchaux, les amiraux, certaines catégories d'officiers généraux, et les militaires qui appartiennent soit à la réserve de l'armée active, soit à l'armée territoriale.

3° *La Chambre des députés.*

73. Caractères particuliers de la Chambre des députés. — Par son origine électorale comme par ses attributions, la Chambre des députés, telle que l'a conçue la Constitution de 1875, est appelée à jouer un rôle prépondérant dans la marche des affaires publiques et dans la direction de la politique. En même temps, la coexistence du Sénat, qui partage avec elle le pouvoir législatif, et le droit de dissolution que le Président de la République peut exercer contre elle, après avis conforme du Sénat, sont deux conditions sagement prévues pour empêcher que cette prépondérance ne tourne à l'omnipotence.

Directement élue par le suffrage universel, dont le Sénat n'émane qu'indirectement, la Chambre des députés est l'Assemblée populaire par excellence, celle qui a plus spécialement pour mission d'exprimer les vœux et les opinions du pays et de les traduire en propositions de lois.

74. Scrutin d'arrondissement et scrutin de liste. — La loi organique du 30 novembre 1875 stipulait que les membres de la Chambre des députés seraient élus au scrutin individuel, et que chaque arrondissement administratif nommerait au moins un député. (Art. 14.) C'était le régime du *scrutin d'arrondissement* et du vote uninominal. L'autre système, plus conforme aux traditions du parti républicain, le système du *scrutin de liste*, a été rétabli par la loi du 16 juin 1885, qui régit aujourd'hui l'élection des députés. Dans ce cas, tous les électeurs d'un département inscrivent sur leur bulletin de vote, non plus un seul nom, mais les noms plus ou moins nombreux des députés qu'ils veulent choisir pour représenter leur département à la Chambre. Prenons, par exemple, le Cantal : d'après l'ancien système, chacun des quatre arrondissements de ce département, Aurillac, Mauriac, Murat et Saint-Flour, élisait son député ; d'après le régime du scrutin de liste, les électeurs d'Aurillac, comme ceux de Mauriac, de Murat et de Saint-Flour, sont tous appelés à nommer quatre députés, qui sont non plus les représentants de tel ou tel arrondissement, mais les députés du département tout entier.

On a beaucoup discuté et on discute encore sur les avantages et les inconvénients de ces deux systèmes électoraux. Historiquement, il est certain que les républicains ont en général témoigné une préférence marquée pour le scrutin de liste. La Constitution de 1848 disait (art. 30) : « L'élection des représentants se fera par département et au scrutin de liste [1]. » L'Empire, qui ne passe pas pour avoir eu grand souci de la liberté et de la sincérité du suffrage universel, a toujours pratiqué le scrutin d'arrondissement. En 1871, lorsque le gouvernement provisoire du 4 septembre appela aux urnes la nation française pour l'élection d'une Assemblée nationale, il reprit sans hésiter la tradition républicaine du scrutin de liste. En 1875, lorsque l'Assemblée nationale rétablit le scrutin d'arrondissement, elle ne le vota pas à une grande majorité (357 voix contre 326), et cette majorité était d'ailleurs formée en grande partie d'hommes qui n'avaient pas désiré ou qui même n'avaient pas voté l'établissement de la République. En 1881, à la veille des élections générales, la Chambre des députés, par un vote mémorable, se prononçait pour le rétablissement du scrutin de liste.

Enfin, la loi du 16 juin 1885 a fait du scrutin de liste la loi électorale de la France. C'est d'après ce système qu'ont eu lieu les dernières élections à la Chambre des députés (4 et 18 octobre 1885).

---

1. On pourrait citer aussi les Constitutions républicaines de 1791 et de l'an III qui admettaient le scrutin de liste.

Il y a des raisons nombreuses à faire valoir en faveur du scrutin de liste ; il y en a aussi qui militent contre ce mode électoral. Voici d'abord les objections que présentent les partisans du scrutin d'arrondissement.

Avec le vote uninominal par arrondissement ou fraction d'arrondissement, l'électeur connaît mieux son mandataire, qui, en général, a vécu près de lui. Il n'a d'ailleurs qu'un seul homme à choisir. « Vous voulez, disait M. Dufaure en 1875, imposer aux électeurs l'obligation de voter pour six, huit, dix candidats, venus de tous les coins du département et dont parfois ils n'auront jamais entendu le nom... Prenez, par exemple, le département du Nord, qui, par le chiffre de sa population, a droit à 18 représentants ; les électeurs seront-ils en mesure de se faire une opinion éclairée sur chacun des membres dont se composera une liste aussi longue?... »

En outre il est à craindre que les élections au scrutin de liste ne se fassent parfois au profit d'une seule individualité. Un nom célèbre ou populaire placé à la tête d'une liste lui servira de remorqueur et la fera passer tout entière. Des inconnus ou des hommes sans valeur, se couvrant d'un patronage illustre, arracheront ainsi au suffrage universel un succès immérité.

Enfin le scrutin de liste, dit-on, ne se plie pas autant que le scrutin d'arrondissement à l'expression des variétés d'opinion qui peuvent exister dans un même département ; il n'assure pas au même degré la représentation des minorités. Supposez un département où il y a quatre arrondissements qui appartiennent à l'opinion républicaine avancée, et la cinquième à l'opinion républicaine modérée. Avec le scrutin de liste ce cinquième arrondissement sera pour ainsi dire perdu et noyé dans le suffrage des quatre autres.

Ces objections ne sont pas irréfutables, et, sans

nier que le scrutin de liste ne présente des inconvénients, il est permis de penser que le progrès des mœurs électorales en corrigerait bien vite les défauts. Il n'est pas impossible à un électeur intelligent de se renseigner sur des candidats qui n'habitent pas le même arrondissement, mais qui habitent le même département, ou qui, par leur talent, par leurs services, ont acquis une notoriété universelle. Si des comités électoraux établis au chef-lieu du département veulent se substituer aux électeurs dans le choix des noms portés sur le vote des candidats, c'est aux électeurs à réagir et à défendre leurs droits. Enfin il n'est pas nécessaire que les listes ne contiennent que des candidats de la même nuance.

D'ailleurs, le scrutin de liste présente des avantages qui lui sont propres et qui compensent largement les inconvénients que nous venons de signaler. Il est incontestable que ce mode de suffrage rend plus difficile la corruption électorale. Avec le scrutin de liste, plus de ces popularités locales de mauvais aloi, acquises par de petits moyens et même à prix d'argent. En outre, élu au scrutin de liste, le député est beaucoup plus indépendant : il n'est pas soumis au même degré aux influences locales, à ce qu'on appelle l'esprit de clocher. Il lui est beaucoup plus facile d'être ce qu'il doit être, le représentant de la France entière. Enfin, avec le scrutin de liste, il y a moins d'émiettement dans la représentation nationale ; les députés apportent à la Chambre plus d'unité d'esprit et plus de cohésion ; ils sont moins divisés, et cette situation rend plus facile l'organisation d'un grand parti de gouvernement.

75. Élection des députés. — Sont électeurs tous les Français âgés de vingt et un ans, ayant six mois de résidence dans la commune, et inscrits sur la liste des électeurs politiques. A raison des conditions de résidence, qui sont plus sévères pour l'électorat communal que pour l'électorat politique, il y a naturellement plus d'électeurs politiques que d'électeurs municipaux

En 1879, la liste des électeurs politiques compre
nait 10,092,843 électeurs;

Celle des électeurs communaux, 9,909,614 seule
ment.

Les militaires et assimilés de tous grades et de toutes armes des armées de terre et de mer ne prennent part à aucun vote, quand ils sont présents à leur corps, à eur poste ou dans l exercice de leurs fonctions.(Art. 2 de la loi organique du 30 novembre 1875.)

Les députés sont au nombre de cinq cent quatre-vingt-quatre. Chaque département élit le nombre de députés qui lui est attribué par le tableau annexé à la loi du 19 juin 1885 (voir l'appendice), à raison d'un député par 70,000 habitants les étrangers non compris. Il est tenu compte de toute fraction inférieure à 70,000. Chaque département élit au moins trois députés. Le département forme une seule circonscription.

Les députés sont élus pour quatre ans. En cas de vacance par décès, démission ou autrement, une nouvelle élection doit être faite dans le délai de trois mois à partir du jour où la vacance s'est produite.

Pour être élu au premier tour de scrutin, le député, comme le sénateur, doit avoir obtenu : 1° la majorité absolue des suffrages exprimés ; 2° un nombre de suffrages égal au quart des électeurs inscrits. Au deuxième tour, la majorité relative suffit.

Ajoutons que la loi proscrit formellement ce qu'on appelle le *mandat impératif*. Le député ne peut se lier d'avance envers ses commettants par une sorte de contrat absolu, qui enchaînerait tous ses actes et engagerait d'avance tous ses votes. Le député doit sans doute rester fidèle au programme qu'il accepté : c'est son premier devoir ; mais il faut aussi qu'il puisse, dans la liberté de sa conscience, s'inspirer des nécessités du moment et tenir compte des discussions auxquelles il assiste et participe lui-même.

76. Éligibilité à la Chambre des députés. — Elle est déterminée par les articles 6, 7, 8, 9, 10, 11 et 12 de la loi du 30 novembre 1875.

Tout électeur est éligible, sans condition de cens, à l'âge de vingt-cinq ans accomplis.

Cependant, aucun militaire ou marin en activité de service ne peut être membre de la Chambre des députés. De plus, l'exercice des fonctions publiques salariées par l'État est incompatible avec le mandat de député. Exception est faite pour certains fonctionnaires qui résident à Paris, préfet de la Seine, préfet de police, premiers présidents et procureurs généraux à la Cour de cassation, à la Cour des comptes, à la Cour d'appel; pour les archevêques et évêques, pour les pasteurs et les rabbins, dans certains cas; pour les professeurs titulaires de chaires données au concours; enfin pour les personnes chargées d'une mission temporaire qui ne doit pas durer plus de six mois.

La loi du 16 juin 1885 a décidé (art. 4), que les membres des familles qui ont régné sur la France sont inéligibles à la Chambre des députés.

77. Organisation intérieure des Chambres. — Ni le Sénat ni la Chambre des députés ne siègent en permanence; mais les deux Chambres se réunissent de plein droit, chaque année, le second mardi de janvier. La durée minimum de la session est de cinq mois. (Art. 1er de la loi du 16 juillet 1875.) La session des deux Chambres commence et finit en même temps.

C'est par décret du Président de la République qu'est prononcée la clôture de la session.

Mais en dehors de la session ordinaire, il peut y avoir des sessions extraordinaires, et en fait il y en a toujours, vu l'importance et la longueur des travaux législatifs. « Le Président de la République a le droit de convoquer extraordinairement les Chambres. Il devra les convoquer », si la demande en est faite par la majorité absolue des députés ou des sénateurs.

Les Chambres discutent, délibèrent et votent en

séance publique. Mais le travail préparatoire se fait dans des commissions dont les réunions ne sont pas publiques. Les Chambres se partagent, par voie de tirage au sort, en un certain nombre de bureaux qui sont renouvelés tous les mois. Ces bureaux nomment, après discussion, les députés ou les sénateurs qui doivent faire partie des différentes commissions. Outre les commissions spéciales constituées pour chaque projet ou proposition de loi, il y a chaque mois une commission d'initiative, chargée d'examiner s'il y a lieu de prendre en considération, c'est-à-dire de discuter, les diverses propositions qui émanent de l'initiative parlementaire; une commission des pétitions ; une commission d'intérêt local; enfin, une commission des congés.

Les Chambres font leur règlement intérieur : c'est-à-dire l'ensemble des dispositions destinées à assurer le bon ordre en même temps que la liberté des discussions.

Elles ont le droit aussi d'élire leur bureau, c'est-à-dire leur président, leurs vice-présidents et leurs secrétaires, dont les pouvoirs durent toute l'année, tant pour les sessions extraordinaires que pour la session ordinaire.

En outre, les Chambres sont seules juges de la validité de l'élection de leurs membres.

Les membres des deux Chambres, pendant la durée de la session, ne peuvent être poursuivis ni arrêtés, en matière criminelle ou correctionnelle, qu'avec l'autorisation de la Chambre dont ils font partie, sauf le cas de flagrant délit. L'inviolabilité des représentants de la nation est la conséquence même du principe de la souveraineté nationale.

Enfin, les députés comme les sénateurs reçoivent une indemnité de 9,000 francs. Le cumul est interdit aux députés, et il ne l'est pas aux sénateurs. Il y a là une anomalie qui disparaîtra. Quant au principe même de l'indemnité, il est tout à fait conforme aux

idées démocratiques : il convient, en effet, que le
plus pauvre citoyen puisse, comme le plus riche, aspirer
à l'honneur de représenter ses concitoyens.

77 *bis*. Fonctions des Chambres. — Les fonctions
du Sénat et de la Chambre des députés sont les
mêmes: l'une et l'autre Chambre concourent également
à la préparation et à la confection de la loi.

Le gouvernement, à son gré, peut saisir l'une des
deux Chambres avant l'autre des projets législatifs
qu'il soumet au Parlement.

Cependant, les lois de finances doivent être, en
premier lieu, présentées à la Chambre des députés et
votées par elle. Il y a là une prérogative importante.

Ajoutons que le Sénat, en revanche. a quelques
fonctions distinctes.

Le Sénat peut être constitué en cour de justice
pour juger le Président de la République ou les
ministres, s'ils ont été mis en accusation par la Chambre des députés, et pour connaître des attentats
commis contre la sûreté de l'État.

CHAPITRE VI

Confection de la loi. — Le respect de la loi. — Le Conseil d'État.

Après avoir défini l'organisation du pouvoir législatif, nous allons voir les Chambres à l'œuvre et étudier la confection de la loi.

78. La loi : ses caractères généraux. — La loi, au sens politique et social, c'est l'ensemble des prescriptions émanant de l'autorité souveraine et universellement imposées à tous les citoyens.

Le mot loi a beaucoup d'autres sens. Il y a les lois physiques, qui expriment la relation constante de deux phénomènes de la nature, lois fatales celles-là, qui constituent l'ordre de l'univers matériel. Il y a les

lois morales, que la conscience nous révèle et auxquelles nous obéissons librement.

Mais la loi sociale a de tout autres caractères. Elle
est établie par la volonté humaine; elle a pour sanction le pouvoir de l'État; elle n'a rien de fatal ni d'absolu, puisqu'elle peut être changée et modifiée selon
les circonstances; enfin, elle a pour corollaire des
punitions légales qui atteignent ceux qui la violent.

Les lois sociales doivent être justes, et elles ne
peuvent l'être que si elles sont l'expression de la
volonté générale. Ce qui fait la justice des lois en fait
aussi la force. Conformes à l'intérêt du plus grand
nombre, puisqu'elles ont été consenties par la nation
ou par ses représentants, elles s'imposent au respect
de tous. Enfin, les lois sociales n'ont rien d'immuable.
Les théoriciens de la monarchie ont quelquefois parlé
de l'immutabilité de la loi. La politique démocratique
ne saurait admettre une pareille doctrine. La législation peut changer, parce qu'elle suit, dans ses dévelop-
pements successifs, les volontés et les intérêts populaires. Les lois sociales ne sauraient être identiques
pour tous les peuples, ni pour chaque peuple à toutes
les époques de son histoire.

79. Diverses espèces de lois. — Les lois de l'ordre
politique et social sont elles-mêmes de différentes
espèces. Nous avons déjà défini les lois constitutionnelles et montré en quoi elles diffèrent des lois ordinaires. (V. n° 60.) Quant aux lois ordinaires, il faut
distinguer parmi elles : 1° les lois *civiles*, celles qui
règlent les rapports des citoyens entre eux; 2° les lois
politiques, qui déterminent les relations des citoyens
et du gouvernement; 3° les lois *criminelles* et *pénales*,
qui fixent les catégories de délits, de crimes, les
formes de la procédure, de l'instruction, les peines qui
y sont applicables ; 4° les lois *fiscales* ou lois de
finances, qui règlent l'impôt dans sa quotité, dans
son mode de perception.

80. Le respect de la loi. — La loi doit être obéie,

et la société emploie au besoin la force pour obtenir cette obéissance ; mais les bons citoyens n'ont pas besoin d'être soumis à la contrainte, à des mesures de coercition·et de violence pour exécuter la loi : ils obéissent à la loi parce qu'ils la respectent.

Les raisons de ce respect de la loi sont nombreuses. Quand la loi n'était que l'expression de la volonté individuelle d'un roi ou d'un empereur, on pouvait comprendre la résistance des citoyens à une loi qu'ils n'avaient point faite, qu'ils n'avaient point consentie. Mais aujourd'hui que la loi est votée par les mandataires de la nation, le peuple ne fait en quelque sorte qu'obéir à lui-même et reconnaître sa propre souveraineté en s'inclinant devant la loi. En le faisant, le peuple agit d'ailleurs conformément à son intérêt ; car la loi établie par les représentants éclairés de la souveraineté nationale ne peut être que conforme à l'utilité commune. Si·elle blesse parfois des intérêts particuliers, elle est du moins favorable à l'intérêt général. Or, l'intérêt général est la raison d'être des sociétés. Il faut donc respecter la loi, non moins parce qu'elle est utile que parce qu'elle est juste. En outre, la loi est la condition nécessaire de l'ordre, de la paix publique. Désobéir à la loi, c'est préparer l'anarchie sociale Voilà pourquoi tout bon citoyen doit se soumettre volontairement à la loi, non parce que derrière elle il y a la force, mais parce que la loi est l'instrument protecteur de la liberté et de la justice, la garantie des intérêts généraux du pays et la condition essentielle de l'ordre.

81. Confection de la loi. — Il est intéressant de considérer en détail par quelle laborieuse série de formalités doit passer toute loi avant de devenir la règle d'un peuple libre. La loi est d'abord proposée, puis étudiée, élaborée, ensuite discutée, votée, enfin promulguée et publiée. Examinons successivement ces différentes étapes de toute règle législative.

82. Proposition de la loi. — La loi peut être présentée à l'examen du Parlement, soit par le gouvernement, soit par les membres des deux Chambres. L'initiative des lois appartient en effet au pouvoir exécutif comme au pouvoir législatif. Les lois présentées par le gouvernement sont intitulées *projets* de loi ; celles que présentent les membres des deux Chambres s'appellent *propositions* de loi. Les *projets* de loi jouissent de ce privilège qu'ils sont de plein droit soumis à la discussion des Chambres. Les *propositions* de loi ne peuvent, au contraire, être mises en délibération que si elles ont été prises en considération sur le rapport de la *Commission d'initiative*[1]. On a voulu, par ces formalités, épargner aux Chambres l'obligation de perdre leur temps à discuter stérilement certaines propositions de loi mort-nées, qui, pour une raison ou pour une autre, ne sont pas dignes d'une délibération publique.

83. Élaboration de la loi. — Que devient le projet de loi présenté aux Chambres par le gouvernement, ou la proposition de loi, une fois qu'elle a été prise en considération? Le projet et la proposition suivent désormais la même route. L'un et l'autre sont soumis à l'examen d'une commission spéciale que la Chambre élit dans ses bureaux. La commission élue se compose en général de onze membres à la Chambre des députés, de neuf au Sénat : elle étudie la loi ; elle la rejette ou elle l'adopte. Si elle l'adopte, elle maintient le texte qui lui a été présenté, ou le modifie, l'amende à son gré. Le texte une fois arrêté, elle nomme un rapporteur chargé de résumer ses délibérations et les motifs de ses décisions. Le rapporteur lit à la commission son travail, et ce rapport, approuvé par la commission, devient la base du débat public.

---

1. Chaque mois, les Chambres élisent dans leurs bureaux une commission, dite commission d'initiative, et qui a précisément pour fonction d'examiner les propositions de loi. Cette Commission se compose de dix-huit membres au Sénat et de vingt-deux à la Chambre des députés.

84. Délibération et discussion de la loi. — Le vote d'une loi est chose grave. Aussi ne faut-il pas s'étonner des précautions qu'on a prises pour empêcher que les Chambres ne se prononcent trop vite et n'adoptent légèrement les propositions qui leur sont faites. La Constitution de 1791 exigeait trois lectures de chaque proposition de loi, à trois intervalles, dont chacun ne pouvait être moindre de huit jours. La formalité des trois lectures ou des trois délibérations subsistait encore dans la Constitution de 1848; mais le pouvoir législatif n'était exercé alors que par une seule Assemblée. Avec le système des deux Chambres, on a pu supprimer sans inconvénient la troisième lecture; mais on a maintenu pour chaque Chambre et pour chaque loi la formalité des deux délibérations, à moins que les Chambres ne prononcent l'urgence. Aux termes des règlements actuels de la Chambre des députés et du Sénat, les lois constitutionnelles sont muettes sur ce point), aucun projet, aucune proposition de loi n'est voté définitivement qu'après deux délibérations, à des intervalles qui ne peuvent être moindres de cinq jours.

On voit combien est laborieux l'enfantement d'une loi, et par quelle filière, par quelles longues épreuves elle doit passer avant de devenir loi de l'État. C'est à ce prix qu'on obtient des lois bien faites, sagement mûries et vraiment dignes d'une grande nation. Grâce à l'exception de l'urgence, les Chambres d'ailleurs restent toujours maîtresses d'aller plus vite en besogne, si les intérêts de l'État exigent une résolution plus prompte.

La délibération et le vote de la loi ont toujours lieu en assemblée générale et publique. La plus grande liberté de discussion et de parole est laissée aux membres des deux Chambres. Chaque député, chaque sénateur, peut demander la parole et proposer des amendements au texte de la loi en discussion. Le droit d'amendement, c'est-à-dire de modification partielle, a une grande importance : c'est seulement sous des régimes de compression et de tyrannie qu'on a vu les Chambres mises en demeure de voter ou de rejeter en bloc la loi qui leur était soumise.

85. Promulgation et publication de la loi. — Dans les États monarchiques, la loi votée par les Chambres a encore besoin d'être sanctionnée par le prince ; dans les États républicains, il faut seulement qu'elle soit promulguée. Le droit de promulguer les lois a été presque toujours attribué au pouvoir exécutif. C'est l'Assemblée constituante de 1789 qui a pour la première fois en France réglé le droit de promulgation : elle laissait au roi la faculté de consentir ou de ne pas consentir la promulgation. La Constitution de 1848 établissait que le Président de la République promulguait les lois au nom du peuple français : les lois d'urgence devaient être promulguées dans le délai de trois jours, les autres dans le délai d'un mois, à partir du jour où l'Assemblée nationale les avait adoptées. Aux termes des lois constitutionnelles qui nous régissent, les mêmes délais ont été maintenus. La promulgation des lois votées par les deux Chambres est obligatoire pour le Président de la République, sauf dans le cas où, par un message motivé, il demanderait une seconde délibération ; elle constitue pour lui un devoir auquel il ne saurait se soustraire.

Voici les formes de la promulgation telles que les a établies le décret du 6 avril 1876 :

A l'avenir, les lois seront promulguées dans la forme suivante :

Le Sénat et la Chambre des députés ont adopté ;
Le Président de la République promulgue la loi dont la teneur suit :...

(Texte de la loi.)

La présente loi, délibérée et adoptée par le Sénat et par la Chambre des députés, sera exécutée comme loi de l'État.

Même revêtue de la formule exécutoire, la loi n'oblige pas encore le citoyen ; il faut pour cela qu'elle puisse être connue, et par conséquent qu'elle ait été publiée.

L'article 1er du Code civil, décrété le 14 ventôse an XI (5 mars 1803), disait : « Les lois sont exécutoires dans tout le territoire français, en vertu de la promulgation qui en est faite par le Président de la République. Elles seront exécutoires dans chaque partie de la République du moment où la promulgation en pourra être connue. »

Une ordonnance de la Restauration (27 novembre 1816) établissait que la promulgation des lois résulterait de leur insertion au *Bulletin des lois.*

Enfin, un décret du gouvernement de la Défense nationale (5 novembre 1870) décide que les lois seront désormais publiées par le *Journal officiel* de la République française. Voici, d'ailleurs, le texte de ce décret :

« ARTICLE PREMIER. — Dorénavant, la promulgation des lois et des décrets résultera de leur insertion au *Journal officiel* de la République française, lequel, à cet égard, remplacera le *Bulletin des lois.*

« Le *Bulletin des lois* continuera à être publié, et l'insertion qui y sera faite des actes non insérés au *Journal officiel* en opérera la promulgation.

« ART. 2 — Les lois et les décrets seront obligatoires, à Paris, un jour franc après la promulgation, et partout ailleurs, dans l'étendue de chaque arrondissement, un jour franc après que le *Journal officiel* qui les contient sera parvenu au chef-lieu de cet arrondissement.

« Le gouvernement, par une disposition spéciale, pourra ordonner l'exécution immédiate d'un décret.

« ART. 3. — Les préfets et sous-préfets prendront les mesures nécessaires pour que les actes législatifs soient imprimés et affichés partout où besoin sera.

« ART. 4. — Les tribunaux et les autorités administratives et militaires pourront, selon les circonstances, accueillir l'exception d'ignorance alléguée par les contrevenants, si la contravention a eu lieu dans le délai de trois jours francs à partir de la promulgation. »

Nous venons de décrire le travail législatif d'où sort toute loi de l'État. C'est à la Chambre des députés et au Sénat qu'appartient en définitive le droit de préparer et de voter les lois. Mais le Parlement peut cependant être aidé dans cette besogne, soit par le gouvernement lui-même, soit par certains conseils que le gouvernement institue : de ce nombre est le *Conseil d'État*.

86. Conseil d'État. — Le Conseil d'État a des attributions très diverses, et nous aurons à parler de nouveau de son rôle quand nous étudierons les tribunaux et les institutions judiciaires de la France. Mais, entre autres fonctions, il a une fonction politique : celle d'aider le gouvernement et les Chambres dans la préparation des lois, et voilà pourquoi nous devons dès à présent examiner la composition et l'organisation de cette assemblée.

87. Historique. — L'institution du Conseil d'État a subi de nombreuses vicissitudes. Sous l'ancienne monarchie, le *Conseil du roi* était un véritable Conseil d'État, avec des attributions d'autant plus grandes qu'il n'y avait pas alors de représentation nationale. La Révolution supprima le Conseil du roi ; mais le Conseil d'État fut rétabli après le 18 brumaire. « Sous la direction du Consul, le Conseil d'État est chargé de rédiger les projets de loi et les règlements d'administration publique. » L'Empire étendit encore le rôle du Conseil d'État. Sous la Restauration, le Conseil d'État n'eut pas d'existence bien distincte, non plus que sous la monarchie de Juillet, et il faut arriver à la Révolution de 1848 pour trouver enfin une organisation nette et claire de ce corps à la fois politique et judiciaire dont jusque-là les attributions étaient restées un peu vagues, à raison même de leur complexité.

La Constitution de 1848 établissait un Conseil d'État qui avait pour président le vice-président de la République. Les membres en étaient nommés pour six ans par l'Assemblée nationale. Le Conseil était consulté sur les projets de loi du gouvernement, qui, d'après la loi, devaient être soumis à son examen préalable et sur les projets d'initiative parlementaire que l'Assemblée lui renvoyait. Il préparait les règlements d'administration publique.

Le second Empire, ressuscitant le Conseil d'État de l'an VIII, le définissait « un véritable conseil de gouvernement, réunion d'hommes élaborant les projets de loi dans des commissions spéciales, les discutant à huis clos, sans ostentation oratoire, et les présentant ensuite à l'acceptation du Corps législatif ». Le Conseil d'État du second Empire comptait cinquante membres, sans parler des conseillers hors section.

Le gouvernement de la Défense nationale institua, par le décret du 15 septembre 1870, une commission provisoire chargée de statuer, jusqu'à la réorganisation du Conseil d'État, sur les affaires administratives et contentieuses [1] urgentes. Cette commission fonctionna régulièrement jusqu'à la loi du 24 mai 1872, qui rétablit le Conseil d'État actuel, mais à laquelle il faut joindre les lois du 25 février 1875 et du 13 juillet 1879. La grande différence entre ces deux lois, c'est que celle de 1872 attribuait à l'Assemblée nationale la nomination des conseillers d'État, tandis que celle de 1875 a restitué cette prérogative au pouvoir exécutif. Il est vrai qu'en 1848 le Conseil d'État était élu ; mais il faut songer à la différence des situations. La Constitution de 1848, en effet, n'établissait qu'une Assemblée unique, de sorte que le Conseil d'État devait jouer alors entre le pouvoir exécutif et le pouvoir législatif une sorte de rôle pondérateur qui incombe aujourd'hui au Sénat.

88. Composition du Conseil d'État. — Le Conseil d'État comprend quatre catégories de membres :

1° Les conseillers d'État *en service ordinaire*, au nombre de trente-deux. Ils sont nommés et ils peuvent être révoqués par décrets rendus en Conseil des ministres. (Art. 4 de la loi du 25 février 1875.) Ils sont

---

1. On appelle *contentieuses* les affaires dont le jugement appartient aux tribunaux administratifs.

renouvelables par tiers tous les trois ans, mais ils sont rééligibles. Ils doivent être âgés de trente ans accomplis. Ce sont eux qui constituent le noyau permanent du Conseil d'État.

2° Les conseillers d'État *en service extraordinaire*, au nombre de dix-huit, nommés par simples décrets du Président de la République. Ils sont choisis parmi les chefs des principaux services ministériels. Ils sont en quelque sorte les auxiliaires temporaires du Conseil d'État, auquel ils cessent d'appartenir du jour où ils abandonnent leurs fonctions propres. Ils n'ont voix délibérative, en assemblée générale, que sur les affaires correspondant à leurs sections respectives.

3° Les *maîtres des requêtes,* au nombre de trente, nommés et révoqués par décret, après présentation et avis du vice-président et des présidents de sections. Ils étudient les affaires qui leur sont spécialement confiées. Ils ont voix délibérative tant en section qu'en assemblée générale sur les affaires dont ils font le rapport. Nul ne peut être nommé maître des requêtes s'il n'est âgé de vingt-cinq ans.

4° Les *auditeurs,* au nombre de trente-six, divisés en deux classes (douze dans la première, vingt-quatre dans la seconde), nommés au concours, après des épreuves écrites et orales qui portent sur le droit administratif et l'économie politique. Ils préparent les rapports des affaires, et ils ont voix délibérative en section, voix consultative en assemblée générale, mais seulement pour les affaires dont ils sont les rapporteurs. Pour être auditeur de première classe, il faut avoir plus de trente ans; pour être auditeur de seconde classe, plus de vingt-cinq ans.

Le Conseil d'État a pour président le garde des sceaux, ministre de la justice. Il y a aussi un vice-président et cinq présidents de sections.

Quand le Conseil d'État se réunit en assemblée générale, les ministres y ont voix délibérative pour les affaires qui ressortissent à leur ministère.

Division en sections. — La loi du 13 juillet 1879 a divisé le Conseil d'État en cinq sections :

1° La section de *législation*, qui étudie et prépare les projets de loi ;

2° La section du *contentieux*, qui prépare les rapports des procès sur lesquels le Conseil d'État est appelé à statuer ;

3° La section des ministères de l'intérieur, des cultes de l'instruction publique et des beaux-arts, qui traite les affaires relatives à ces divers départements ministériels ;

4° La section des ministères des finances, des postes et télégraphes, de la guerre, de la marine et des colonies ;

5° La section du ministère des travaux publics, de l'agriculture et du commerce.

Les affaires qui concernent le ministère des affaires étrangères et le ministère de la justice sont renvoyées à la section de législation.

89. Participation du Conseil d'État à la confection des lois. — Sous des régimes monarchiques où le pouvoir législatif était dominé par le pouvoir exécutif, le Conseil d'État, composé d'hommes dévoués au souverain qui les nommait, a pu être considéré comme la véritable assemblée légiférante. Le Conseil d'État du premier et du second empire profitait et héritait en quelque sorte de toute l'autorité et de tout le prestige que les Chambres avaient perdus. Le Conseil d'État de Napoléon Iᵉʳ était, a-t-on dit, « le siège du gouvernement et l'arme de l'empereur ». Dans une société démocratique et républicaine, il ne saurait être question d'attribuer au Conseil d'État un rôle, qui, même de loin, ressemble à celui-là. En dehors des Chambres élues par la nation, il n'y a point place pour un conseil quelconque investi d'un mandat législatif. Cela est si vrai que quelques politiques n'admettent pas la convenance d'organiser dans une république un Conseil d'État : le Conseil d'État serait, d'après eux, une institution monarchique, inutile et dangereuse dans un état républicain.

Actuellement, l'intervention du Conseil d'État dans la préparation des lois et leur discussion devant les Chambres n'est en aucun cas obligatoire. Aux termes de l'article 8 de la loi du 24 mai 1872, le Conseil ne donne son avis que sur les projets d'initiative parlementaire que les Assemblées *jugent à propos de lui renvoyer*, et sur les projets de loi préparés par le gouvernement et *qu'un décret spécial ordonne de soumettre au Conseil d'État*. De même les conseillers d'État *peuvent* être chargés par le gouvernement de soutenir devant les Chambres les projets de loi qui ont été renvoyés à l'examen du Conseil.

En d'autres termes, la participation du Conseil d'État à l'œuvre législative est purement facultative: le pouvoir exécutif et le pouvoir législatif le consultent s'ils veulent, et mettent à profit les lumières de ses membres; mais rien ne les y oblige, et ils se passent du Conseil d'État et de son avis toutes les fois qu'il leur convient.

Dans ces limites, l'institution du Conseil d'État considéré comme conseil de gouvernement, comme comité consultatif pour ainsi dire, peut rendre des services réels. Nous ne parlons pas, pour le moment, de ses autres fonctions.

90. **Règlements d'administration publique.** — Le texte de la loi, quelque complet qu'il soit, ne peut pas toujours entrer dans tous les détails d'application et d'exécution. Après avoir exposé les principes et édicté les prescriptions essentielles, le législateur laisse parfois au gouvernement le soin de compléter son œuvre. C'est alors qu'interviennent les décrets qu'on appelle *règlements d'administration publique*, sur lesquels le Conseil d'État est consulté et qu'il prépare. Le gouvernement fait ces règlements, tantôt en vertu de son pouvoir général, tantôt en vertu d'une délégation particulière que la loi lui aura spécialement

assignée. Par exemple, la loi du 16 juin 1881 qui a établi la gratuité de l'enseignement primaire, dit dans l'article 6 qu'un décret du Président de la République fixera la quotité des traitements des directrices des salles d'asile et des classes enfantines.

CHAPITRE VII

La justice. — La Cour de cassation. — Les tribunaux civils et criminels. — Les tribunaux administratifs.

91. Distinctions préliminaires. — Pour se rendre bien compte de notre organisation judiciaire, qui ne laisse pas que d'être assez compliquée, nous avons besoin de placer au début de ce chapitre quelques distinctions et définitions sans lesquelles il serait difficile de se reconnaître au milieu des diverses institutions de la justice.

Rappelons d'abord (V. n° 55) qu'il faut distinguer la justice civile et la justice criminelle.

La *justice civile* juge les contestations qui s'élèvent de particulier à particulier, contestations d'argent en général, ou qui portent sur l'état civil, sur la situation dans la famille.

La *justice criminelle* réprime les infractions à la loi connues sous le nom de contraventions, de délits, de crimes, et leur applique la loi pénale :

1° Les contraventions sont punies des peines de simple police, c'est-à-dire de 1 à 15 francs d'amende et de un à cinq jours de prison ;

2° Les délits sont punis des peines correctionnelles : cinq jours à cinq ans de prison, la privation de certains droits civils et politiques, l'amende ;

3° Les crimes sont punis de peines afflictives et infamantes, qu de peines simplement infamantes [1].

Outre la justice civile et la justice criminelle, il faut distinguer encore la *justice administrative*, qui est rendue, sur des procès où l'administration est en cause, par des juges dépendants de l'administration (Conseil d'État, Conseils de préfecture).

92. Appel et cassation. — Dans certains cas et pour les affaires d'une importance minime, les tribunaux statuent définitivement. Dans la plupart des cas, au contraire, les tribunaux ne jugent qu'en premier ressort.

Pour assurer le plein exercice de la justice, pour remédier aux erreurs possibles des jugements rendus en premier ressort, pour prendre enfin toutes les précautions et assurer toutes les garanties, on a institué dans notre organisation judiciaire, d'une part, l'appel ; d'autre part, la cassation.

---

1. Les peines afflictives et infamantes sont : la mort, les travaux forcés à perpétuité ou à temps, la détention, la réclusion.

Les peines simplement infamantes sont le bannissement, la dégradation civique.

L'*appel* est la faculté accordée à la partie qui se croit lésée par un premier jugement de demander à un autre tribunal la revision de ce jugement.

La *cassation* est l'annulation du jugement pour vices de forme ou violation de la loi.

Le système de l'appel a été souvent critiqué. On a fait observer que par là on déconsidérait la justice, en admettant que le premier juge pouvait s'être trompé. En outre, qui est-ce qui garantit que le second jugement vaudra mieux que le premier? Enfin, on ne peut pas en appeler indéfiniment, et il faut bien s'arrêter, en fin de compte, devant un dernier jugement, définitif celui-là et sans appel. Malgré ces critiques, le droit d'appel a été consacré dans presque toutes les institutions judiciaires, et il est facile de le justifier. L'appel n'est nullement fondé sur une présomption d'iniquité ou d'ignorance à l'adresse des premiers juges, mais sur la possibilité d'une erreur qui peut résulter d'un premier examen, par la faute des plaideurs au moins autant que par la faute des juges. Le tribunal supérieur sanctionnera le plus souvent la décision du tribunal inférieur, et lui donnera par là plus d'autorité. S'il est obligé de modifier le premier jugement, il le fera avec circonspection et de façon à faire partager sa conviction par les premiers juges, qui reconnaîtront eux-mêmes leur erreur. Ajoutons que les juges d'appel seront en général plus nombreux, plus capables encore et plus expérimentés que les juges en premier ressort. Enfin la possibilité de l'appel oblige les premiers juges à apporter dans leurs décisions un soin plus rigoureux, un examen plus approfondi.

Il n'y a donc pas lieu de renoncer au système de l'appel, qui est une voie de recours contre l'erreur, une garantie précieuse pour le justiciable, en même temps qu'une satisfaction donnée à la nature humaine, toujours prête à protester contre les arrêts qui la frappent. Ne revenons pas à la maxime du moyen âge qui disait : « Entre le seigneur et son vilain il n'y a autre juge fors Dieu ! »

Ces explications préliminaires une fois données, nous pouvons hardiment aborder l'étude de l'organisation judiciaire de notre pays, en prenant pour point de départ les tribunaux du premier degré, les justices de paix, pour nous élever, de degré en degré, jusqu'au tribunal suprême, la Cour de cassation.

93. Justice de paix, — Le premier degré de la justice, la première juridiction, c'est la justice de paix. Le juge de paix siège au chef-lieu du canton. Le juge de paix est assisté de deux suppléants, qui le remplacent en cas d'absence ou d'empêchement. Il est nommé par le chef du pouvoir exécutif, sur la proposition du ministre de la justice et sur la présentation des présidents et chefs de parquet des cours et des tribunaux. A la différence des autres juges, le juge de paix est amovible, c'est-à-dire révocable par le pouvoir exécutif.

Pour être nommé juge de paix, il faut être âgé de trente ans. Aucune condition de capacité n'est exigée par la loi, mais l'usage prévaut de plus en plus de n'appeler aux sièges des justices de paix que des licenciés en droit.

94. Historique. — Les juges de paix ont été institués en France par la loi du 24 août 1790. Ils existaient en Angleterre depuis l'année 1275. La Constituante attendait beaucoup et avec raison de l'institution des juges de paix. Un de ses membres disait : « Le juge de paix est un père au milieu de ses enfants : il dit un mot, et les injustices se réparent, les divisions s'éloignent, les plaintes cessent ; ses soins constants assurent le bonheur de tous. » Le rôle des justices de paix s'est d'ailleurs sensiblement modifié et accru depuis leur création. D'après la loi de 1790, le juge de paix n'était guère chargé que d'un rôle de conciliation ; il est devenu depuis un véritable juge, avec une compétence variée en matière civile et pour les affaires de simple police. De nos jours plus de cinq cent mille affaires civiles sont chaque année soumises aux juges de paix; et l'on songe encore à étendre leur compétence, ce qui sera un grand bien pour les justiciables, soit à raison de la proximité, le juge de paix siégeant au canton, soit aussi parce que les frais de justice sont peu coûteux devant les justices de paix.

95. Fonctions du juge de paix. — L'action du juge de paix est multiple; voici l'énumération de ses principales attributions :

1° Comme *conciliateur*, le juge de paix connaît des différends qui doivent être jugés par le tribunal d'arrondissement. Afin de réduire le nombre des procès, la législation a voulu qu'aucune demande en justice, sauf dans certains cas expressément exceptés, ne pût être formée devant le tribunal d'arrondissement sans avoir été précédée d'une *citation en conciliation* devant le juge de paix.

2° Comme *juge*, le juge de paix prononce tantôt définitivement, tantôt en premier ressort et sauf appel devant le tribunal d'arrondissement, sur une multitude d'affaires.

En matière civile, le juge de paix connaît d'affaires comme celles-ci : contestations entre hôteliers et voyageurs, entre voyageurs et voituriers; paiements de fermages ou loyers; dommages faits aux champs, aux fruits, à la récolte, etc. Dans ces différentes affaires dont l'énumération serait trop longue, le juge de paix ne peut statuer définitivement et sans appel que jusqu'à la valeur de 100 francs. Il peut juger à *charge d'appel* jusqu'à 200 francs, jusqu'à 1,500 francs, jusqu'à une valeur indéterminée, suivant les catégories d'affaires. Le juge de paix est juge en premier ressort dans les affaires dites *possessoires* qui se présentent si souvent à la campagne où les empiétements de voisin à voisin ne sont que trop fréquents. Les actions *possessoires* ont pour but de faire maintenir ou réintégrer une personne dans sa possession, lorsqu'elle y est troublée par un tiers qui, sans établir qu'il soit réellement propriétaire, veut se mettre à sa place.

En matière criminelle, le juge de paix constitue à lui seul le *tribunal de simple police*, chargé de juger les contraventions, c'est-à-dire des actions illégales, mais dont la gravité n'est pas grande : les injures ver-bales, la dégradation d'un chemin, le fait d'avoir embarrassé sans nécessité la voie publique, d'avoir cueilli des fruits appartenant à autrui. (Voyez *Code pénal*, art. 471-480.) Le juge de paix prononce sur ces contraventions des peines qui varient de 1 à 15 francs d'amende, de un à cinq jours de prison. Il ne juge d'ailleurs qu'en premier ressort, et ses déci-sions peuvent être attaquées par voie d'appel devant le tribunal d'arrondissement, toutes les fois qu'il y a eu condamnation à la prison, ou lorsque les *amendes, restitutions* ou autres *réparations civiles* prononcées excèdent la somme de 5 francs.

3° Enfin, le juge de paix a des fonctions *extrajudi-ciaires*. Il convoque et préside les *conseils de famille,* pour tout ce qui concerne les mineurs et les interdits. Il appose et lève les *scellés* après décès ou en cas de faillite. Il dresse les actes d'*adoption,* d'*émancipation*. Il préside l'assemblée électorale des ouvriers pour la nomination des membres des *conseils de prud'-hommes*, etc., etc.

La justice de paix a ce caractère particulier que le pouvoir judiciaire y est confié à un juge unique.

Le système du juge unique, qui en France n'est appliqué que dans les justices de paix, a de nombreux partisans qui voudraient l'étendre à toutes les juridic-tions. Ce système présente des avantages évidents : il assure une justice plus prompte, moins coûteuse pour l'État et pour les justiciables ; d'autre part, il accroît le sentiment de la responsabilité chez le juge. Mais la pluralité des juges paraît préférable pour les affaires importantes, qui, pour être résolues, réclament beau-coup de science et d'expérience. Un corps judiciaire

composé de plusieurs membres, à condition pourtant
que ses membres ne soient pas trop nombreux, a
incontestablement une autorité et une compétence
supérieures.

96. Tribunaux d'arrondissement. — On les appelle
aussi tribunaux de première instance, parce que la
plupart de leurs décisions peuvent être soumises en
seconde instance aux cours d'appel.

Les tribunaux de première instance siègent dans
les chefs-lieux des trois cent soixante-deux arrondissements. Par exception, cependant, il y a six tribunaux
de première instance qui sont établis dans une autre
ville que celle où réside le sous-préfet : ce sont les
tribunaux de Cusset, Allier (au lieu de La Palisse); de
Bourgoin, Isère (au lieu de La Tour-du-Pin); d'Arbois,
Jura (au lieu de Poligny); de Saint-Palais, Basses-
Pyrénées (au lieu de Mauléon); de Lourdes, Hautes-
Pyrénées (au lieu d'Argelès).

Ils se composent au moins de trois magistrats, dont
un porte le titre de *président du tribunal*. Mais, dans
les arrondissements plus importants, où les affaires
sont plus nombreuses, ce tribunal est composé d'un
plus grand nombre de juges, qui se divisent alors en
deux ou trois chambres. Le président du tribunal préside la première chambre ; des vice-présidents, les
autres.

Aux tribunaux d'arrondissement sont adjoints des
juges suppléants.

Les juges des tribunaux d'arrondissement sont inamovibles.

Un des juges de chaque tribunal d'arrondissement,
spécialement désigné à cet effet, et appelé *juge d'instruction*, est chargé de procéder à la constatation des
faits criminels.

97. Fonctions des tribunaux d'arrondissement. —
Les tribunaux d'arrondissement sont tantôt tribunaux
civils, tantôt tribunaux criminels : dans ce dernier
cas, et quand ils statuent sur les délits, qui sont les

faits punissables de leur compétence, les tribunaux d'arrondissement portent le nom de *tribunaux correctionnels*.

— En *matière civile*, les tribunaux d'arrondissement ont une juridiction très étendue. Ils jugent toutes les affaires civiles qui ne sont pas de la compétence des juges de paix, des tribunaux administratifs et des tribunaux de commerce.

Dans la plupart des cas, les jugements des tribunaux de première instance ne sont pas définitifs et peuvent être revisés par les cours d'appel, si les parties en font la demande.

Dans certains cas, cependant, par exemple, quand il s'agit de créances à recouvrer dont la valeur ne dépasse pas 1,500 francs, d'immeubles dont le revenu ne dépasse pas 60 francs, leurs décisions sont sans appel.

— En *matière criminelle*, les tribunaux de première instance jugent les infractions à la loi appelées délits. Dans la plupart de ces tribunaux, ce sont les mêmes juges qui connaissent des affaires pécuniaires et des faits à poursuivre correctionnellement. Mais, dans les tribunaux plus importants et plus occupés, il existe une chambre spécialement correctionnelle, qui siège avec un minimum de trois juges.

Les jugements de police correctionnelle sont toujours susceptibles d'appel. On peut, en outre, se pourvoir en cassation contre ces jugements, aussi bien que contre les jugements de simple police.

Telles sont les fonctions des tribunaux d'arrondissement comme tribunaux de premier degré. Mais ils sont aussi des tribunaux d'appel relativement aux affaires que les justices de paix n'ont pu juger qu'en premier ressort.

Ajoutons enfin que les tribunaux de première instance tiennent lieu de *tribunaux de commerce* dans les arrondissements qui ne possèdent pas de tribunal spécial de ce genre.

Placés à proximité des justiciables, les tribunaux

d'arrondissement rendent de grands services. Mais il est permis de penser qu'ils sont trop nombreux ; il est permis de souhaiter qu'une réforme de nos institutions judiciaires en supprime quelques-uns qui sont presque inoccupés et qui ne jugent pas cent affaires par an. Cette suppression devrait d'ailleurs coïncider avec l'extension de la compétence des juges de paix.

Avant de poursuivre l'énumération des tribunaux et des cours judiciaires, il est nécessaire de définir ce qu'on appelle le ministère public et d'indiquer le rôle que jouent ses membres auprès des différents tribunaux.

98. Ministère public. — Cette expression générale désigne les divers fonctionnaires institués auprès des tribunaux pour requérir l'application de la loi dans l'intérêt de la société et des particuliers, et pour veiller au maintien de l'ordre public. L'institution du ministère public a été généralement approuvée par les publicistes. Montesquieu l'appelait une chose admirable. Il est excellent, en effet, qu'il y ait des hommes chargés spécialement de l'action publique, c'est-à-dire qui veillent pour les citoyens, qui protègent les incapables, qui poursuivent la punition et le redressement de toute infraction à la loi. A Rome, chaque citoyen pouvait se porter accusateur public : de là les hontes de la délation romaine. En France, c'est sous Philippe le Bel que nous voyons apparaître pour la première fois des magistrats appelés *procureurs du roi*, chargés spécialement de défendre les intérêts du fisc. Sous Henri III, une ordonnance leur imposa le devoir de poursuivre et de rechercher les crimes, sans attendre qu'il y eût « instigateur, dénonciateur ou partie civile ». Plus tard, les procureurs prirent le nom de *gens du roi* et continuèrent à défendre devant les Parlements les intérêts de la société. Après 1789, un *commissaire du roi* et un *accusateur public* furent institués auprès de chaque tribunal de district. Les accusateurs publics étaient nommés par le roi. Aujourd'hui, tous les membres du ministère public dépendent directement du pouvoir exécutif, qui les nomme et les révoque.

Il y a des agents du ministère public à tous les degrés de la justice.

Près les tribunaux de simple police, c'est-à-dire devant les juges de paix siégeant pour la répression des contraventions, les fonctions du ministère public sont tenues par le *commissaire de police* ou, à défaut de commissaire de police, par le maire et ses adjoints.

Près les tribunaux des chefs-lieux de département ou d'arrondissement est placé un *procureur de la République*, assisté d'un ou de plusieurs *substituts*, suivant l'importance du tribunal.

Près les cours d'appel, les fonctions du ministère public appartiennent à un *procureur général* assisté par des *avocats généraux* et des *substituts du procureur général*.

Enfin, nous trouverons près la Cour de cassation un procureur général, un premier avocat général et cinq avocats généraux.

Les membres du ministère public ont à leur tête le ministre de la justice, qui leur transmet ses instructions et ses ordres, qui, en un mot, est leur chef hiérarchique. En second lieu, les membres du ministère public sont placés sous la surveillance des cours d'appel, qui, s'il y a lieu, provoquent leur action et peuvent leur adresser des injonctions.

Les membres du ministère public sont chargés d'abord de la recherche des faits punissables. Ensuite, ils poursuivent, ils saisissent la justice. Ils requièrent, au nom de la société, l'instruction des affaires criminelles; ils prennent des conclusions pour l'application des peines; ils sont les avocats de la loi. En un mot, tandis que les avocats défendent devant les juges les intérêts particuliers, les membres du ministère public sont chargés de faire valoir les intérêts généraux de la justice et de représenter la société.

99. Cours d'appel. — C'est devant les *cours d'appel*, comme leur nom l'indique, qu'on interjette appel des jugements rendus par les tribunaux inférieurs, les tribunaux civils et les tribunaux de commerce. Les jugements rendus par les juges de paix ne relèvent cependant pas des cours d'appel : ce sont les tribunaux civils, nous l'avons dit, qui constituent la juridiction d'appel pour les justices de paix.

Les cours d'appel se composent de magistrats qu'on appelle *conseillers* et qui constituent une ou plusieurs *chambres*. La loi du 30 août 1883, a sensiblement réduit le nombre des conseillers et les chambres. Sept cours d'appel ne comptent plus qu'une seule chambre : Onze en comptent deux, sept autres en comptent trois, il y a quatre chambres à la cour d'Alger, et neuf à la cour de Paris.

Chaque cour d'appel compte une chambre des mises en accusation qui a pour mission de décider si un accusé doit être renvoyé devant la cour d'assises. On sait que ce sont précisément des conseillers de cours d'appel qui, avec le jury, constituent ou président tout au moins le tribunal criminel qu'on appelle la cour d'assises. (V. n° 100.)

Chaque chambre, sauf celle des mises en accusation, compte cinq membres au moins. Elle a à sa tête un magistrat qu'on appelle *président de chambre*. La cour tout entière a pour chef un *premier président*.

Les chambres jugent séparément, sauf dans les audiences solennelles où deux chambres se réunissent.

Les cours d'appel sont au nombre de vingt-sept : elles ont chacune leur ressort, sur lequel s'étend leur juridiction. Quelques-unes sont peu occupées, et il est depuis longtemps question soit de supprimer les moins importantes d'entre elles, soit de diminuer le nombre des conseillers qui les composent.

Nous donnons ci-dessous le tableau des vingt-sept cours d'appel[1], avec l'indication des départements compris dans le ressort de chacune d'elles :

SIÈGES DES COUR D'APPEL	RESSORT DES COURS D'APPEL
AGEN	Lot-et-Garonne, Lot, Gers.
AIX	Bouches-du-Rhône, Basses-Alpes, Var, Alpes-Maritimes.
ALGER	Alger, Oran, Constantine.
AMIENS	Somme, Oise, Aisne.
ANGERS	Maine-et-Loire, Mayenne, Sarthe.
BASTIA	Corse.
BESANÇON	Doubs, Haute-Saône, Jura, territoire de Belfort.
BORDEAUX	Gironde, Dordogne, Charente.
BOURGES	Cher, Indre, Nièvre.
CAEN	Calvados, Manche, Orne.
CHAMBÉRY	Savoie, Haute-Savoie.
DIJON	Côte-d'Or, Haute-Marne, Saône-et-Loire.
DOUAI	Nord, Pas-de-Calais.
GRENOBLE	Isère, Drôme, Hautes-Alpes.
LIMOGES	Haute-Vienne, Creuse, Corrèze.
LYON	Rhône, Loire, Ain.
MONTPELLIER	Hérault, Aveyron, Aude, Pyrénées-Orientales.
NANCY	Meurthe-et-Moselle, Ardennes, Meuse, Vosges.
NIMES	Gard, Ardèche, Lozère, Vaucluse.
ORLÉANS	Loiret, Loir-et-Cher, Indre-et-Loire.
PARIS	Seine, Seine-et-Oise, Eure-et-Loir, Seine-et-Marne, Marne, Aube, Yonne.
PAU	Basses-Pyrénées, Landes, Hautes-Pyrénées.
POITIERS	Vienne, Deux-Sèvres, Vendée, Charente-Inférieure.
RENNES	Ille-et-Vilaine, Côtes-du-Nord, Finistère, Morbihan, Loire-Inférieure.
RIOM	Puy-de-Dôme, Allier, Cantal, Haute-Loire.
ROUEN	Seine-Inférieure.
TOULOUSE	Haute-Garonne, Tarn-et-Garonne, Tarn, Ariège.

100. Cours d'assises. — Les cours d'assises ne sont pas des tribunaux permanents. Elles ne siègent que temporairement, excepté à Paris. Elles se réunissent

1. Il y a, en outre, sept cours d'appel dans nos colonies : Martinique, Guadeloupe, Sénégal, Saint-Denis, île de la Réunion, Pondichéry, Saïgon.

quatre fois par an, aux mois de janvier, d'avril, de juillet et d'octobre, au chef-lieu de chaque département, sauf dans les Ardennes, la Marne et la Meuse, où les cours d'assises siègent à Charleville, à Reims et à Saint-Mihiel.

Ce qui les distingue encore des autres tribunaux, c'est qu'elles sont composées de deux éléments distincts : 1° de simples citoyens qui forment le *jury* et qui sont chargés de prononcer simplement sur la culpabilité des accusés ; 2° de magistrats qui ont pour rôle d'appliquer la peine aux accusés déclarés coupables par le jury. Ces magistrats sont au nombre de trois : le président des assises, qui est toujours un conseiller à la cour d'appel; deux juges assesseurs, qui sont tantôt deux conseillers à la cour, pour les assises qui se tiennent au chef-lieu de la cour d'appel, tantôt deux juges du tribunal de première instance, appartenant au tribunal de la ville où la cour d'assises est réunie.

La caractéristique essentielle de la cour d'assises, c'est donc la participation des citoyens, sous le nom de jurés, à l'administration de la justice. Pourquoi n'a-t-on pas étendu l'institution du jury aux affaires civiles? C'est que, dans ces affaires, les difficultés de droit sont autrement compliquées et exigent, pour être résolues, une compétence spéciale; tandis que, dans les affaires criminelles, la question de fait et d'intention, pour être tranchée, n'exige en général que du bon sens et de l'impartialité.

101. Historique. — C'est dans les jugements rendus par l'assemblée du peuple, comme chez les Grecs et les Romains, comme aussi chez certains peuples sauvages, qu'il faut chercher l'origine première et lointaine du jugement par jurés. Mais le jury proprement dit, dans sa forme moderne, nous vient de l'Angleterre. Les philosophes du xviiie siècle, à l'imitation des Anglais, remirent en honneur le principe du jury, et l'Assemblée constituante l'établit dans nos lois. Le

30 avril 1790, l'Assemblée décréta : 1° qu'il y aurait des jurés en matière criminelle ; 2° qu'il n'y en aurait pas en matière civile. Quoique remise en question sous le premier Empire, l'institution du jury a survécu à nos révolutions et peut être considérée comme un élément définitif de la justice criminelle.

102. Composition du jury. — L'organisation du jury a été souvent modifiée, et il est à présumer qu'elle le sera encore plus d'une fois. La loi qui régit actuellement la matière a été votée le 21 novembre 1872. On lui a reproché, non sans raison, de multiplier abusivement les conditions requises pour être juré, de sorte que l'inscription sur la liste du jury est plutôt le privilège de quelques-uns que le droit commun de tous.

Pour être porté sur la liste du jury, il faut être âgé de trente ans, jouir de ses droits civils et politiques, fournir des garanties de moralité. De là une série d'incapacités sagement établies par la loi. D'autre part, un grand nombre de fonctionnaires, depuis les préfets jusqu'aux instituteurs communaux, ne peuvent pas être jurés. Enfin, d'après l'article 4 : « Ne peuvent être jurés les domestiques et serviteurs à gages, ceux qui ne savent pas lire et écrire en français ; » et d'après l'article 5 : « Sont dispensés des fonctions de jurés :

« 1° Les septuagénaires ;

« 2° Ceux qui ont besoin pour vivre de leur travail manuel et journalier ;

« 3° Ceux qui ont rempli lesdites fonctions pendant l'année courante ou l'année précédente. »

Mais il s'en faut que tous ceux qui ne rentrent pas dans ces diverses catégories d'incompatibilité ou d'incapacité soient de plein droit jurés.

En effet, chaque année, on dresse la liste du jury, qui comprend trois mille jurés seulement pour le département de la Seine, et, pour les autres départements, un juré par cinq cents habitants, sans toutefois que le nombre puisse être inférieur à quatre cents, ni supérieur à six cents.

, Le soin de dresser cette liste appartient d'abord, dans chaque canton, aux maires des communes, qui, sous la présidence du juge de paix, forment une liste préparatoire contenant un nombre de noms double de celui qui est fixé pour le contingent du canton. C'est dans la première quinzaine du mois d'août que doit avoir lieu ce travail annuel.

Une seconde commission, composée du président du tribunal civil, des conseillers généraux et des juges de paix, se réunit, en septembre, au chef-lieu de chaque arrondissement, et établit la liste définitive des jurés.

En outre, une liste spéciale de jurés suppléants, pris parmi les jurés de la ville où siègent les assises, est formée, chaque année, par les soins de la commission d'arrondissement dont nous venons de parler. Cette liste comprend trois cents jurés pour Paris et cinquante pour les départements.

Voyons maintenant comment est composée la liste du jury pour chaque session de cour d'assises.

« Art. 18. — Dix jours au moins avant l'ouverture des assises, le premier président de la cour d'appel ou le président du tribunal qui est le chef-lieu d'assises, dans les villes où il n'y a pas de cour d'appel, tire au sort, en audience publique, sur la liste annuelle, les noms des trente-six jurés qui forment la liste de la session ; il tire en outre quatre jurés suppléants sur la liste spéciale. »

C'est sur cette liste de trente-six noms que l'on prend, par voie de tirage au sort, les noms des douze jurés appelés à se prononcer sur chaque affaire.

103. Fonctions des cours d'assises. — Les cours d'assises sont spécialement instituées pour juger définitivement et sans appel les faits réputés crimes. Mais elles connaissent aussi de quelques délits, tels que les délits de presse, les délits politiques, qui par leur nature délicate relèvent surtout de l'opinion publique, et qu'on a, pour cette raison, voulu soumettre à l'appréciation du jury.

C'est en général le ministère public qui saisit les cours d'assises, après un arrêt de renvoi de la chambre des mises en accusation. Cependant, d'après la loi du 25 juillet 1881, les parties elles-mêmes, lésées par des injures ou des diffamations, si elles font partie d'un corps public et exercent une fonction publique, peuvent saisir directement les cours d'assises.

Nous n'avons pas à raconter en détail la procédure des débats devant la cour d'assises, notons seulement les points essentiels : 1° Le droit accordé à la défense, comme aussi à l'accusation, de récuser un certain nombre de jurés ; 2° le droit du jury d'accorder des circonstances atténuantes ; 3° le droit de la cour d'appliquer le minimum ou le maximum de la peine ; 4° le droit du condamné de se pourvoir en cassation, s'il y a lieu ; 5° le droit du ministère public, en cas d'acquittement, de se pourvoir aussi en cassation.

104. Cour de cassation. — La Cour de cassation est un tribunal suprême qui siège à Paris et qui a pour mission de casser et d'annuler les jugements, lorsqu'ils ont été rendus contrairement à la loi ou en l'absence des formes prescrites.

« La Cour de cassation ne constitue pas un troisième degré de juridiction. Elle juge moins les parties que les jugements qui lui sont soumis. Le but de son institution est d'assurer l'exécution et l'interprétation uniforme de la loi dans toutes les juridictions. » En d'autres termes, la Cour de cassation ne juge pas à nouveau les faits sur lesquels les tribunaux se sont déjà prononcés : elle a seulement à examiner les arrêts en eux-mêmes, pour juger si les formes ont été inobservées, si la loi a été violée, si le juge a commis un excès de pouvoir, ou s'il a statué malgré son incompétence.

La Cour de cassation comprend plusieurs chambres : la chambre des requêtes, la chambre civile, la chambre criminelle. Les deux premières traitent des affaires pécuniaires, et les soumettent à un double examen. La chambre des requêtes décide si l'affaire mérite d'être discutée et renvoyée à la chambre civile. La chambre criminelle, au contraire, prononce tout de suite si le pourvoi est fondé ou non.

La Cour de cassation ne substitue pas une nouvelle décision à celle qu'elle annule; mais elle renvoie l'affaire devant un autre tribunal ou une autre cour. Si la décision une première fois cassée est maintenue, il peut y avoir un second pourvoi devant la Cour de cassation qui alors, en audience solennelle, c'est-à-dire les trois chambres réunies, rend un nouvel arrêt, et cet arrêt est obligatoire, quant aux points de droit et à l'application de la loi, pour le troisième tribunal ou la troisième cour, devant lesquels l'affaire est renvoyée.

103. Tribunaux de commerce. — En dehors des tribunaux de droit commun, la législation a organisé un certain nombre de juridictions exceptionnelles, dont les membres ont une compétence spéciale : de ce nombre sont les tribunaux de commerce et les conseils de prud'hommes.

Les tribunaux de commerce sont des tribunaux d'exception qui jugent les affaires commerciales. Ces tribunaux sont établis dans les villes où l'industrie et le commerce ont une certaine importance; dans les autres, les affaires commerciales sont jugées par les tribunaux de première instance.

Les tribunaux de commerce sont composés de juges élus : un président, des juges, au nombre de deux à quatorze, des suppléants, en nombre variable selon les besoins du service. Ces juges, dont les fonctions sont gratuites, sortent d'exercice après deux années; ils peuvent être réélus pour deux autres années, après quoi ils ne sont rééligibles qu'après un an d'intervalle.

Le corps des électeurs comprend un certain nombre

de commerçants *recommandables par leur probité et leur esprit d'ordre et d'économie*, et en outre, des agents de change, des directeurs de compagnies de finance, etc. Le nombre des électeurs est égal au *dixième* des commerçants inscrits à la patente : il ne peut dépasser mille, ni être inférieur à cinquante. La liste de ces électeurs est dressée dans certaines conditions qu'il serait trop long d'énumérer. (Voyez le *Code de commerce*, livre IV, titre Iᵉʳ.)

Les tribunaux de commerce, tribunaux d'exception, ne peuvent connaître que des matières sur lesquelles la loi les a expressément appelés à statuer. (Voyez le *Code de commerce*, livre IV, titre ii.) Ils jugent en dernier ressort toutes les affaires dont le principal n'excède pas la valeur de 1,500 francs. Dans les autres cas leurs jugements sont susceptibles d'appel devant la cour d'appel.

106. Conseils de prud'hommes. — Les conseils de prud'hommes constituent, eux aussi, une juridiction spéciale, exceptionnelle. Ils jouent un rôle analogue à celui des juges de paix; ils ont pour mission de concilier, s'ils le peuvent, sinon de juger, les différends survenus entre patrons et ouvriers.

Les conseils de prud'hommes existent dans la plupart des villes manufacturières. Leur fondation date de 1806. Il y en avait quatre-vingt-cinq en 1872. Ils sont institués par décrets rendus dans la forme des règlements d'administration publique. Ils sont composés d'un nombre égal de patrons et d'ouvriers : les uns élus par les patrons, les autres par les chefs d'atelier, contre-maîtres et ouvriers, ayant vingt-cinq ans accomplis, patentés, ou exerçant leur industrie depuis cinq ans au moins, et étant domiciliés depuis trois ans dans la circonscription du conseil. Sont éligibles les électeurs âgés de trente ans au moins et sachant lire et écrire. Les conseils de prud'hommes sont renouvelés par moitié tous les trois ans; les membres sortants sont rééligibles. Le président et le vice-président sont nommés par le Président de la République : chargés de maintenir l'équilibre entre les intérêts divers des patrons et des ouvriers, ils peuvent être choisis en dehors du corps électoral. Les fonctions des membres du conseil des prud'hommes sont gratuites. Le conseil se divise en deux bureaux : le *bureau particulier* ou de conciliation, composé de deux membres ; le *bureau général* ou de jugement, qui se compose de cinq membres au moins et de quinze au plus, le président ou le vice-président, et un nombre égal de prud'hommes patrons et de prud'hommes ouvriers. Les jugements du conseil des prud'hommes sont définitifs pour les affaires dont la valeur n'excède pas 200 francs, au delà de ce chiffre, les jugements vont en appel devant le tribunal de commerce ou le tribunal de première instance. Enfin, dans les villes où n'existe pas de conseil de prud'hommes, les affaires de sa compétence sont jugées par le juge de paix.

107. Tribunaux administratifs. — Les tribunaux administratifs sont ceux qui jugent les réclamations que les particuliers croient devoir soulever contre les actes de l'administration : c'est ce qu'on appelle le *contentieux administratif.* Ils ont été établis, en dehors des tribunaux ordinaires, pour défendre l'intérêt général et les droits de l'État.

Les juridictions administratives sont nombreuses : les maires, les sous-préfets, les préfets, les conseils de prud'hommes peuvent être, dans certains cas, des juges administratifs.

Les jugements de ces juridictions inférieures ne sont d'ailleurs que des jugements en premier ressort, et qui peuvent être portés en appel devant le Conseil d'État.

108. Conseil d'État. — Nous avons étudié le Conseil d'État comme pouvoir politique et conseil de gouvernement. (V. n° 86.) Il nous reste à indiquer succinctement ce qu'il est comme pouvoir judiciaire.

Le Conseil d'État, à ce point de vue, est, ou bien un juge en premier et dernier ressort, ou bien un juge d'appel, ou bien un tribunal de cassation.

1° Il prononce sur les pourvois formés contre les actes du chef du pouvoir exécutif, contre les décrets qui blesseraient des droits, par exemple, les décrets relatifs à la liquidation des pensions de retraite, etc ; sur les contestations relatives à l'élection des membres des conseils généraux, etc.

2° Il confirme ou réforme les décisions rendues par les conseils de préfecture et les autres tribunaux administratifs qui ne jugent qu'en premier ressort.

3° Il prononce sur les recours pour excès de pouvoir formés contre les décisions rendues par les juridictions administratives qui jugent en dernier ressort : conseil supérieur de l'instruction publique, conseils départementaux ; — contre les actes des autorités administratives : maires, sous-préfets, préfets, ministres, Président de la République, etc.

Dans toutes ces questions, le Conseil d'État statue souverainement. C'est la section du contentieux (V. n° 88) qui prépare le rapport de ces affaires et le soumet à l'assemblée du Conseil d'État.

109. Tribunal des conflits. — Il peut surgir des conflits entre l'autorité judiciaire et l'autorité administrative. Tantôt l'autorité judiciaire revendique le jugement d'une affaire pour laquelle l'autorité administrative se prétend seule compétente : c'est ce qu'on appelle le conflit *positif*. Tantôt les tribunaux administratifs et judiciaires se déclarent également incompétents ; c'est le conflit *négatif*.

C'est pour résoudre ces désaccords ou pour suppléer à ces refus de jugement qu'a été institué le *tribunal des conflits*. (Loi du 24 mai 1872.) Il est chargé de décider quel est le tribunal qui a eu tort ou raison en agissant ou refusant d'agir, et de déterminer la juridiction qu'il faut saisir définitivement de l'affaire.

C'est au préfet qu'il appartient d'élever le conflit

positif. Lorsqu'une affaire qui relève de l'autorité administrative a été portée devant un tribunal de première instance, le préfet propose un *déclinatoire* sur lequel le tribunal rend un jugement : si ce jugement repousse le déclinatoire, le préfet, dans la quinzaine, peut élever le conflit.

Quant au conflit négatif, ce sont les parties intéressées qui exercent directement le recours devant le tribunal des conflits.

Le tribunal des conflits, qui siège à Paris, est composé de membres appartenant, les uns à l'administration, les autres au corps judiciaire. Voici quels sont ces membres :

1° Trois conseillers d'État en service ordinaire élus par leurs collègues ;

2° Trois conseillers à la Cour de cassation élus par leurs collègues ;

3° Deux membres et deux suppléants pris dans un ordre de fonctions quelconque et élus par les six autres juges déjà désignés.

Enfin, la présidence du tribunal appartient de droit au ministre de la justice.

110. Tribunaux militaires, tribunaux universitaires. — Il suffira de mentionner ici ces juridictions spéciales chargées de juger, soit les militaires, soit les membres de l'enseignement. Nous en ferons connaître plus loin l'organisation et les attributions. (V. n°ˢ 128 et 143.)

111. Règles générales de la justice. — Après avoir énuméré les différents tribunaux chargés de rendre la justice, il ne sera pas inutile de rappeler quelques-uns des principes qui président à notre organisation judiciaire :

1° La justice est gratuite en principe ; seulement, en fait, elle coûte fort cher, à raison des frais qu'elle entraîne : droits d'enregistrement, de timbre, de greffe, perçus par le Trésor public ; honoraires des avocats, avoués, huissiers, greffiers, etc. Aussi l'*assis-*

tance judiciaire, c'est-à-dire la dispense du payement des sommes dues au Trésor, aux avocats, aux officiers ministériels, est accordée dans certaines limites aux indigents (V. la loi du 30 janvier 1851); 2° la défense est libre; 3° les débats sont publics, et le jugement doit être prononcé en public; 4° des officiers ministériels, des avoués nommés par le Président de la République, sont établis auprès des tribunaux pour assurer la régularité et l'ordre dans la marche des procédures, et pour rétablir l'égalité entre les deux parties, inégalement habiles à défendre leurs droits.

CHAPITRE VIII

**La force publique. — Le service militaire oblig
toire. — Ses conditions actuelles. — L'état de
siège en temps de paix et en temps de guerre.**

112. Nécessité d'une force publique. — « La garantie des droits de l'homme et du citoyen, disait la
Déclaration des droits de l'homme, nécessite une force
publique. » Et la *Déclaration* ajoutait : « Cette force
est donc instituée pour le bonheur de tous, et non pour
l'utilité particulière de ceux auxquels elle est confiée. »

C'était dire que l'État, soit pour assurer l'ordre l'intérieur, soit pour défendre contre l'étranger l'indépendance et le territoire de la patrie, a besoin d'un armée permanente, solidement organisée ; c'était déclarer en même temps que cette armée doit être une armée nationale, au service du pays.

On a prétendu quelquefois que, en cas de danger, les citoyens pouvaient s'armer du jour au lendemain, et suffire, dans l'élan de leur patriotisme, à la défense et au salut de leur patrie. Ce serait une chimère que de compter sur ces armées improvisées de patriotes. On ne devient un soldat que par l'apprentissage, par l'habitude de la discipline, par des exercices prolongés et souvent renouvelés. Il faut donc de toute nécessité maintenir une armée permanente d'un effectif considérable, soumise à la rude discipline de la caserne, exercée pendant plusieurs années, animée enfin de l'esprit militaire. Cela sans doute grève le budget de sommes considérables et impose aux citoyens de lourds sacrifices ; mais ces dépenses et ces sacrifices sont nécessaires. Tout en espérant que l'avenir diminuera les charges du budget de la guerre et inspirera aux peuples limitrophes des sentiments plus pacifiques et plus fraternels, ce serait, à l'heure où nous sommes, une imprudence et une folie, en présence des armements redoutables des autres nations, de désarmer nous-mêmes et de nous exposer à toutes les conséquences de la faiblesse.

113. Obligation du service militaire. — Depuis la loi du 27 juillet 1872, le service militaire est obligatoire pour tous. « Tout Français doit le service militaire personnel. » (Art. 1ᵉʳ.) Il n'est pas nécessaire d'insister pour justifier cette obligation. Nous sommes tous intéressés au maintien de l'unité nationale ; nous sommes tous au même degré les enfants d'une même patrie ; nous devons tous concourir à sa défense. L'obligation du service militaire ne se présentait pas avec les mêmes caractères lorsqu'elle n'était pas également imposée à tous, lorsqu'elle n'atteignait qu'une partie de la nation. Depuis l'an VII la France a vécu sous le régime du remplacement. Pour de l'argent, les citoyens riches achetaient, comme on disait alors, un autre citoyen, qui se battait et parfois se faisait tuer à leur place. Par conséquent, l'armée était composée en partie de mercenaires. Sous le second Empire, le système de l'exonération fut substitué au système du remplacement. Pour une somme d'argent qui variait de 1,800 à 2,500 francs, on était dispensé du service militaire.

La loi du 27 juillet 1872 a supprimé ce régime d'inégalité et d'injustice. « Il n'y a dans les troupes françaises ni prime en argent ni prime quelconque d'engagement. » (Art. 2.) « Le remplacement est supprimé. » (Art. 4.)

Remarquons, en outre, que l'obligation pour tous du service militaire a permis de diminuer sensiblement le nombre des années à passer sous les drapeaux. Jusqu'en 1870, les *appelés*, ceux que le sort désignait, restaient sept ans au régiment. Aujourd'hui, les appelés étant plus nombreux chaque année, on peut, tout en les retenant moins longtemps sous les drapeaux, réunir un effectif militaire aussi considérable.

114. Conditions actuelles du service militaire. — « Tout Français qui n'est pas déclaré impropre à tout service militaire fait partie :

« De l'armée active pendant cinq ans ;

« De la réserve de l'armée active pendant quatre ans ;

« De l'armée territoriale pendant cinq ans ;

« De la réserve de l'armée territoriale pendant six ans. »

En d'autres termes, de vingt à quarante ans, tout citoyen valide ou qui ne rentre pas dans une catégorie de dispense légitime doit à son pays le service militaire.

115. Armée active. — Le service dans l'armée active dure cinq années, de vingt à vingt-cinq ans. L'armée active, — indépendamment des hommes qui ne proviennent pas des appels, à savoir, les engagés volontaires, — se compose donc de tous les jeunes gens déclarés propres à un des services de l'armée, appartenant aux cinq dernières classes appelées, et qui, d'ailleurs, ne sont pas classés dans l'armée de mer.

Ces jeunes gens sont tous mis à la disposition du ministre de la guerre et immatriculés dans les divers corps d'armée; mais ils ne demeurent pas tous au régiment pendant cinq ans. Après une année de service, on ne maintient sous les drapeaux que les hommes dont le nombre est fixé, chaque année, par le ministre de la guerre, d'après les ressources budgétaires dont il dispose. Les soldats qui restent au corps sont pris, par ordre de numéros, sur la première partie de la liste de recrutement de chaque canton et dans la proportion déterminée par le ministre. Les autres, ceux qui ont les derniers numéros, sont renvoyés dans leurs foyers. En outre, on peut retenir au corps pour une seconde année tous les militaires qui, après la première année de service, ne savent pas lire et écrire, et qui ne satisfont pas aux exercices prescrits par le ministre de la guerre. En revanche, les militaires que leur numéro ne destine pas à faire cinq années de service, et qui justifient d'une instruction suffisante, peuvent être, au bout de six mois, renvoyés dans leurs foyers.

116. Disponibilité de l'armée active. — La disponibilité de l'armée active comprend : 1° tous les soldats qui, après six mois, un an ou deux ans, ont été renvoyés dans leurs foyers ; 2° tous les jeunes gens des classes incorporées qui, à un titre quelconque, sont dispensés de service. Les disponibles de ces deux catégories restent à la disposition du ministre de la guerre, qui, par un règlement, les soumet à des exercices et à des revues.

Les soldats de l'armée active présents sous les drapeaux vivent en commun de la vie de caserne et ne peuvent se marier sans autorisation du ministre de la guerre.

Les disponibles, au contraire, peuvent se marier sans autorisation.

117. Réserve de l'armée active. — De l'armée active on passe dans la réserve, dont on fait partie pendant quatre années, de vingt-cinq à vingt-neuf ans. Les hommes de la réserve, ou réservistes, sont astreints à participer, pendant leurs quatre années de service, à une manœuvre tous les deux ans, chacune de ces manœuvres ne pouvant d'ailleurs durer plus de quatre semaines.

Les hommes de la réserve restent immatriculés dans les régiments ou bataillons de l'armée active.

Ajoutons que les réservistes, comme les disponibles de l'armée active, doivent déclarer, sous peine d'amende et de prison, tout changement de domicile ou de résidence, à la mairie de la commune qu'ils quittent et à la mairie de la commune où ils s'établissent.

Les réservistes, comme les disponibles, peuvent se marier sans autorisation. Les uns et les autres, s'ils sont pères de quatre enfants vivants, passent de droit dans l'armée territoriale.

118. Armée territoriale. — L'armée territoriale se compose de tous les hommes qui ont accompli le temps de service prescrit pour l'armée active et pour la réserve. On fait partie de l'armée territoriale pendant cinq ans, de vingt-neuf à trente-quatre ans. Les territoriaux sont ainsi nommés parce que, en cas de mobilisation, ils sont spécialement destinés à défendre les places fortes, les côtes, les points fixes du territoire. Ils peuvent cependant être détachés, en cas de nécessité, pour tenir campagne dans l'armée active.

Les soldats, gradés ou non, de l'armée territoriale restent dans leurs foyers tant qu'ils ne sont pas appelés ou mobilisés. L'effectif permanent et appointé de cette armée ne comprend que le personnel nécessaire à l'administration, à la tenue des contrôles et à la comptabilité.

Les hommes appartenant à l'armée territoriale sont soumis à des exercices annuels qui durent treize jours.

De l'armée territoriale, on passe dans la réserve de l'armée territoriale. Elle comprend tous les hommes de trente-quatre à quarante ans. Elle n'est appelée à l'activité que dans le cas d'absolue nécessité.

119. Recensement cantonal. — Examinons maintenant comment se pratiquent les diverses opérations de l'appel sous les drapeaux, le recensement cantonal, le tirage au sort, le conseil de revision.

Chaque année, les maires des communes de chaque canton dressent le tableau de recensement des jeunes gens qui ont atteint l'âge de vingt ans révolus dans l'année précédente, et qui sont domiciliés dans le canton ou considérés comme tels par la loi. Ces tableaux sont publiés et affichés dans chaque commune au plus tard le 15 janvier.

120. Tirage au sort. — Le tirage au sort est présidé par le sous-préfet. Chaque jeune homme inscrit sur le tableau de recensement est appelé à prendre un numéro. Le tirage au sort n'a plus, sans doute, la même importance qu'autrefois, puisque, avant 1870, les derniers numéros n'étaient pas appelés, tandis que tout le monde l'est aujourd'hui. Mais tous les appelés, d'après la loi nouvelle, ne restant pas le même nombre d'années sous les drapeaux, le tirage au sort a été conservé pour désigner ceux des jeunes soldats qui pourraient être renvoyés dans leurs foyers après six mois ou un an. Ce sont les derniers numéros qui jouissent de cette faveur.

121. Conseil de revision. — Le conseil de revision se compose du préfet, président; d'un conseiller de préfecture, d'un conseiller général, d'un conseiller d'arrondissement, d'un officier supérieur. Trois membres assistent le conseil. Ce sont le sous-préfet, avec voix consultative; un sous-intendant, avec le droit de présenter des observations écrites; un médecin militaire, chargé de constater les cas d'infirmités. Le commandant de recrutement suit le conseil, et, dans chaque séance, prend note des aptitudes militaires des conscrits. Le conseil de revision, dont la tournée dure un mois environ, opère autant que possible dans chaque canton.

Le conseil de revision a pour fonction de vérifier les opérations du tirage au sort et de tout le recrutement, et de prononcer relativement aux exclusions, aux exemptions, aux dispenses.

122. Exclusions. — Le service militaire n'est pas seulement une charge : il doit être considéré aussi comme un honneur. Aussi l'article 7 de la loi du 27 juillet 1872 exclut du service militaire tous les individus condamnés à une peine afflictive ou infamante, et tous ceux qui, ayant été condamnés à deux ans de prison, ont été placés sous la surveillance de la haute police et interdits en tout ou en partie des droits civiques, civils ou de famille.

123. Exemptions. — Il n'y a plus d'autre exemption du service militaire que celle qui résulte d'infirmités graves et dûment constatées, rendant impropre à tout service actif ou auxiliaire dans l'armée.

Mais il peut y avoir, dans d'autres cas, sinon des exemptions définitives, du moins des sursis d'appel. Le gouvernement autorise, dans une proportion de quatre sur cent, mais seulement pour deux années, un sursis d'appel en faveur des conscrits qui ont besoin de terminer leurs études, leur apprentissage, ou qui demandent à ne pas interrompre une exploitation agricole, industrielle, ou tout autre commerce. Le sursis n'est accordé que pour un an, mais peut être renouvelé à l'expiration de l'année.

En outre, le conseil de revision peut ajourner jusqu'à deux fois les jeunes gens d'une constitution faible, ou qui n'ont pas encore la taille réglementaire.

124. Dispenses. — Sont dispensés provisoirement du service d'activité en temps de paix : l'aîné d'orphelins de père et de mère; — le fils unique, ou l'aîné des fils, ou, à défaut de fils ou de gendre, le petit-fils unique ou l'aîné des petits-fils d'une femme veuve ou d'une femme dont le mari a été légalement déclaré absent ; — le fils unique ou aîné d'un père aveugle ou entré dans sa soixante-dixième année; — l'aîné de deux frères concourant au même tirage, si le plus jeune est reconnu propre au service; — le frère d'un militaire en activité de service, ou réformé, ou mort sous les drapeaux. Les causes de ces dispenses, pour être valables, doivent exister au jour où le conseil de revision est appelé à statuer ; elles ne sont d'ailleurs applicables qu'aux enfants légitimes. (Art. 17.)

Il y a, en outre, des dispenses conditionnelles (art. 20) qui valent même en temps de guerre, et dont profitent certaines professions jugées indispensables pour le service de l'État. Elles supposent d'ailleurs que les dispensés rempliront exactement les obligations en échange desquelles la dispense leur a été accordée.

Sont dispensés à titre conditionnel : 1° Les membres de l'instruction publique; 2° les élèves des écoles normales; 3° les professeurs des institutions nationales des Sourds-Muets ou des Jeunes Aveugles; 4° les membres novices des associations religieuses vouées à l'enseignement, reconnues comme établissements d'utilité publique et légalement autorisées : ces quatre séries de jeunes gens doivent contracter, par-devant le recteur de l'académie, l'engagement de se vouer pendant dix années à la carrière de l'enseignement; 5° les élèves pensionnaires de l'École des langues orientales vivantes, et les élèves de l'École des chartes nommés après examen, à condition de passer dix ans tant dans lesdites écoles que dans un service public ; 6° les artistes qui ont remporté le grand prix de l'Institut, à la condition qu'ils passeront à l'école de Rome les années réglementaires et rempliront toutes leurs obligations envers l'État ; 7° les élèves ecclésiastiques désignés à cet effet par les archevêques et les évêques, et les jeunes gens autorisés à continuer leurs études pour se vouer aux cultes salariés par l'État, sous la condition qu'ils seront astreints au service militaire s'ils cessent les études pour lesquelles ils avaient été dispensés, ou si, à vingt ans, les premiers ne sont pas entrés dans les ordres majeurs et les seconds n'ont pas reçu la consécration.

.Enfin, les conseils de revision sont autorisés à dispenser, à titre de soutiens de famille, un nombre de jeunes gens égal à quatre pour cent du contingent départemental. (Art. 22.)

125. Engagements volontaires. — La loi admet des engagements volontaires. L'engagement est de cinq ans. En temps de guerre, on peut s'engager pour la durée de la guerre seulement. Certaines conditions d'âge, dix-huit ans ; de capacité, savoir lire, écrire ; d'état civil, n'être ni marié, ni veuf avec enfants, etc., sont imposées aux engagés volontaires.

C'est ici le lieu de parler d'une forme spéciale de l'engagement volontaire, le *volontariat d'un an*, que la législation de 1872 a institué, mais qui ne paraît pas devoir être maintenu si l'on veut rigoureusement établir l'égalité de tous les Français devant le service militaire. En justifiant d'un certain degré d'instruction, soit par la production du diplôme de bachelier, du diplôme de fin d'études ou du brevet de capacité de l'enseignement spécial, soit en subissant des examens spéciaux réglés par le programme annexé au décret du 10 mai 1880, et en versant, une fois pour toutes, la somme de 1,500 francs, le volontaire d'un an n'est tenu qu'à une seule année de service, après quoi il est versé dans la réserve de l'armée active.

Sans doute l'intention de ceux qui ont établi le volontariat d'un an était louable. On a voulu protéger les études et rendre le plus vite possible à leurs travaux, à la préparation des carrières libérales et utiles au pays, la partie la plus intelligente de la jeunesse française. Mais il faut cependant reconnaître, en admettant que les intérêts des études rendent nécessaire cette faveur, qu'on a eu tort de la mettre à prix d'argent. La condition des 1,500 francs fait du volontariat d'un an le privilège des classes riches ou aisées.

Une institution meilleure et probablement plus durable est celle qui autorise et encourage le réengagement. L'armée a tout à gagner à conserver au delà des années de service obligatoires les soldats et les sous-officiers qui ont le goût et l'expérience du métier des armes. De là, les avantages que l'État offre à ceux qui veulent se réengager, en leur donnant une haute paye.

126. Armée de mer. — L'armée de mer a un recrutement tout particulier qu'on appelle l'*inscription maritime*. L'inscription maritime est en usage chez presque toutes les nations européennes. En France, elle remonte à Colbert. Organisée depuis par un grand nombre de lois ou de décrets, elle met à la disposition du ministre de la marine, pour former l'armée de mer, depuis dix-huit ans jusqu'à cinquante ans, tous les individus qui se livrent à la navigation ou à la pêche maritime.

Les inscrits maritimes ne sont définitivement libérés qu'à cinquante ans, à moins qu'avant cet âge ils n'abandonnent leur profession de marins. Ils peuvent être appelés à servir sur les bâtiments de l'État à tour de rôle et suivant les nécessités.

En temps de guerre, l'appel des inscrits maritimes se fait dans l'ordre suivant : 1° les célibataires; 2° les veufs sans enfants; 3° les mariés sans enfants; 4° les pères de famille.

En temps de paix, le service est généralement de trois ans ; les marins ne sont requis qu'une fois et jusqu'à l'âge de quarante ans seulement.

Les charges imposées aux marins par le dur service qu'ils payent à l'État sont compensées par quelques avantages. Les inscrits maritimes ont seuls le droit d'exercer la navigation maritime et la pêche côtière. Leurs veuves et leurs enfants sont secourus par l'État, etc.

Indépendamment des hommes fournis par l'inscription maritime, l'armée de mer se compose :

1° Des hommes admis à s'engager volontairement ou à se réengager ;

2° Des jeunes gens qui, au moment des opérations du conseil de revision, auront demandé à entrer dans un des corps de la marine et auront été reconnus propres à ce service;

3° Enfin, à défaut d'un nombre suffisant d'hommes appartenant à ces deux catégories, d'un contingent fourni par chaque canton, dans une proportion déterminée par le ministre de la guerre, et composé des jeunes gens compris dans la première partie de la liste du recrutement cantonal et auxquels seront échus les premiers numéros.

Pour tous les hommes de l'armée de mer qui ne proviennent pas de l'inscription maritime, le temps de service actif est de cinq ans, et de quatre ans dans la réserve. Après ces neuf ans de service, ils passent dans la réserve de l'armée territoriale, où ils restent jusqu'à quarante ans. (Loi du 4 décembre 1875.)

127. Division militaire de la France. — Le territoire de la France est divisé en dix-huit régions; chaque région est occupée par un corps d'armée qui y tient garnison.

Le 1er corps d'armée est à Lille.

2e	—	à Amiens.
3e	—	à Rouen.
4e	—	au Mans.
5e	—	à Paris.
6e	—	à Châlons.
7e	—	à Besançon.
8e	—	à Bourges.

Le   9ᵉ corps d'armée est à Tours.

10ᵉ	—	à Rennes.
11ᵉ	—	à Nantes.
12ᵉ	—	à Limoges.
13ᵉ	—	à Clermont.
14ᵉ	—	à Lyon.
15ᵉ	—	à Marseille.
16ᵉ	—	à Montpellier.
17ᵉ	—	à Toulouse.
18ᵉ	—	à Bayonne.

Un corps d'armée spécial est en outre affecté à l'Algérie.

Chaque région est, à son tour, divisée en huit subdivisions, ce qui fait cent quarante-quatre subdivisions militaires pour la France continentale.

128. Tribunaux militaires. — A raison du caractère particulier de la discipline militaire, le législateur a établi des tribunaux spéciaux pour juger des crimes et des délits commis par les militaires et les marins. (Voyez les codes de justice militaire pour l'armée de terre et de mer, 9 juin 1857, 4 juin 1858.)

La justice militaire est rendue par les *conseils de guerre* et les *conseils de revision*.

Les conseils de guerre sont des tribunaux permanents, institués dans chaque division militaire et dans chaque arrondissement maritime. Ils sont composés d'un président et de six juges : leur composition varie suivant le grade de l'accusé.

Il y a auprès de chaque conseil de guerre un *commissaire du gouvernement*, qui remplit les fonctions de ministère public, et un *rapporteur* chargé de l'instruction.

Le conseil de guerre prononce des peines de simple police, des peines correctionnelles, des peines criminelles : en un mot, il réunit en lui toutes les juridictions de droit commun. En outre, il peut appliquer quelques peines militaires spéciales, telles que les *travaux publics*, peine infligée à ceux qui ont déserté à l'intérieur.

Les jugements des conseils de guerre sont sans appel; mais ils peuvent être l'objet, de la part des condamnés, d'un pourvoi devant les conseils de revision.

Les conseils de revision fonctionnent comme des tribunaux de cassation : ils ne connaissent pas du fond des affaires. Ils ne peuvent annuler les jugements que dans le cas où les règles de droit ont été violées.

Établis, comme les conseils de guerre, dans chaque division militaire et dans chaque arrondissement maritime, les conseils de revision se composent d'un président et de quatre juges.

Pour l'armée de mer, outre les conseils de guerre et les conseils de revision, il y a des *tribunaux maritimes*, établis au chef-lieu de chaque arrondissement maritime, et composés en partie d'officiers de marine, en partie de juges empruntés aux tribunaux ordinaires.

Enfin, il faut mentionner les conseils de guerre et les conseils de revision qui siègent à bord des bâtiments de l'État et qui, outre les peines de droit commun, prononcent aussi des peines spéciales.

129. État de siège. — Dans sa signification propre, l'état de siège est la situation d'une place assiégée par l'ennemi. Mais, dans un sens dérivé, *l'état de siège* désigne une mesure de sûreté publique qui a pour effet de suspendre momentanément l'empire des lois ordinaires et de remettre tous les pouvoirs à l'autorité militaire. Cette situation exceptionnelle peut se produire soit en temps de guerre, soit même en temps de paix.

130. État de siège en temps de guerre. — Il est inutile d'insister sur la nécessité d'accorder à l'autorité militaire, en présence de l'ennemi, des pouvoirs extraordinaires. En face d'une invasion, le premier devoir d'un État est de se défendre; tout doit être alors subordonné aux nécessités de la défense. De là le droit reconnu à l'autorité militaire d'empêcher la

circulation dans les rues, d'obliger les habitants à
rentrer dans leurs logis à partir d'une certaine heure,
d'occuper, de démolir les habitations, etc. (Voir le
décret du 10 août 1853.) L'état de siège dans ces conditions peut être, soit proclamé par un simple décret
du Président de la République, soit voté par le Parlement, soit, enfin, résulter de plein droit, et sans déclaration spéciale, de l'investissement d'une ville, d'une
attaque de vive force ou par surprise que l'ennemi
dirige contre tel ou tel point du territoire.

131. État de siège en temps de paix. — C'est
la loi du 9 août 1869, modifiée par la loi du 3 avril 1878,
qui régit encore la matière et qui règle l'établissement
de ce qu'on pourrait appeler l'état de siège *civil*.

L'état de siège ne peut être déclaré qu'en cas de
péril imminent résultant d'une guerre étrangère ou
d'une *insurrection* à main armée.

État d'exception au premier chef, puisqu'il a pour
conséquence de substituer au régime normal un
régime temporaire qui suspend la liberté individuelle,
la liberté de réunion, l'inviolabilité du domicile,
l'état de siège ne peut être déclaré que par une loi,
c'est-à-dire par la volonté des deux Chambres.

L'application de l'état de siège peut s'étendre non
seulement à une ville et à une commune, mais à tout
un arrondissement, à tout un département.

La durée de l'état de siège est fixée par la loi qui le
proclame.

En cas d'ajournement des Chambres, le Président
de la République peut déclarer l'état de siège de l'avis
du conseil des ministres, mais alors les Chambres se
réunissent de plein droit deux jours après.

En cas de dissolution de la Chambre des députés,
l'état de siège ne peut être déclaré même provisoirement par le Président de la République, sauf en
temps de guerre et d'invasion étrangère.

Voici maintenant les conséquences de la déclaration de l'état de siège.

L'autorité militaire a le droit : 1° de faire des per-
quisitions de jour et de nuit dans le domicile des
citoyens; 2° d'éloigner les repris de justice et les
individus qui n'ont pas leur domicile sur le territoire soumis à l'état de siège; 3° d'ordonner la remise
des armes et munitions, et de procéder à leur recherche et à leur enlèvement; 4° d'interdire les publications et les réunions qu'elle juge de nature à exciter
et à entretenir le désordre.

En outre, l'autorité militaire défère aux conseils de
guerre tous les crimes et délits contre la sûreté de
la République, contre la Constitution, contre l'ordre
et la paix publique, quelle que soit la qualité des
auteurs principaux et de leurs complices.

132. Réformes désirables. — On peut espérer que,
dans un avenir prochain, le législateur effacera les
derniers vestiges de l'inégalité en matière de service
militaire, et, par conséquent, supprimera le volontariat d'un an et certaines dispenses peu justifiées, tout
en maintenant· et en étendant peut-être celles qui,
comme les dispenses des soutiens de famille, sont de
toute nécessité et de toute justice.

D'autre part, on songe à réduire encore la durée du
service militaire, à l'abaisser de cinq à trois ans, afin
de rendre le plus tôt possible à leurs familles et à
eux-mêmes des hommes qui ne doivent être retenus
sous les drapeaux que le temps nécessaire pour les
instruire et pour en faire des soldats. Mais il faut
prendre garde de diminuer les forces militaires de
la France par trop de complaisance pour les intérêts
individuels. Si l'on veut être prudent, on ne devra
réduire la durée du service qu'à la condition de préparer dans l'école par des exercices, par des manœuvres,
l'éducation militaire de tous les citoyens. Comme i. dit
avec force un auteur contemporain[1], « nous oublions
trop de former le soldat dans l'enfant et le jeune

____

1. Raoul Frary, *le Péril national*, p. 299.

homme. Nous prenons un jeune homme neuf, non dégrossi; nous le jetons dans les rangs, comme une victime de la loi, qu'il apprend soudain à connaître et peut-être à maudire. Nous ne l'avons pas exercé, et nous lui disons : « Sois adroit. » Nous ne l'avons pas endurci, et nous lui disons : « Sois fort. » Nous ne l'avons pas plié à la discipline, et nous lui disons : « Sois docile. » S'il plie sous le faix, s'il bronche sous le harnais nouveau, s'il regimbe sous l'aiguillon inaccoutumé, on le punit; on ne l'a point dressé, on le dompte. Nous avons plus de prévoyance et d'humanité pour nos poulains que pour nos enfants.

« Résumons en quelques mots l'éducation qu'on acquiert sous les drapeaux. Ce seront, si vous voulez, l'instruction proprement dite, école du soldat, école de peloton, l'usage des armes, la discipline, l'entraînement matériel et moral, c'est-à-dire l'habitude de supporter la fatigue, les privations et les ennuis de la vie commune; enfin l'esprit militaire et l'esprit de corps. Dans presque toutes ces parties du dressage du soldat l'enfance et l'adolescence peuvent devancer l'âge adulte... »

« Imposez par la loi l'instruction militaire à toute l'enfance masculine : les familles en seront charmées, car elles auront à la fois le sentiment de ce qui est dû à la patrie et l'espoir de voir abréger plus tard le séjour à la caserne. L'enfant y prendra un plaisir extrême ; les hygiénistes applaudiront. On ne manquera pas d'anciens officiers et sous-officiers pour commander ces jeunes bataillons, en attendant que les instituteurs soient mieux préparés à cette partie de leur tâche. Le dimanche, à la campagne comme à la ville, il y aura des revues, des promenades, des manœuvres en public; ce spectacle relèvera les cœurs et les remplira d'une saine fierté, d'une joyeuse espérance. Au sortir de l'école primaire les adolescents sauront à merveille marcher au pas, s'aligner, défiler, se mettre en bataille ou en ordre de marche, se disperser ou se rallier. Ce seront au moins quelques semaines gagnées sur le régiment. Ils n'auront pas, le jour où ils endosseront l'uniforme, l'ennui d'être traités on sait comment par un sergent instructeur; ils ne seront pas humiliés par des reproches adressés à leur gaucherie d'un ton qui rend plus gauche; ils n'auront pas à subir ces premières punitions qui sont si cruelles, parce qu'elles n'atteignent ni la mauvaise volonté ni la désobéissance, mais la maladresse, le manque d'habitude, les fautes involontaires d'un esprit qui comprend mal ce qu'on lui explique mal, d'un corps qui manque de souplesse. »

CHAPITRE IX

L'obligation scolaire. — Le conseil supérieur de l'instruction publique.

133. Enseignement public. — Les États ont toujours considéré comme un de leurs devoirs et de leurs droits le soin de protéger l'instruction publique, d'ouvrir des collèges et des écoles, et d'entretenir un corps de professeurs et d'instituteurs publics chargés d'élever la jeunesse.

En France, on appelle *Université* l'ensemble des institutions scolaires que l'État fonde et qu'il dirige.

L'Université n'a pas, d'ailleurs, le moncpole de l'enseignement. Il ne serait pas juste que l'État enseignant accaparât l'instruction et l'éducation. Il faut qu'à côté des écoles publiques il y ait des écoles libres, un enseignement privé, où les individus, aussi bien que les associations autorisées, donnent librement carrière à leur initiative, à leurs méthodes particulières, et où les familles puissent, s'il leur convient, envoyer leurs enfants pour qu'ils y reçoivent une instruction conforme à leurs sentiments et à leurs croyances. Il y a donc un enseignement libre, qui devra d'ailleurs être surveillé par l'État et dont les maîtres seront tenus de satisfaire à certaines conditions, d'offrir certaines garanties exigées par la loi. L'instruction ne peut être abandonnée à tous les caprices de l'initiative individuelle, comme une industrie quelconque. La liberté de l'instruction ne saurait être assimilée à la liberté du commerce. Quand il s'agit du développement intellectuel et moral des jeunes générations, l'État a le droit d'intervenir, comme une sentinelle vigilante, pour empêcher que, sous prétexte de liberté, l'on ne corrompe et l'on n'égare la jeunesse, ou bien par un enseignement confié à des ignorants, à des professeurs sans diplôme et sans capacité, ou bien par des leçons contraires aux institutions et aux lois.

134. Divers degrés d'enseignement. — Les besoins divers des citoyens, au point de vue de l'instruction, ont rendu nécessaire la division de l'enseignement en trois degrés, primaire, secondaire et supérieur. C'est un pédagogue du XVII siècle, le Slave Coménius, qui semble avoir le premier distingué avec netteté ces trois ordres d'études : il demandait en effet qu'on établît dans chaque village une école populaire ; dans chaque ville importante, une école latine, un collège ; enfin, dans chaque province, une académie, des facultés.

L'enseignement primaire comprend les parties d'instruction nécessaires à tous. L'enseignement primaire public est donné dans les écoles maternelles, dans les écoles primaires élémentaires, dans les écoles primaires supérieures. Les instituteurs ou institutrices chargés de cet enseignement doivent être pourvus du brevet élémentaire ou du brevet supérieur. Ils peuvent être préparés et formés dans les écoles normales primaires. Les professeurs des écoles normales primaires, à leur tour, peuvent recevoir l'instruction spéciale dont ils ont besoin dans les écoles normales supérieures récemment établies, pour les hommes, à Saint-Cloud; pour les femmes, à Fontenay-aux-Roses.

L'enseignement secondaire prépare les jeunes gens que leur condition ou leur intelligence appelle aux carrières libérales, ou qui veulent et peuvent recevoir une instruction générale. L'enseignement secondaire public est donné dans les lycées et dans les collèges communaux. Les professeurs chargés de cet enseignement sont des bacheliers, des licenciés ou des agrégés. Dans les lycées, on ne peut être professeur titulaire que si l'on est agrégé ; les licenciés n'ont que le titre de chargés de cours. Il existe à Paris une grande école normale supérieure, où des élèves choisis au concours se préparent à la licence et à l'agrégation. En outre des cours sont institués pour le même objet dans les diverses facultés. A l'enseignement secondaire proprement dit se rattache l'enseignement secondaire spécial dont l'organisation date de 1865, et qui est donné, soit exclusivement dans des lycées et dans des collèges affectés à cet enseignement, soit subsidiairement dans les autres lycées et collèges. Il existe à Cluny une école normale d'enseignement spécial.

Enfin l'enseignement supérieur est le couronnement et le degré le plus élevé de toutes les études. Il s'adresse aux jeunes gens qui, ayant achevé leur instruction secondaire, veulent pousser leurs études plus loin encore et acquérir une instruction supérieure, soit dans les lettres, soit dans les sciences, soit dans le droit, soit dans la médecine. Cet enseignement est donné dans les facultés de droit, de médecine, des sciences et des lettres.

Les professeurs des facultés doivent être pourvus du titre de docteur. Ce sont eux qui confèrent les grades universitaires, baccalauréat, licence, doctorat.

135. Administration de l'enseignement public. — Au-dessous du ministre qui dirige l'instruction publique, avec le concours du Conseil supérieur (V. n° 140), viennent les recteurs, qui administrent les dix-sept académies de France et d'Algérie, les inspecteurs généraux des divers ordres d'enseignement, les inspecteurs d'académie, au moins un par département, enfin les inspecteurs primaires, au moins un par arrondissement.

136. Enseignement primaire. — Sans nous étendre davantage sur les autres degrés d'instruction, nous allons étudier avec quelque détail les lois relatives à l'enseignement primaire.

L'enseignement primaire, après avoir été trop longtemps négligé, a enfin reçu dans ces dernières années, sous l'action des idées républicaines et démocratiques, une organisation digne de notre temps et conforme aux besoins du peuple.

Les programmes de cet enseignement ont été notablement étendus : ils comprennent aujourd'hui tout ce qu'il est nécessaire de savoir pour être un homme et un citoyen.

Le budget de l'instruction primaire qui, sous la Restauration, était de 50,000 francs à peine, sous le second Empire de 10 millions, a été porté dans ces dernières années à un chiffre qui dépasse 80 millions.

Enfin, des lois, depuis longtemps désirées et réclamées par l'opinion, ont établi l'obligation, la gratuité et la laïcité de l'enseignement primaire.

137. Obligation scolaire. — Il est facile de justifier contre des objections sans valeur et vainement invoquées par les adversaires de l'instruction le principe de l'obligation scolaire.

Personne ne contestera l'obligation morale qui impose aux parents le devoir de faire instruire et d'élever leurs enfants. Cette obligation morale est devenue une obligation civile depuis que le *Code* a édicté l'article suivant (art. 208) : « Les époux contractent ensemble, par le seul fait du mariage, l'obligation de nourrir, entretenir et *élever* leurs enfants. » La loi du 28 mars 1882 n'a donc fait que consacrer et appliquer un principe déjà inscrit dans notre législation.

Les raisons qui ont déterminé le législateur sont les suivantes :

1° L'État a le droit de protéger les enfants contre l'incurie des parents. De même qu'il intervient pour leur garantir la nourriture et l'entretien matériel, de même il doit agir pour leur assurer l'éducation intellectuelle et morale. 2° L'État, protecteur des intérêts généraux de la société, a le droit de prendre des mesures pour qu'il n'y ait pas toute une catégorie d'individus voués à l'ignorance et absolument incapables de connaître leurs droits et leurs devoirs. De même qu'il garantit la sûreté de nos frontières par l'obligation du service militaire, de même il doit assurer l'ordre social par l'obligation de l'instruction primaire. Comme l'écrivait récemment M. Jean Macé : « Ceux qui prennent le suffrage universel au sérieux, ceux qui veulent la République, ne peuvent pas se trouver divisés sur la question de l'instruction obligatoire. Entre le droit de vote donné à tous et l'instruction imposée à tous, il y a une corrélation indéniable. Le second terme est la conséquence forcée du premier. »

La liberté des pères de famille ne serait lésée que si l'État imposait à leurs enfants la fréquentation de telle ou telle école. Sans doute, le père a le droit de faire élever son enfant comme il l'entend ; mais il n'a pas le droit de ne pas le faire élever du tout. Il a le droit de choisir entre telle ou telle école ; moralement, il n'a pas le droit de choisir entre l'ignorance et l'instruction. « Deux mots analogues, disait Cousin, sont employés en Allemagne pour désigner le devoir d'aller à l'école et le service militaire : l'enseignement obligatoire et le service obligatoire. Ces deux mots, ajoutait-il, sont la Prusse tout entière. Ils contiennent le secret de son originalité comme nation, de sa puissance comme État, et le germe de son avenir. Ils expriment, à mon gré, les deux bases de la vraie civilisation, qui se compose à la fois de lumière et de force. »

Après ces explications générales sur le principe de l'obligation, nous ne saurions mieux faire que de placer ici les articles de la loi du 28 mars 1882 qui la proclament et qui en organisent l'application :

ART. 4. — L'instruction primaire est obligatoire pour les enfants des deux sexes âgés de six ans révolus à treize ans révolus ; elle peut être donnée soit dans les établissements d'instruction primaire ou secondaire, soit dans les écoles publiques ou libres, soit dans les familles, par le père de famille lui-même ou par toute personne qu'il aura choisie...

L'article 5 de la loi de 1882, a été modifié par la loi du 30 octobre 1886 ainsi qu'il suit :

ART. 54. — La commission municipale scolaire, instituée par l'article 5 de la loi du 28 mars 1882, est composée du maire ou d'un adjoint délégué par lui, président ; d'un des délégués du canton, et, dans les communes comprenant plusieurs cantons, d'autant de délégués qu'il y a de cantons, désignés par l'inspecteur d'académie ; de membres désignés par le conseil municipal en nombre égal, au plus, au tiers des membres de ce conseil.

Dans le cas où le conseil municipal refuserait de procéder à la nomination de ses membres, le Préfet les désignerait à son lieu et place.

ART. 55. — A Paris et à Lyon, il y a une commission scolaire pour chaque arrondissement municipal ; elle est présidée par le maire ou par un adjoint désigné par lui.

Elle est composée d'un des délégués cantonaux désignés par

l'inspecteur d'académie, et des membres désignés par le conseil municipal au nombre de 3 à 7 par arrondissement.

Art. 56. — Le mandat des membres de la commission scolaire, désignés par le conseil municipal, durera jusqu'à l'élection du nouveau conseil municipal.

Il sera toujours renouvelable.

L'inspecteur primaire fait partie de droit de toutes les commissions scolaires instituées dans son ressort.

Art. 57. — Les inéligibilités et les incompatibilités établies par les articles 32, 33 et 34 de la loi du 5 avril 1884 sur l'organisation municipale sont applicables aux membres des commissions scolaires et des délégations cantonales.

Art. 58. — La commission scolaire se réunit au moins une fois tous les trois mois sur la convocation de son président ou, a son défaut, de l'inspecteur primaire. Ses délibérations ne sont valables que si la majorité des membres est présente. Tout membre qui sans motif, reconnu légitime par la commission scolaire, aura manqué à trois séances consécutives, pourra, après avoir été admis à fournir ses explications devant le conseil départemental, être déclaré démissionnaire par ce conseil.

Il ne pourra être réélu pendant la durée des pouvoirs de la Commission.

Dans le cas où, après deux convocations, la commission scolaire ne se trouverait pas en majorité, elle pourrait néanmoins délibérer valablement sur les affaires pour lesquelles elle a été spécialement convoquée, si le maire (ou l'adjoint qui le remplace), l'inspecteur primaire et le délégué cantonal sont présents.

Une expédition des délibérations de la commission scolaire devra être adressée, dans le délai de trois jours, par son président, à l'inspecteur primaire.

La commission scolaire ne peut, dans aucun cas, s'immiscer dans l'appréciation des matières et des méthodes d'enseignement.

Art. 59. — L'inspecteur primaire, les parents ou les personnes responsables pourront faire appel des décisions des commissions scolaires.

Cet appel devra être formé dans le délai de dix jours, par simple lettre adressée au préfet et aux personnes intéressées.

Il sera porté devant le Conseil départemental statuant en dernier ressort.

Cet appel est suspensif.

Les pères, mères, tuteurs ou tutrices peuvent se faire assister ou représenter par des mandataires devant le conseil départemental

Art. 6. — Il est institué un certificat d'études primaires ; il est décerné après un examen public auquel pourront se présenter les enfants dès l'âge de onze ans.

Ceux qui, à partir de cet âge, auront obtenu le certificat d'études primaires, seront dispensés du temps de scolarité obligatoire qui leur restait à passer.

Art. 7. — Le père, le tuteur, la personne qui a la garde de l'enfant, le patron chez qui l'enfant est placé, devra, quinze jours au moins avant l'époque de la rentrée des classes, faire savoir au maire de la commune s'il entend faire donner à l'enfant l'instruction dans la famille ou dans une école publique ou privée ; dans ces deux derniers cas, il indiquera l'école choisie.

Les familles domiciliées à proximité d'une ou plusieurs écoles publiques ont la faculté de faire inscrire leurs enfants à l'une ou à l'autre de ces écoles, qu'elle soit ou non sur le territoire de leurs communes, à moins qu'elle ne compte déjà le nombre maximum d'élèves autorisé par les règlements.

En cas de contestation, et sur la demande soit du maire, soit des parents, le conseil départemental statue en dernier ressort.

Art. 8. — Chaque année, le maire dresse, d'accord avec la commission municipale scolaire, la liste de tous les enfants de six à treize ans, et avise les personnes qui ont charge de ces enfants de l'époque de la rentrée des classes.

En cas de non-déclaration, quinze jours avant l'époque de la rentrée, de la part des parents et autres personnes responsables, il inscrit d'office l'enfant à l'une des écoles publiques et en avertit la personne responsable.

Huit jours avant la rentrée des classes, il remet aux directeurs d'écoles publiques et privées la liste des enfants qui doivent suivre leurs écoles. Un double de ces listes est adressé par lui à l'inspecteur primaire.

Art. 9. — Lorsqu'un enfant quitte l'école, les parents ou les personnes responsables doivent en donner immédiatement avis au maire et indiquer de quelle façon l'enfant recevra l'instruction à l'avenir.

Art. 10. — Lorsqu'un enfant manque momentanément l'école, les parents ou les personnes responsables doivent faire connaître au directeur ou à la directrice les motifs de son absence.

Les directeurs et directrices doivent tenir un registre d'appel qui constate, pour chaque classe, l'absence des élèves inscrits. A la fin de chaque mois, ils adresseront au maire et à l'inspecteur primaire un extrait de ce registre, avec l'indication du nombre des absences et des motifs invoqués.

Les motifs d'absence seront soumis à la commission scolaire. Les seuls motifs réputés légitimes sont les suivants : maladie de l'enfant, décès d'un membre de la famille, empêchements résultant de la difficulté accidentelle des communications. Les autres circonstances exceptionnellement invoquées seront également appréciées par la commission.

ART. 11. — Tout directeur d'école privée qui ne se sera pas conformé aux prescriptions de l'article précédent sera, sur le rapport de la commission scolaire de l'instruction primaire, déféré au conseil départemental.

Le conseil départemental pourra prononcer les peines suivantes : 1° l'avertissement ; 2° la censure ; 3° la suspension pour un mois au plus, et, en cas de récidive dans l'année scolaire, pour trois mois au plus.

ART. 12. — Lorsqu'un enfant se sera absenté quatre fois dans le mois pendant une demi-journée au moins, sans justification admise par la commission scolaire, le père, le tuteur ou la personne responsable sera invité, trois jours au moins à l'avance, à comparaître dans la salle des actes de la mairie, devant ladite commission, qui lui rappellera le texte de la loi et lui expliquera son devoir.

En cas de non-comparution, sans justification admise, la commission prononcera la peine énoncée dans l'article suivant.

ART. 13. — En cas de récidive dans les douze mois qui suivront la première infraction, la commission municipale scolaire ordonnera l'inscription pendant quinze jours ou un mois, à la porte de la mairie, des nom, prénoms et qualités de la personne responsable, avec indication du fait relevé contre elle.

La même peine sera appliquée aux personnes qui n'auront pas obtempéré aux prescriptions de l'article 9.

ART. 14. — En cas d'une nouvelle récidive, la commission scolaire ou, à son défaut, l'inspecteur primaire devra adresser une plainte au juge de paix. L'infraction sera considérée comme contravention et pourra entraîner condamnation aux peines de police, conformément aux articles 479, 488 et suivants du Code pénal.

L'article 463 du même Code est applicable.

ART. 15. — La commission scolaire pourra accorder aux enfants demeurant chez leurs parents ou leur tuteur, lorsque ceux-ci en feront la demande motivée, des dispenses de fréquentation scolaire, ne pouvant dépasser trois mois par année en dehors des vacances. Ces dispenses devront, si elles excèdent quinze jours, être soumises à l'approbation de l'inspecteur primaire.

Ces dispositions ne sont pas applicables aux enfants qui suivront leurs parents ou tuteurs lorsque ces derniers s'absenteront temporairement de la commune. Dans ce cas, un avis donné verbalement ou par écrit au maire ou à l'instituteur suffira.

La commission peut aussi, avec l'approbation du Conseil départemental, dispenser les enfants employés dans l'industrie et arrivés à l'âge de l'apprentissage d'une des deux classes de la journée ; la même faculté sera accordée à tous les enfants employés, hors de leur famille, dans l'agriculture.

ART. 16. — Les enfants qui reçoivent l'instruction dans la famille doivent, chaque année, à partir de la fin de la deuxième année d'instruction obligatoire, subir un examen qui portera sur les matières de l'enseignement correspondant à leur âge dans les écoles publiques, dans des formes et suivant des programmes qui seront déterminés par arrêtés ministériels rendus en Conseil supérieur.

Le jury d'examen sera composé de : l'inspecteur primaire, ou son délégué, président; un délégué cantonal; une personne munie d'un diplôme universitaire ou d'un brevet de capacité; les juges seront choisis par l'inspecteur d'académie. Pour l'examen des filles, la brevetée devra être une femme.

C'est ainsi que la loi de 1882 a organisé l'obligation scolaire déjà instituée, avant de l'être en France, dans un grand nombre d'États européens. Avec les précautions qu'elle a prises et les sanctions si douces qu'elle a établies, on peut espérer que le principe de l'obligation passera bientôt dans nos mœurs comme il a déjà passé dans nos lois.

138. **Gratuité de l'instruction primaire.** — La loi du 16 juin 1881 a établi la gratuité absolue de l'enseignement primaire. Pour les indigents, la gratuité était la conséquence nécessaire de l'obligation scolaire. Il est évident qu'on ne pouvait imposer à des parents nécessiteux l'obligation de donner à leurs enfants l'instruction, si cette obligation avait pour conséquence le payement d'une rétribution scolaire, quelque minime qu'elle fût. Pour les parents non indigents, la gratuité n'était pas au même degré une dette de l'État; mais, pour assurer l'égalité et pour empêcher qu'il n'y eût à l'école deux catégories d'élèves, le législateur a cru convenable d'établir la gratuité absolue, en répartissant entre l'État, les départements et les communes, les charges financières qui résultent de la gratuité.

Voici les dispositions essentielles de la loi du 16 juin 1881 :

ART. 2. — Les quatre centimes spéciaux créés par les articles 40 de la loi du 15 mars 1850 et 7 de la loi du 19 juillet 1875, pour le service de l'instruction primaire, sont obligatoires pour toutes les communes et compris dans leurs ressources ordinaires.

Les communes auront la faculté de s'exonérer de tout ou partie de ces quatre centimes en inscrivant au budget, avec la même destination, une somme égale au produit des centimes supprimés, somme qui pourra être prise soit sur le revenu des dons et legs, soit sur une portion quelconque de leurs ressources ordinaires et extraordinaires.

Art. 3. — Les prélèvements à effectuer en faveur de l'instruction primaire sur les revenus ordinaires des communes, en vertu de l'article 40 de la loi du 15 mars 1850, porteront exclusivement sur les ressources ci-après énumérées :

1° Les revenus en argent des biens communaux ;

2° La part revenant à la commune sur l'imposition des chevaux et voitures et sur les permis de chasse ;

3° La taxe sur les chiens ;

4° Le produit net des taxes ordinaires d'octroi ;

5° Les droits de voirie et les droits de location aux halles, foires et marchés.

Ces revenus sont affectés, jusqu'à concurrence d'un cinquième, aux dépenses ordinaires et obligatoires afférentes à la commune pour le service de ses écoles primaires publiques.

Sont désormais exemptées de tout prélèvement sur leurs revenus ordinaires les communes dans lesquelles la valeur du centime additionnel au principal des quatre contributions directes n'atteint pas vingt francs (20 fr.).

Art. 4. — Les quatre centimes spéciaux établis par les articles 40 de la loi du 15 mars 1850, 14 de la loi du 10 avril 1867 et 7 de la loi du 19 juillet 1875, au principal des quatre contributions directes, pour le service de l'instruction primaire, sont obligatoires pour les départements.

Toutefois, les départements auront la faculté de s'exonérer de tout ou partie de cette imposition en inscrivant à leur budget, avec la même destination, une somme égale au produit des centimes supprimés, somme qui pourra être prise soit sur le revenu des dons et legs, soit sur une portion quelconque de leurs ressources ordinaires ou extraordinaires.

139. Laïcité de l'enseignement primaire. — Les écoles publiques fondées et entretenues par l'État, ou au nom de l'État, ne sauraient être des écoles confessionnelles, inféodées à tel ou tel culte. De là le principe de la laïcité, ou de la neutralité de l'école, qui a été sanctionné par la loi du 28 mars (art. 2 et 3), et qui a été défendu, à la Chambre des députés et au Sénat, par M. Paul Bert et par M. Ribière, dans les termes suivants :

« ... Nous ne voulons plus, disait M. Paul Bert, l'école esclave de l'Église, mais indépendante. Nous ne voulons plus l'instituteur dépendant de l'Église, mais l'instituteur libre dans son école. En même temps, nous laissons le prêtre libre dans l'église. A l'un nous attribuons la science, ce qui se démontre ; à l'autre nous donnons plein pouvoir dans le domaine de la foi, de ce qui se croit ; à l'un le domaine de ce que l'on comprend avec les seules lumières de la raison, à l'autre celui dans lequel il faut faire intervenir la lumière de la grâce ; à tous deux la protection, le respect, la liberté. De cette manière, nous séparons ces deux domaines, nous laissons chacun libre, nous évitons les conflits et nous assurons la paix publique... »

« La sécularisation de l'école, ou, si l'on veut, la laïcisation du programme, disait de son côté M. Ribière, apparaît d'abord comme une conséquence forcée du système de l'obligation. Sous l'empire de la loi de 1850, le père de famille, libre de donner ou de ne pas donner à ses enfants l'instruction primaire, pouvait, à la rigueur, les soustraire à un enseignement confessionnel et dogmatique en opposition avec ses idées religieuses ou ses sentiments intimes ; avec la loi projetée, un très grand nombre de pères de famille devront, eu fait, envoyer leurs enfants à l'école publique ; il est donc nécessaire que cette école n'ait à aucun degré le caractère d'école confessionnelle. Autrement, que deviendraient la liberté et le respect qui sont dus à toutes les opinions, philosophiques ou religieuses, des pères de famille, à celles qui pourront être, dans un âge plus avancé, adoptées par les enfants eux-mêmes, à celles des instituteurs pour lesquels, comme pour tous, le choix d'une fonction ou d'un état doit rester indépendant du choix d'une doctrine ou d'un culte religieux ?

« Qu'on ne prétende pas d'ailleurs que cet enseignement, en ce qui concerne le rôle de l'instituteur, était donné dans des proportions si modestes qu'il ne pouvait causer aucune inquiétude aux pères de famille dont les opinions étaient différentes ; le droit de surveillance et d'inspection exercé par les ministres des différents cultes en était la conséquence obligée ; l'influence ecclésiastique tendait à prévaloir sur l'influence pédagogique ; et l'école elle-même se prêtait à ce mélange, ou tout au moins à cette juxtaposition de doctrines confessionnelles en désaccord entre elles, en désaccord avec les doctrines philosophiques ; de là pouvait naître ce germe de doute et de division dont il est sage de préserver, au moins dans les écoles publiques, l'esprit des jeunes enfants...

« L'école primaire ouverte à tous, ne devant dépendre d'aucune secte, d'aucune doctrine confessionnelle, ne devant être ni religieuse ni antireligieuse, doit être, par conséquent, l'école sécularisée, l'école neutre, l'école laïque. »

140. Conseil supérieur de l'instruction publique.

— Auprès du ministère de l'instruction publique, comme auprès de presque tous les ministères, est établi un conseil permanent, composé d'hommes spéciaux qui, par leur expérience, leurs connaissances techniques, sont en mesure d'aider le ministre à diriger les affaires de son département, et surtout à y introduire des réformes.

Créé en 1808 par Napoléon Ier, lors de la fondation de l'Université, le Conseil de l'instruction publique a été souvent modifié, soit dans sa composition, soit dans ses attributions. En dernier lieu, sous le second Empire, on y avait introduit des archevêques et des évêques, des magistrats, des conseillers d'État, des généraux, qui formaient la majorité du conseil; on n'y avait maintenu que huit représentants des écoles publiques, nommés d'ailleurs par le gouvernement. C'était dénaturer et fausser le caractère de l'institution, et constituer, non un conseil compétent, bienveillant et favorable à l'Université, mais une sorte de comité de surveillance qui ne péchait point par excès de sympathie pour l'instruction publique. Aussi, dès la chute de l'Empire, la réorganisation du Conseil supérieur de l'instruction publique devint une question à l'ordre du jour, et la loi du 25 mars 1873 faisait déjà une part plus large et plus équitable aux représentants directs de l'enseignement, en même temps qu'elle admettait le principe de l'élection. Un nouveau progrès a été accompli, grâce à la loi du 27 février 1880, qui règle définitivement la composition et les attributions du conseil. (Voyez aussi l'arrêté ministériel du 16 mars 1880.)

141. Composition du Conseil supérieur. — Le Conseil supérieur de l'instruction publique comprend cinquante-huit membres, qui appartiennent tous à l'enseignement public ou privé. Ce sont d'abord quarante membres élus par les divers corps universitaires : deux professeurs du Collège de France; un professeur du Muséum; un professeur des Facultés de théologie catholiques; un professeur des Facultés de théologie protestantes; huit professeurs de Facultés, élus par les Facultés de droit, de médecine, des sciences et des lettres; un professeur des Écoles supérieures de pharmacie; deux délégués de l'École normale supérieure; un délégué de l'École normale d'enseignement spécial; des délégués de chacune des écoles ci-après désignées : l'École des chartes, l'École des langues orientales, l'École polytechnique, l'École des beaux-arts, le Conservatoire des arts et métiers, l'École centrale des arts et manufactures, l'Institut agronomique; pour l'enseignement secondaire, huit agrégés en exercice (grammaire, lettres, philosophie, mathématiques, sciences physiques et naturelles, langues vivantes, enseignement spécial), représentant les lycées; deux délégués des collèges communaux, l'un dans l'ordre des lettres, l'autre dans l'ordre des sciences; enfin, pour l'enseignement primaire, six délégués. Tous ces membres universitaires du Conseil supérieur sont élus par leurs collègues. Les membres de l'enseignement primaire sont élus par le directeur de l'enseignement primaire de la Seine, les inspecteurs d'académie des départements, les directeurs et directrices des écoles normales primaires, les inspecteurs d'académie, les directeurs et directrices des écoles normales primaires, la directrice de l'école Pape-Carpantier, les inspectrices générales et les déléguées des salles d'asile, les inspecteurs primaires, et aussi, d'après l'article 51 de la loi du 30 octobre 1880 par les directeurs et directrices d'écoles primaires supérieures, et par les instituteurs et les institutrices nommés membres du conseil départemental.

On a donné aussi entrée au Conseil supérieur aux représentants de l'enseignement libre. Quatre membres de cet enseignement sont nommés par le Président de la République, sur la proposition du ministre.

Les cinq sections de l'Institut élisent chacun. un membre du Conseil supérieur.

Enfin, neuf autres membres sont nommés par décret du Président de la République, parmi les fonctionnaires en exercice ou les anciens fonctionnaires de l'Université.

Le Conseil, ainsi composé, représente réellement toutes les forces scientifiques et littéraires de la France. Il offre des garanties incontestables de compétence et d'équité.

Tous les membres du Conseil, élus ou nommés par décret, ne restent en fonction que pendant quatre ans; mais ils sont indéfiniment rééligibles.

142. Organisation et attributions du Conseil supérieur. — Le Conseil supérieur siège deux fois par an en assemblée générale. Le ministre le convoque pour ces deux sessions ordinaires; il peut, en cas de nécessité, le convoquer extraordinairement.

Mais il y a une partie du conseil qui est permanente : c'est ce qu'on appelle la *section permanente*, composée des neuf membres nommés par décret, plus six autres membres désignés par le ministre parmi les membres élus.

La section permanente étudie les programmes ,et règlements avant qu'ils soient soumis à l'examen de l'assemblée générale. Elle donne son avis sur les créations de facultés, lycées, collèges, écoles normales, écoles primaires; sur les créations et transformations de chaires; sur les livres de classe, de bibliothèque et de prix qui peuvent être introduits dans les écoles publiques, et enfin sur toutes les questions d'études, d'administration et de discipline qui lui sont renvoyées par le ministre.

De son côté, le conseil donne son avis :

Sur les programmes, méthodes d'enseignement, modes d'examen, règlements administratifs et disciplinaires relatifs aux écoles publiques, déjà élaborés par la section permanente ;

Sur les règlements relatifs aux examens qui sont communs aux élèves des écoles publiques et des écoles libres ;

Sur les règlements relatifs à la surveillance des écoles libres ;

Sur les livres d'enseignement, de lecture et de prix qui doivent être interdits dans les écoles libres, comme contraires à la morale, à la Constitution ou aux lois;

Sur les règlements relatifs aux demandes formées par les étrangers pour être autorisés à enseigner, à ouvrir ou à diriger une école.

143. Le Conseil supérieur, tribunal universitaire. — Le Conseil supérieur statue en dernier ressort sur les jugements rendus par les conseils académiques dans les affaires contentieuses relatives :

1° A l'obtention des grades et aux concours devant les facultés ;

2° A la révocation, au retrait d'emploi, à la suspension et à la mutation pour emploi inférieur des professeurs titulaires de l'enseignement supérieur ou secondaire public ;

3° A l'interdiction du droit d'enseigner ou de diriger un établissement d'enseignement, prononcée contre un membre de l'enseignement public ou libre ;

4° A l'exclusion des étudiants de l'enseignement public ou libre de toutes les académies réunies.

Dans les trois derniers cas, la décision doit être prise aux deux tiers des suffrages.

Le conseil supérieur statue également, en appel et en dernier ressort, sur les jugements rendus par les conseils départementaux, lorsque ces jugements prononcent l'interdiction absolue d'enseigner contre un instituteur primaire, public ou libre.

144. Autres Conseils et tribunaux universitaires. — Le Conseil supérieur est la juridiction suprême. Au-dessous se placent : 1° le conseil académique, qui est surtout une juridiction d'enseignement secondaire et d'enseignement supérieur; 2° le conseil départemental, auquel sont soumises les affaires relatives à l'enseignement primaire.

— Le conseil académique est institué dans chacune des dix-sept académies. Il est présidé par le recteur, et comprend : les inspecteurs d'académie du ressort, les doyens des facultés, les directeurs des écoles supérieures de pharmacie de l'État et les directeurs des écoles de plein exercice et préparatoires de médecine et de pharmacie du ressort, des professeurs de facultés élus par leurs collègues, à raison d'un par faculté et par école préparatoire; quatre professeurs de lycées élus par leurs collègues; deux professeurs de collèges communaux élus aussi par leurs collègues. En outre, le ministre nomme pour quatre ans quatre autres membres des conseils académiques, deux conseillers généraux et deux conseillers municipaux.

Pour les affaires disciplinaires ou contentieuses intéressant les membres de l'enseignement libre, deux membres de l'enseignement libre, nommés par le ministre, sont adjoints au conseil académique.

Le conseil académique se réunit deux fois par an en séance ordinaire.

Le conseil académique donne son avis sur les reglements relatifs aux collèges communaux, aux lycées et aux établissements publics d'enseignement supérieur; sur les budgets et comptes d'administration de ces établissements; sur toutes les questions d'administration et de discipline concernant ces mêmes établissements qui lui sont renvoyées par le ministre.

Il adresse, chaque année, au ministre un rapport sur la situation des établissements d'enseignement secondaire et supérieur et sur les améliorations qui peuvent y être introduites.

Il est saisi par le ministre ou la section des affaires contentieuses ou disciplinaires relatives aux membres de l'enseignement secondaire ou supérieur, public ou libre; il les instruit et prononce, sauf recours au conseil supérieur, les décisions et les peines à appliquer.

— Le conseil départemental de l'enseignement primaire, réorganisé par la loi du 30 octobre 1886 est composé ainsi qu'il suit :

1° Le préfet, président ;

2° L'inspecteur d'académie, vice-président ;

3° Quatre conseillers généraux élus par leurs collègues ;

4° Le directeur de l'école normale d'instituteurs et la directrice de l'école normale d'institutrices ;

5° Deux instituteurs et deux institutrices élus respectivement par les instituteurs et institutrices publics
titulaires du département, et éligibles soit parmi les
directeurs et directrices d'écoles à plusieurs classes ou
d'écoles annexes à l'école normale, soit parmi les
instituteurs et institutrices en retraite ;

6° Deux inspecteurs de l'enseignement primaire
désignés par le ministre.

Aucun membre du conseil ne peut se faire remplacer.

Pour les affaires contentieuses et disciplinaires intéressant les membres de l'enseignement privé, deux
membres de l'enseignement privé, l'un laïque, l'autre
congréganiste, élus par leurs collègues respectifs,
sont adjoints au conseil départemental.

Dans le département de la Seine le nombre des conseillers généraux est de huit, celui des inspecteurs
primaires est de quatre et celui des membres élus de
quatorze.

Le Conseil départemental fixe le nombre, la nature
et le siège des écoles primaires publiques, ainsi que le
nombre des maîtres. (Art. 13). Il autorise les communes
à se réunir pour l'établissement ou l'entretien d'une
école. (Art. 11.) Il peut déléguer au tiers de ses membres le droit d'inspecter les écoles publiques et privées. (Art. 50.) Il arrête pour chaque département
l'organisation pédagogique des diverses catégories
d'établissements. (Art. 16.) D'autres attributions
encore lui sont conférées par l'article 48.

Comme assemblée judiciaire, le conseil départemental prononce, sauf recours au conseil supérieur :
sur les affaires contentieuses relatives à l'ouverture
des écoles libres et à l'exercice du droit d'enseigner,
sur les poursuites dirigées contre les membres de l'instruction primaire publique et tendant à l'interdiction
d'exercer la profession d'instituteur libre, de chef
ou professeur d'établissement libre ; enfin, dans les
cas déterminés par la loi du 30 octobre 1880
(Art. 30, 31, 32, 33), sur les affaires disciplinaires
relatives aux instituteurs primaires, publics ou libres.

CHAPITRE X

L'impôt. — La légitimité. — L'égalité devant l'impôt. — Diverses formes de l'impôt.

145. Principe de l'impôt. — On appelle *impôt* tout prélèvement opéré sur les ressources et le travail des particuliers en vue de subvenir aux dépenses des services publics.

Il serait préférable d'employer aujourd'hui l'expression de *contribution.* Jusqu'en 1789, en effet, le pouvoir *imposait* réellement la somme à payer sans que la nation fût mise à même de la discuter. Mais depuis cette époque ce sont les mandataires de la nation qui votent les contributions, et en fait c'est la nation elle-même qui, par l'organe de ses représentants, fixe chaque année la somme que le gouvernement est autorisé à demander aux contribuables. (Déclaration du 26 août 1789, art. 14; Constitution du 3 septembre 1791, titre III, chap. III.) Chaque habitant de la France peut donc être considéré comme ayant voulu *contribuer* aux dépenses générales du pays. Il convient d'insister sur cette remarque, tout en maintenant l'expression d'impôt qui a été consacrée par l'usage.

Toute perception d'un impôt non autorisé par les Chambres constituerait, de la part de son auteur, le crime de concussion, et le rendrait justiciable de la cour d'assises, ainsi que tous ceux qui l'auraient aidé à le prélever. (Loi du 15 mai 1818; Code pénal, art. 174.) Dans ce cas, tout citoyen aurait le droit de refuser de payer.

L'impôt ayant pour principe la nécessité de pourvoir aux services publics et tous les citoyens bénéficiant de ces services, l'impôt est *obligatoire* pour tous. Il n'est permis à personne de s'y soustraire.

De plus, l'impôt doit être *proportionnel*, c'est-à-dire que tout citoyen doit subvenir aux dépenses publiques proportionnellement à ses facultés, et par facultés il faut entendre non seulement ce que chacun gagne, mais ce que chacun possède. Celui qui a, par exemple, deux fois plus de terres paye un impôt deux fois plus grand; celui qui a trois fois plus de terres paye un impôt trois fois plus grand, etc. L'impôt suit donc une proportion mathématique.

146. Assiette de l'impôt. — Aussi, des nombreuses règles qui ont été données pour l'assiette de l'impôt, doit-on admettre comme incontestables les deux suivantes :

I. L'impôt doit être basé sur le principe d'*égalité*, et payé par tout le monde, c'est-à-dire par tous ceux qui peuvent le payer.

II. L'impôt doit être *proportionnel au revenu des*

citoyens, et non au capital, qui ne saurait être pris en considération pour la fixation de l'impôt direct, attendu que les capitaux peuvent demeurer improductifs pendant quelque temps, par exemple, un terrain non bâti dans une ville, et que, d'autre part, si l'on n'imposait que le capital, ceux qui n'ont que des revenus, tels que les fonctionnaires, les ouvriers, seraient complètement soustraits à l'obligation de la contribution directe. Ce serait une atteinte grave au principe de l'égalité de tous devant l'impôt.

147. Critique de l'impôt progressif. — Certains économistes se sont demandé si l'impôt devait être simplement proportionnel à la fortune ou aux dépenses des individus, ou s'il ne serait pas plus conforme à la justice de le rendre *progressif*. D'après ce système, ceux qui ne parviennent qu'à gagner ce qui leur est absolument nécessaire seraient exonérés de toute contribution, même indirecte, aux dépenses sociales. Mais dès qu'un individu, soit par sa position de fortune, soit par son travail journalier, serait assuré de revenus dépassant ses besoins de nécessité, il deviendrait passible de l'impôt, et sa part d'impôt ne serait pas proportionnelle à son excédent de revenu, mais serait fixée d'après une échelle croissante dont le taux s'élèverait à mesure que cet excédent deviendrait plus considérable. Ainsi, au plus bas degré, on pourrait exiger 1 p. 0/0 sur l'excédent, et l'échelle pourrait s'élever jusqu'à 20, 30 ou même 50 p. 0/0 pour les degrés supérieurs.

Les inconvénients que présente l'impôt progressif sont des plus graves. Il est *injuste* en principe, puisqu'il frapperait plusieurs unités de revenu d'une façon plus forte par cette seule raison qu'elles sont dans une seule main au lieu d'être dans plusieurs. En outre, *dans l'application*, l'impôt progressif entraînerait des recherches minutieuses, vexatoires, destructives de toute liberté individuelle, découragerait l'épargne, ou tout au moins produirait ce déplorable résultat que l'épargne sortirait de notre pays pour se réfugier dans ceux où l'impôt progressif ne serait pas appliqué.

148. Nécessité et légitimité de l'impôt. — Toute société régulièrement constituée a besoin, pour assurer à chacun de ses membres la sécurité et les avantages qu'il a droit d'en attendre, d'avoir de nombreux agents qui veillent, chacun dans les limites de ses attributions, à l'exécution des lois faites dans l'intérêt de tous. Or tous ces agents doivent être rémunérés pour les services qu'ils rendent à la société, ils doivent trouver dans l'exercice de leurs fonctions la rétribution qu'ils trouveraient dans d'autres travaux, s'ils ne consacraient tout leur travail à la société. La société doit les payer, et pour qu'elle les paye il faut que tous les citoyens contribuent pour une part dans cette dépense nécessaire.

De plus, pour que l'État soit florissant, pour que le commerce distribue largement les produits de toute sorte, pour que l'industrie puisse créer en abondance tous les objets qui servent à l'alimentation, au vêtement, à rendre la vie douce et agréable, il y a de grands travaux à accomplir : des routes à ouvrir, des canaux et des chemins de fer à construire, des ports à creuser, des rues à paver, à éclairer dans les villes, etc. Ces travaux apportent à tous les citoyens plus de commodités, de bien-être, et dès lors tout le monde doit contribuer pour une part dans la dépense.

Ces considérations prouvent surabondamment la nécessité et la légitimité de l'impôt, ou, en d'autres termes, des contributions imposées aux citoyens sous une forme ou sous une autre.

Toute exemption d'impôt, a écrit M. Thiers, est une iniquité. L'exemption accordée autrefois aux nobles et au clergé, quoiqu'elle ne fût pas une injustice dans l'origine, l'était devenue avec le temps. Les premières contributions ayant eu pour objet d'entretenir les gens de guerre, il était naturel que les seigneurs, servant en personne, ne payassent pas l'impôt. Ils l'acquittaient en nature. Mais plus tard, quand la noblesse ne fut plus qu'un titre, cette exemption avait dégénéré en un privilège sans motif, et par conséquent sans justice.

Quant au clergé, la terre était son salaire. Dès lors elle pouvait être considérée comme naturellement exempté des charges publiques. Avec le temps, cette forme de salaire ayant dépassé une juste mesure, étant devenue contraire à toute bonne culture, la terre et l'exemption de l'impôt disparurent en 1789.

Depuis cette époque, le principe que chacun, sans exception, doit l'impôt suivant ce qu'il gagne et ce qu'il possède a été reconnu comme le vrai principe, que la révolution de 1789 est venue inaugurer dans le monde.

Voici, selon M. Fréd. Passy, les conditions nécessaires pour qu'un impôt soit légitime :

1° Il doit être proportionnel, c'est-à-dire réparti de façon à n'exiger de chaque contribuable qu'une quote-part proportionnée au chiffre total de son revenu particulier ;

2° La quote-part d'impôt ainsi que l'époque et la forme du payement doivent être suffisamment connues de tous, pour exclure toute contestation et toute décision arbitraire ;

3° La perception doit être faite aux époques et sous les formes les moins incommodes pour les redevables ;

4° L'impôt doit être organisé de manière à n'entraîner que les moindres frais de perception possibles.

En résumé, l'impôt n'est utile que parce qu'il est nécessaire, et il n'est utile que dans les limites mêmes de sa nécessité.

149. Subdivision des impôts. — Il y a deux sortes de contributions ou impôts : *l'impôt direct* et *l'impôt indirect*.

L'impôt *direct* est celui qui est demandé directement et nominativement au contribuable, suivant certaines indications palpables : la possession d'une maison, l'exercice d'une industrie ou d'un commerce.

L'impôt *indirect* est celui qui est demandé par voie de tarifs sur les marchandises, soit au lieu de production, soit pendant la circulation, soit chez le marchand, sans qu'on puisse déterminer à l'avance quelle est la personne qui payera cette contribution.

Si l'impôt dont il s'agit est perçu à l'entrée ou à la sortie de la frontière de l'Etat, on l'appelle *droit de douane;* s'il est perçu à l'entrée ou à la sortie de la commune, on l'appelle *droit d'octroi.*

Ces impôts portent encore le nom d'*impôts de consommation* ou *sur la consommation.*

Certains économistes ont discuté la question de savoir si les impôts directs ne devraient pas être préférés, à l'exclusion des impôts indirects. On ne saurait nier que les impôts directs, qui ne portent que sur les citoyens possédant des ressources, soit par leur travail, soit par leurs biens, ne soient plus facilement proportionnables à la fortune de chacun. Ils présentent de plus cet avantage de permettre à chaque contribuable de connaître à l'avance, exactement, pour quelle somme il participe aux dépenses publiques et de se rendre aisément compte de toute augmentation ou de toute diminution d'impôt. Enfin, a-t-on ajouté, les impôts directs doivent être préférés parce qu'ils ne s'adressent qu'aux riches, à ceux qui possèdent et sont en mesure de payer, tandis que les impôts indirects frappent indistinctement sur tout le monde, et particulièrement sur les pauvres.

Mais, étant donnés les besoins absolus de l'État, il faut de deux choses l'une : ou que le peuple paye des impôts, et ce ne peuvent guère être que des impôts indirects, ou que les riches en payent de tellement énormes que cela équivaudrait à la suppression des richesses. Or, sans richesses, le commerce, l'industrie, tous les métiers de luxe dépérissent; les ouvriers manquant de travail, la misère devient générale. Il est évident qu'aucun gouvernement éclairé ne saurait accepter de pareilles conséquences.

La vérité est que, sans doute, il faut tenir un compte raisonnable des réformes qu'il est possible de réaliser pour diminuer le poids qui retombe sur les épaules du pauvre, mais que le concours des deux contributions est nécessaire pour atteindre la fortune de chacun, sous toutes les formes.

150. Contributions directes. — Les contributions directes se distinguent en grandes et en petites.

Les *quatre grandes contributions directes* sont ·

1° L'*impôt foncier*, qui est payé par tous les propriétaires d'immeubles bâtis ou non bâtis, situés en ville ou à la campagne. (Loi du 3 frimaire an VII, art. 1 à 5.) Le revenu *net*, sur lequel est basé l'impôt foncier, est établi par une opération dite *cadastre* qui a pour but de délimiter tous les biens-fonds, leur contenance, leur mode d'exploitation et le revenu qu'ils produisent. Le revenu net *imposable* est tout ce qui reste, déduction faite des frais de production et d'entretien.

2° La *contribution personnelle et mobilière* due par chaque habitant français et par chaque étranger de tout sexe jouissant de ses droits et non réputé indigent. Elle se compose de deux taxes distinctes :

a) La taxe personnelle, qui équivaut à trois journées de travail, le prix de la journée de travail étant établi par le Conseil général du département. Cette taxe est la même pour tous les habitants d'une commune ;

b) La cote mobilière, basée sur la valeur d'habitation des locaux que l'on occupe, à quelque titre qu'on les occupe. (Loi du 21 avril 1832, titre II, art. 12.) Ces deux contributions sont dues au 1ᵉʳ janvier pour l'année entière.

3° La *contribution des portes et fenêtres*, qui frappe les portes et fenêtres des locaux servant à l'habitation, et qui est due par tout locataire, d'après ce principe que plus la maison habitée par lui est éclairée, plus elle est agréable à habiter. (Loi du 4 frimaire an VII ; loi du 21 avril 1832, art. 24.) En sont exemptées les ouvertures des pièces dont la destination est autre, comme les ouvertures des granges, étables, greniers, serres, etc.

4° La *contribution des patentes,* due par tout individu qui exerce pour son compte personnel un commerce, une industrie, une profession. (Loi du 25 avril 1844, art. 1, 3.) Par cette contribution on a voulu faire participer l'État au bénéfice que le commerce retire des capitaux mobiliers. La patente se compose d'un droit *fixe* et d'un droit *proportionnel* en rapport avec la population de la localité où se trouve située l'industrie, la valeur locative de l'établissement et l'importance des affaires. Les patentables qui exercent plusieurs commerces, industries ou professions, même dans des communes différentes, doivent seulement la patente pour l'industrie, le commerce ou la profession qui donne lieu au plus fort droit fixe.

Sont exempts de tout droit de patente : les fonctionnaires publics, les professeurs et instituteurs, les employés salariés, les artistes, les éditeurs de feuilles périodiques, les laboureurs et cultivateurs, les concessionnaires de mines ou de marais salants, les pêcheurs, les sociétés en commandite, les caisses d'épargne, les assurances mutuelles, certains marchands ambulants.

Il importe d'ajouter que, dans les villes pourvues d'un octroi, le conseil municipal a la faculté d'exempter tout ou partie de la population de la contribution personnelle et mobilière, à la condition d'y suppléer en versant à l'État une somme prélevée sur les produits de l'octroi. C'est ce qui existe notamment à Paris en faveur des habitants dont le loyer n'excède pas 400 francs. (Loi du 21 avril 1832, art. 20.)

Parmi les *petites contributions directes* on peut citer : la taxe des biens de mainmorte, la redevance des mines, le droit de vérification des poids et mesures, les centimes additionnels, la contribution des chevaux et voitures, la taxe sur les billards, sur les cercles, les sociétés, les lieux de réunion, ce que doivent payer les agents de change et les courtiers.pour l'entretien des bourses et des chambres de commerce, les propriétaires riverains pour entretien ét réparation des digues et pour curage des rivières et canaux, etc.

La loi même du budget voté par les Chambres fixe le contingent de chaque département. La contribution des patentes étant un impôt de .quotité (V. n° 152), la loi de finances n'en présente le montant que par approximation et sauf l'application du tarif dans chaque département. La répartition des autres contributions directes entre les arrondissements est faite par le conseil général; la sous-répartition entre les communes est faite par le conseil d'arrondissement. Les tableaux de répartition sont remis par le préfet au directeur des contributions directes, qui dresse les rôles en tenant compte des rectifications rendues nécessaires par les réclamations des arrondissements et des communes, en ajoutant les centimes additionnels[1] et en répartissant l'impôt entre tous les con-

1. Soit pour augmenter les recettes du budget, soit pour subvenir aux dépenses locales des départements et des communes, soit enfin pour parer aux non-valeurs et couvrir les frais inhérents à la perception, les contributions directes sont accrues par des suppléments proportionnels calculés au marc le franc du principal. Ces suppléments proportionnels prennent le nom de *centimes additionnels.*

Les centimes additionnels se divisent en centimes généraux, centimes départementaux et centimes communaux. Les lois de finances déterminent annuellement la quotité et l'affectation des centimes généraux, qui sont imposés comme le principal même des contributions. Les centimes départementaux sont votés par les conseils généraux des départements, les centimes communaux par les conseils municipaux.

La commune et le département ne peuvent pas imposer un nombre illimité de centimes : la loi a fixé un maximum. Chaque fois que la commune ou le département ont atteint ce maximum, l'État intervient et accorde des subventions pour combler le déficit.

tribuables. Ce travail commence au 1ᵉʳ octobre ; au 1ᵉʳ janvier, les rôles doivent être remis au préfet et au receveur général, et la perception commence.

Sauf les deux exceptions signalées plus haut, la contribution est acquise par douzième. Le contribuable peut payer tout à la fois ou par parties ; mais il faut qu'il ait au moins acquitté le 1ᵉʳ du mois les contributions du mois précédent, sous peine d'encourir des poursuites.

L'administration centrale des contributions directes se compose d'un *directeur général*, fonctionnaire du ministère des finances, qui a sous ses ordres, dans chaque département, un *directeur* chargé de la direction et de la surveillance générale du service, un ou plusieurs *inspecteurs*, et des *contrôleurs* de toute classe, chargés de surveiller l'administration des agents publics et des officiers comptables.

Des réclamations peuvent se produire au sujet de l'établissement des contributions directes.

Par exemple, un individu a été imposé pour un bien qu'il n'a pas ou n'a plus, ou bien porté pour la contribution personnelle et mobilière dans une commune où il n'a pas d'habitation, ou bien encore, dans sa cote, il y a violation de l'égalité proportionnelle, erreur de cotisation ou de calcul. Cet individu, lésé dans son droit, peut réclamer soit un dégrèvement total, soit une réduction partielle. Ces sortes de réclamations sont dites *contentieuses* et jugées par le conseil de préfecture.

Les demandes en remise ou en diminution basées non plus sur le mal fondé de la perception, mais sur l'insuffisance des ressources du pétitionnaire, sont dites *gracieuses* et jugées par le préfet seul.

Le recouvrement des contributions directes a lieu de la manière suivante : le contribuable reçoit, chaque année, un *avertissement* lui exposant la nature et la quotité de ses impositions, divisées en douze portions égales et payables de mois en mois, tant qu'une loi particulière n'en a pas autrement ordonné. En cas de retard, il est mis en demeure, par une *sommation sans frais*, d'avoir à payer dans les dix jours. Ce délai expiré, si le contribuable n'a pas payé, il reçoit d'abord une *sommation avec frais*, et, trois jours après, le *commandement* lui est signifié. Après un nouveau délai de trois jours, en cas de non-payement, la *saisie* est prononcée, c'est-à-dire que le contribuable est dépossédé de ses meubles, lesquels sont mis en vente jusqu'à concurrence du principal des contributions et du montant des frais.

151. Contributions indirectes. — Les contributions indirectes, obtenues, comme nous l'avons dit, par voie de tarifs sur les marchandises, sont acquittées en gros par les marchands ou fabricants, qui se les font rembourser en détail par les consommateurs, en augmentant d'autant le prix de leurs marchandises. On les appelle indirectes, parce que l'État ne reçoit pas ces contributions directement des mains de ceux qui les payent en réalité.

Les contributions indirectes sont très nombreuses et très variées. On peut les diviser en impôts de consommation, en droit de douane et en droits d'enregistrement et de timbre.

a) Impôts de consommation. — Ces impôts sont de deux sortes : 1° ceux qui portent sur des objets de luxe, tels que les cartes à jouer et le tabac, dont l'État s'est réservé le monopole, la fabrication de l'or et de l'argent, la poudre de chasse, etc. ; 2° ceux qui portent sur des objets de nécessité, tels que les boissons, le sel, le sucre, les allumettes, le papier, les huiles minérales, le savon, etc.

Les premiers de ces impôts ne frappent que des objets dont l'usage est facultatif, n'atteignent que des dépenses qui n'ont rien d'obligatoire, et sont à l'abri de toute critique. Mais on n'en saurait dire autant des seconds, qui frappent les objets les plus nécessaires à la vie, et qui présentent le triple incon-

vénient d'élever le prix de ces objets, d'en rendre la
consommation plus difficile et de peser aussi lourdement sur le pauvre que sur le riche. Ces impôts, par
la raison même qu'ils atteignent tous les contribuables, sont pour l'État une source importante de
revenus ; mais l'État ne doit y faire appel que dans
la stricte limite de ses besoins, et s'attacher à les
diminuer autant que possible du moment qu'il peut
assurer d'autre part les intérêts généraux du pays.

b) Droits de douane. — On appelle droits de douane
les sommes perçues à la frontière sur les marchandises et denrées à l'importation et à l'exportation.
(V. n° 29, l'exposé des conditions dans lesquelles
ces droits doivent être établis pour ne pas entraver
(le libre échange. *Économie politique.*)

Les tarifs douaniers sont fixés par la loi. Les marchandises doivent être déclarées par l'expéditeur.
C'est le plus souvent d'après le poids et le nombre que
ces droits sont perçus ; dans plusieurs cas, cependant,
le droit est perçu d'après la valeur. Trente mille
douaniers, organisés militairement, prêtent leur concours à l'administration des douanes.

Le transport clandestin et frauduleux de marchandises prohibées à l'entrée ou à la sortie, ou d'objets
soumis à certains droits, sans acquitter ces droits,
constitue la *contrebande,* qui est un véritable vol
commis au préjudice de l'État. Les contrebandiers
sont passibles de peines correctionnelles.

c) Droits d'enregistrement et de timbre. — L'inscription sur des registres publics des actes passés
devant des officiers ministériels, ou des actes émanant de ces officiers (notaires, avoués, huissiers, etc.)
concernant une procédure judiciaire, donne lieu à la
perception d'un droit, *proportionnel* quand ces actes
contiennent transmission de propriété, de valeurs
quelconques, *fixe* dans tous les autres cas. Cette inscription a pour but de garantir à ces actes une date
certaine et une authenticité incontestable.

Les actes sous seing privé ne sont soumis à la formalité de l'enregistrement qu'autant que l'on en veut faire usage en justice ; toutefois, ceux de ces actes qui contiennent transmission de propriété ou d'usufruit d'immeubles, baux à ferme ou à loyer, doivent être enregistrés dans les trois mois. (V. Loi du 22 frimaire an VII, art. 34; Code civil, art. 1328.)

Le *timbre* est la marque imprimée par l'État sur le papier dont la loi oblige à se servir pour certaines écritures, comme les actes authentiques, titres de propriété, contrats, effets de commerce, actions et obligations négociables, quittances dans les services publics, bordereaux d'agents de change, polices d'assurances, pièces destinées aux actes civils et judiciaires, etc. Le prix de ces timbres est ou bien *fixe*, en raison de la dimension de la feuille employée (*timbre de dimension*), ou bien *proportionnel* aux sommes et valeurs dont ils relatent la transmission (*timbre proportionnel*). Le premier s'applique en encre noire, le second est frappé à sec.

L'Administration des contributions indirectes date de 1804. Elle fut d'abord instituée sous le nom de Régie des droits réunis; en 1815, le nom fut aboli et remplacé par celui de Contributions indirectes, qui n'a plus été changé depuis.

Le recouvrement des contributions indirectes est confié à diverses administrations dépendant du ministère des finances : 1° à celle dite des *Contributions indirectes*, qui perçoit les droits sur les boissons, tabacs, etc. ; 2° à celle des *Douanes*, qui perçoit les droits sur les marchandises faisant l'objet du commerce extérieur; 3° à celle de l'*Enregistrement et des Domaines*, pour l'enregistrement, le timbre, etc.

Le contentieux relatif aux contributions indirectes est du ressort de l'*autorité judiciaire*, contrairement à ce qui existe pour les contributions directes. L'instruction des affaires se fait devant le tribunal civil d'arrondissement, sur simple mémoire, respectivement signifié, sans ministère d'avoué et sans plaidoirie. Le jugement n'est pas susceptible d'appel, et ne peut être attaqué que par la voie de la requête civile et de la cassation.

Les *contraventions et fraudes* sont poursuivies devant le tribunal de police correctionnelle, et jugées par lui, sauf appel. (Loi du 25 février 1804, art. 90.)

152. **Impôts de répartition et de quotité.** — Les impôts se subdivisent, en outre, en impôts de répartition et en impôts de quotité, et un véritable intérêt s'attache à cette distinction.

L'*impôt de répartition* est celui qui doit être fourni en bloc par la commune, sauf à fixer ultérieurement la part de chaque contribuable.

L'*impôt de quotité* est celui qui frappe, tout de suite et directement, les personnes déterminées.

Dans le premier mode, les cotes des contribuables résultent du montant de l'imposition; dans le second, au contraire, le montant de l'imposition résulte des cotes des contribuables. Dans l'un, le produit est assuré et la proportion est certaine; dans l'autre, la proportion est fixe et le produit éventuel.

Dans l'impôt de répartition, les contribuables doivent fournir entre eux et *solidairement* la somme à laquelle la commune a été imposée, et se cotiser chacun de manière à parfaire cette somme. Dans l'impôt de quotité, nulle solidarité n'existe entre les contribuables. Chaque cote est *indépendante ;* chacun est entièrement libéré dès qu'il a payé la quotité d'imposition fixée par la loi.

En matière de contributions directes, les contributions foncière, personnelle, mobilière et des portes et fenêtres sont des impôts de répartition. La contribution des patentes est un impôt de quotité.

Tous les impôts indirects sont des impôts de quotité.

CHAPITRE XI

Le Budget de l'État. — Organisation générale des principaux services publics. — Les divers ministères. — La Cour des comptes.

SOMMAIRE

153. *Le Budget de l'État.* Caractères généraux du budget de l'État. — 154. *Division du budget de l'État.* Le budget annuel comprend deux parties : les recettes et les dépenses de l'État. — 155. *Dépenses de l'État.* Les dépenses de l'État comprennent : 1° la dette publique (dette consolidée ou rente, dette flottante, dette viagère); 2° les dépenses afférentes aux différents services publics. — 156. *Recettes de l'État.* La source la plus importante des recettes de l'État réside dans les contributions fournies par tous les membres de la nation. L'État possède en outre des ressources personnelles (domaines, forêts, immeubles). — 157. *Budget de la France pour 1882.* — 158. *Organisation générale des principaux services publics.* — 159. *Attributions des divers ministères.* — 160. *Comités, Conseils permanents* placés auprès des divers ministères. — 161. *La Cour des comptes.* La Cour des comptes est un tribunal chargé de juger les questions de comptabilité. Non seulement elle rend des arrêts pour la gestion individuelle des comptables, mais elle a aussi une mission de contrôle général.

153. Le budget de l'État. — *Caractères généraux du budget.* Le mot *budget*, terme anglais, vient lui-même d'un vieux mot bas-normand *boujette*, qui signifie sac de cuir, bourse. C'est dans un sac qu'on apporte au Parlement d'Angleterre les pièces relatives aux recettes et aux dépenses publiques. Le budget est l'exposé des recettes et des dépenses d'un pays.

Il y a longtemps que l'Angleterre connaît le mot et la chose. En France, le mot *budget* a été employé pour la première fois dans l'arrêté des consuls du 4 thermidor an X (août 1802). Sous l'ancien régime, le pouvoir ne se considérait pas et ne pouvait se considérer comme dans l'obligation de fournir un bilan des dépenses et des recettes. Il demandait ce qu'il voulait et dépensait sans rendre aucun compte. De grands ministres, Sully, Colbert, ce dernier notamment par ses fameux *états de prévoyance*, essayèrent de réagir contre ces abus, qui étaient inhérents à la nature même du pouvoir monarchique absolu. Mais c'est seulement depuis 1789 que la France, redevenue maîtresse d'elle-même, a été mise en situation de contrôler la fortune publique et d'en surveiller l'emploi. Depuis cette époque, grâce à la publication du budget, tout citoyen peut se rendre compte de ce que l'État reçoit et de ce qu'il dépense.

154. Division du budget de l'État. — Le budget, dressé tous les ans par le ministre des finances et proposé par lui à l'examen et au vote des Chambres, comprend deux parties :

1° Les *recettes* de l'État, c'est-à-dire l'évaluation probable de toutes les contributions directes et indirectes de l'État ;

2° Les *dépenses* estimées utiles ou indispensables pendant la même année.

Le budget se règle par la comparaison des recettes et des dépenses ; *en balance*, si les recettes sont égales aux dépenses ; *en excédent*, si les recettes sont supérieures aux dépenses ; *en déficit*, si les dépenses sont supérieures aux recettes.

La durée de l'application du budget s'appelle un *exercice*, comme pour les communes et les départements, avec cette différence toutefois que la période d'exercice est un peu plus longue pour l'État que pour les communes et les départements. Au lieu de se prolonger seulement jusqu'au 31 mars, elle s'étend jusqu'au 31 août de l'année qui suit celle qui donne son nom à l'exercice. Ainsi l'exercice du budget de 1882, qui a commencé au 1er janvier 1882, ne se terminera que le 31 août 1883.

Les Chambres votent tout d'abord les *recettes*, par la raison qu'il est nécessaire, avant de fixer les *dépenses*, de savoir exactement ce qu'on pourra dépenser

Le budget se vote, non en bloc, mais par chapitres, au nombre d'environ trois cents, de façon que les Chambres puissent manifester leur improbation, s'il y a lieu, sur un point déterminé, sans porter atteinte à l'équilibre du budget dans son ensemble.

Le budget des recettes pour l'année 1882 a été fixé à 2,856,535,223 francs. Le budget des dépenses a été arrêté à 2,854,232,905 francs.

155. Dépenses de l'État. — La première dépense que l'on trouve énoncée dans le budget de l'État, c'est celle que l'on appelle *Dette publique*.

Viennent ensuite les *dépenses afférentes aux divers services publics*.

1° *Dette publique*. — La dette publique se présente sous trois formes :

a) La dette consolidée ou rente ;

b) La dette flottante ;

c) La dette viagère.

a) *La dette consolidée ou rente*. — L'emprunt est le moyen par lequel les gouvernements, dans des circonstances extraordinaires, se procurent de l'argent quand leurs revenus ordinaires ne suffisent pas à leurs besoins. La dette consolidée comprend les rentes provenant des emprunts successifs qui ont été autorisés, soit pour subvenir aux besoins extraordinaires, soit pour couvrir les déficits des budgets antérieurs. C'est ainsi que, pour relever les ruines causées par la guerre de 1870 et payer aux Allemands l'énorme rançon de *cinq milliards*, l'État a dû emprunter et faire appel au concours de tous ceux qui voulaient bien lui confier leurs économies.

Cette dette est dite *consolidée*, parce que son fonds est permanent et d'une durée indéfinie. En effet, l'État, à l'encontre des emprunteurs ordinaires, ne s'engage qu'à payer la rente annuelle des capitaux

qu'il emprunte, mais n'est pas lié par leur restitu-
tion à aucune époque déterminée. Toutefois, l'État.
s'il se soustrait à l'obligation de rembourser le capital, ne perd pas le droit de le faire, s'il le veut et le
juge avantageux. Cette opération s'appelle le *contrat
de rente perpétuelle*.

La libération de l'État s'opère de deux manières,
soit par l'*amortissement* ou extinction de la dette,
soit par le *remboursement* ou *conversion de la rente*.

L'amortissement consiste dans le rachat graduel
des titres de rente offerts à la Bourse. Une caisse
dite d'*amortissement*, dotée par la loi de finances,
est chargée de cette opération.

La conversion des rentes consiste à mettre les
rentiers en demeure d'accepter le remboursement au
pair, c'est-à-dire au prix nominal porté sur leurs titres,
ou de subir une réduction dans le taux de l'intérêt.

Ce recours au crédit, a écrit M. Levasseur, rend
souvent faciles des dépenses qui, sans lui, eussent été
impossibles. Les emprunts à longs termes grèvent
l'avenir; mais ceux qui achèveront de les rembourser
jouiront des avantages qui ont été la suite de ces
emprunts. Néanmoins, ce genre de ressources présente de graves inconvénients : s'il permet quelquefois à des gouvernements sages d'accomplir de
grandes choses et peut sauver un État dans la dé-
tresse, il sert aussi trop souvent de prétexte et de
voile à bien des prodigalités.

Les rentes sur l'État sont inscrites au *Grand-Livre
de la dette publique*, et les titres remis aux rentiers
se nomment *inscriptions de rente*. Ces titres sont
au porteur ou *nominatifs*. Dans ce dernier cas, leur
négociation s'opère par un *transfert*.

Les rentes sur l'État se vendent et s'achètent par
le ministère des *agents de change*, qui prennent un
courtage de 1/8 p. 0/0 du prix de la rente vendue ou
achetée.

Les rentes se désignent par le taux de l'intérêt

qu'elles rapportent. Il y a des rentes à 5 p. 0/0, à 4 1/2 p. 0/0, à 4 p. 0/0 et à 3 p. 0/0.

La dette actuelle de la France s'élève à *vingt milliards* environ, dont l'intérêt annuel à payer est de 750 *millions*.

b) *La dette flottante.* — La dette flottante se compose des sommes qui ont été remises à l'État, *mais avec possibilité d'en réclamer le remboursement.* Les fonds de cette dette proviennent notamment des *dépôts faits aux caisses d'épargne*, des *cautionnements* fournis par les fonctionnaires, officiers ministériels ou comptables qui ont des fonds à manier.

On y comprend également les *bons du Trésor*. Ces bons, espèces de lettres de change que le ministre des finances peut souscrire, consistent dans des titres donnés aux prêteurs qui versent de l'argent au Trésor, sous la double condition du payement de l'intérêt au taux du jour de leur versement et du remboursement à l'échéance. Le chiffre maximum en est fixé chaque année par la loi de finances. Il ne dépasse pas d'ordinaire 400 millions par an.

c) *La dette viagère.* — Ainsi appelée parce qu'elle est formée des sommes à payer *pendant la vie* d'un créancier. Elle comprend le chiffre des pensions à servir aux fonctionnaires, civils ou militaires, qui sont à la retraite. Dans le budget de 1882, cette dette viagère s'élevait à 151,881,060 francs.

2° *Dépenses afférentes aux différents services publics.* — Ces dépenses sont faites pour les divers ministères, qui rendent chacun des services d'un ordre différent : représentation à l'étranger, justice, guerre et marine, instruction publique, travaux publics, agriculture et commerce, etc.

156. Recettes de l'État. — On a pu se rendre compte que la source la plus importante des revenus de l'État réside dans les contributions fournies par tous les membres de la nation. (Voir *Contributions directes* et *Contributions indirectes*, n°ˢ 150 et 151.)

L'État possède, en outre, pour subvenir à ses énormes dépenses, des ressources *personnelles*.

Il a un *domaine* qui lui donne des revenus évalués, au budget de 1882, pour une somme de 15,117,500 francs.

Il a des *forêts* dont la superficie, avant la perte de l'Alsace, était de 1,019,139 hectares, et est aujourd'hui de 986,437 hectares. Le produit de ces forêts, dont la valeur vénale est évaluée à 1,261,870,764 fr., soit 1,280 francs par hectare, est estimé, au budget de 1882, pour une somme de 38,558,600 francs. Étant donné que l'administration de ces forêts coûte à peu près à l'État 12 millions par an, leur produit se trouve arrêté à 26 millions à peu près.

Enfin, l'État possède des *immeubles* dans lesquels il peut loger un certain nombre de services publics. Il en résulte pour lui une économie de loyers, qui au fond constitue une véritable recette.

157. Budget de la France pour 1882. — Voici le budget de la France pour 1882, qui montrera sur le fait comment s'établit et se comporte un budget d'Etat.

BUDGET DE 1882

RECETTES

1° CONTRIBUTIONS DIRECTES

Contribution foncière	174,700,000	fr.
— personnelle et mobilière	62,536,500	
— des portes et fenêtres. .	43,077,600	
— des patentes	94,222,400	
Taxes assimilées aux contributions directes	24,857,600	
Frais d'avertissement	600,000	
Total des contributions directes	399,994,100	fr.

2° CONTRIBUTIONS INDIRECTES.

Droits d'enregistrement . . . . 552,096,000 fr.
—   de timbre 145,014,000
Produits du domaine de l'État . . . 15,117,500
—   des forêts de l'État 38,558,600
Droits de douane (importation : sel,
    sucre, divers). 331,858,000
—   sur les boissons. 393,775,000
—   sur le sel. 14,345,000
—   sur le sucre indigène 91,988,000
—   sur les allumettes. 16,068,000
—   sur le papier 16,433,000
Produits de 2/10 sur les prix de trans-
    port par chemins de fer . . 84,245,000
—   de la vente des tabacs. . . 343,280,000
—   —   des poudres . . 13,342,000
Droits sur objets divers 60,267,000
Postes et télégraphes 140,699,700
Impôt de 3 p. 0/0 sur le revenu des
    valeurs mobilières 40,435,000
Produits de l'Algérie 26,990,100
Produits divers. 81,413,223
Reliquat de trois budgets antérieurs
    consacré à des dégrèvements . . . 50,616,000
                             ————————

Total génér. des recettes ordin.. 2,856.535.223 fr.

DÉPENSES

BUDGET ORDINAIRE

1° DETTE PUBLIQUE

Arrérages des rentes 5 p. 0/0, 4 1/2
   p. 0/0, 4 p. 0/0, 3 p. 0/0 . . . . 743,026.239 fr.
Capitaux remboursables (amortisse-
    ment et redevances). 340,432,278

Rentes viagères et pensions . . . . 151,881,060 fr.
Légion d'honneur et Invalides de la
marine (dotation). 23,492,306

2° SERVICES PUBLICS

Président de la République, traitement, frais de représentation et
de voyages. 1,200,000
Sénat 4,500,000
Chambre des députés 6,874,900
Ministère des finances : frais de perception des impôts, contrôle 203,470,263
— de la justice. 35,572,992
— des affaires étrangères . . 13,833,300
— de l'intérieur 69,564,341
— des cultes 53,347,866
Gouvernement civil de l'Algérie . . 25,874,599
Ministère des postes et télégraphes . 118,846,758
— de la guerre. 571,398,898
— de la marine 166,346,990
— des colonies. 30,696,507
— de l'instruction publique . 106,152,451
— des beaux-arts. 8,201,490
— de l'agriculture et du commerce. 47,585,936
— des travaux publics . . . 131,933,731

Total du budget ordinaire. . 2,854,232,905 fr.

BUDGET DES DÉPENSES SUR RESSOURCES EXTRAORDINAIRES

Ministère des finances (frais d'emprunt). . . . . 1,500,000 fr.
Gouvernement de l'Algérie (travaux
extraordinaires) 4,100,000

Ministère des postes et télégraphes
(réseau souterrain) . . . . 10,000,000 fr.
Ministère des travaux publics (ca-
naux, ports, chemins de fer). . . 445,536,000
____

Total du budget extraordinaire 461,136,000

Total général des dépenses . 3,315,368,905 fr.

La loi portant approbation du budget des dépenses
sur ressources extraordinaires autorise le ministre des
finances à y faire face par l'émission d'un emprunt,
si les produits des emprunts antérieurs, autorisés à
cet effet, ne sont point suffisants.

**158. Organisation générale des principaux ser-
vices publics.** — On connaît, par la simple nomenclature du budget, le nombre et le caractère des différents services entre lesquels les affaires publiques
sont réparties. Les chefs de ces services, les ministres,
ont, nous l'avons vu, des fonctions à la fois politiques
et administratives. Nous ne reviendrons pas ici sur
les fonctions politiques des ministres dont nous avons
parlé plus haut. (Voir n° 67.) Nous nous bornerons
à dire quelques mots de leurs fonctions administratives et des attributions afférentes à chacun des services, appelés *ministères*, qu'ils sont chargés de
diriger.

Les *ministères* sont les grandes administrations
centrales dont le siège est a Paris. Ils comptent environ six mille employés de tout grade. Chaque ministère a sous ses ordres : un ou plusieurs directeurs
généraux, des directeurs ou sous-directeurs, des chefs
de division, des chefs de bureau, des sous-chefs
et des employés; les employés se divisent en rédacteurs chargés de rédiger les décisions, les circulaires, les rapports au Président de la République,
les avis sur les pourvois devant le Conseil d'État, la
Cour de cassation, la Cour des comptes, etc., et en
expéditionnaires chargés de copier le travail exécuté

par les rédacteurs. Dans plusieurs ministères travaillent, sous le nom d'*attachés,* des employés que leur instruction spéciale destine aux hautes fonctions de l'administration.

Tous les employés de ces services sont *fonctionnaires* de l'État et payés par lui. Ils doivent leur temps et leur travail au bien public. Dans leur vieillesse, après un nombre d'années déterminé, ils ont droit à une pension de retraite proportionnée à la durée et à la valeur de leurs services et aux retenues qu'ils ont subies sur leur traitement pendant le cours de leur carrière.

Les ministres ont le droit de réformer les actes des agents placés sous leurs ordres : préfets, recteurs, généraux, etc.

Quant à leurs propres décisions, celles qui sont d'*administration pure* ne peuvent pas être attaquées devant le Conseil d'État ; celles, au contraire, qui sont rendues *en matière contentieuse* sont susceptibles de ce recours. Pour qu'il y ait lieu à se pourvoir au contentieux, il faut que la réclamation soit fondée sur un *droit acquis* qui se dit violé, et non sur un *simple intérêt* qui serait lésé.

159. Attributions des divers ministères. — En France, le nombre des ministères est actuellement de onze, savoir :

Le ministère de la justice ;
— des affaires étrangères ;
— de l'intérieur ;
— des finances ;
— de la guerre ;
— de la marine et des colonies ;
— de l'instruction publique et des beaux-
—   arts ;
— des travaux publics ;
— du commerce et de l'industrie ;
— de l'agriculture ;
— des postes et des télégraphes.

Les cultes ne forment pas un ministère à part : on les rattache tantôt à l'intérieur, tantôt à l'instruction publique, tantôt à la justice.

1° *Ministère de la justice.* — Il a dans ses attributions tout ce qui garantit la propriété et la vie des citoyens.

Le ministre de la justice, qu'on nomme aussi le garde des sceaux, est le chef suprême de la magistrature. Il nomme tous les juges, excepté ceux des tribunaux de commerce. Il nomme et peut révoquer les procureurs et leurs substituts, lesquels représentent le gouvernement devant les tribunaux et qu'on appelle le ministère public.

Il préside le Conseil d'État et le tribunal des conflits. (Loi du 24 mai 1872, art. 4, 10, 25.)

2° *Ministère des affaires étrangères.* — Il est chargé d'assurer nos relations politiques et commerciales avec les puissances extérieures. Il a pour auxiliaires : en ce qui concerne nos relations politiques, les ambassadeurs, les ministres plénipotentiaires accrédités auprès des gouvernements étrangers ; en ce qui concerne nos relations commerciales, les consuls et agents consulaires placés dans toutes les villes où nos nationaux ont des intérêts.

3° *Ministère de l'intérieur.* — Il veille à l'organisation intérieure de la France et à l'exécution des lois qui présentent un caractère d'administration générale.

Le ministre de l'intérieur est le chef hiérarchique de l'administration départementale ; il a sous ses ordres les préfets, les sous-préfets, secrétaires généraux et conseillers de préfecture. (Loi du 28 pluviôse an VIII, art. 18.) Ces divers fonctionnaires sont nommés par le Président de la République, sur la présentation du ministre de l'intérieur.

4° *Ministère des finances.* — Il administre le Trésor public ; il s'occupe de centraliser l'argent qui provient des impôts, d'en surveiller la rentrée et de faire payer régulièrement toutes les dépenses nationales.

Ces dépenses comprennent le payement des intérêts de la dette publique, le service des pensions, les dotations, c'est-à-dire le traitement du Président de la République et les indemnités allouées aux sénateurs et aux députés, les traitements des fonctionnaires du ministère, des magistrats de la Cour des comptes, des trésoriers-payeurs généraux, des receveurs des finances, des percepteurs, les frais de perception du droit de timbre, les frais de douane.

C'est le ministre des finances qui prépare et présente, chaque année, au Parlement, la liste des ressources et des dépenses du pays, autrement dit le budget.

5° *Ministère de la gue re.* — Le ministre de la guerre assure e recrutement de l'armée, pourvoit à l'exécution et à l'entretien des travaux de fortification, soumet à l'approbation du Président de la République la nomination des officiers, donne tous les ordres de marche et d'expédition et les plans de campagne en temps de guerre, en un mot veille à tout ce qui concerne la défense du pays.

6° *Ministère de la marine et des colonies.* — Le ministre de la marine assure le recrutement de l'armée de mer, la construction des navires de guerre, l'entretien des arsenaux maritimes, la défense des rades et des ports.

Le ministère de la marine a encore dans ses attributions le fonctionnement de nos colonies.

7° *Ministère de l'instruction publique et des beaux-arts.* — Il veille à l'exécution des lois qui régissent l'enseignement : il dirige l'enseignement public et surveille l'enseignement libre. Le ministre de l'instruction publique est le grand maître de l'Université; il nomme tous les professeurs; il délègue des inspecteurs de tout grade pour surveiller l'enseignement à tous les degrés.

Le service des beaux-arts s'occupe des musées, des monuments et des théâtres.

8° *Ministère des travaux publics.* — Il est chargé

d'exécuter ou de surveiller les grands travaux nécessaires à l'intérêt général et qui ont lieu sur le domaine de l'État, tels que les routes nationales, les ports, les digues, les canaux, les usines, les voies ferrées. Il a sous ses ordres les ingénieurs, soit des ponts et chaussées, soit des mines, les conducteurs, les gardes-mines, les cantonniers, etc.

9° *Ministère du commerce et de l'industrie.* — Il est chargé de prendre les mesures propres à développer et à encourager l'essor de notre activité industrielle et commerciale, à favoriser les échanges en un mot à augmenter toutes les ressources qui facilitent la production et la circulation de notre richesse.

10° *Ministère de l'agriculture.* — De ce ministère dépendent les Écoles d'agriculture et de médecine vétérinaire. Il a sous sa dépendance l'École forestière et veille à l'entretien des forêts de l'État. De plus, il organise les expositions agricoles pour les produits de la terre, les machines et les bestiaux.

11° *Ministère des postes et télégraphes.* — Il est chargé d'assurer, dans les meilleures conditions de sécurité et de rapidité, la transmission des correspondances entre les différents points du territoire et de l'étranger.

160. **Comités, conseils permanents.** — A presque tous les ministères sont attachés des comités, des conseils permanents, chargés de représenter la tradition, l'expérience et les connaissances techniques.

Ainsi, au ministère de l'intérieur fonctionne un comité consultatif d'hygiène publique.

Au ministère des travaux publics, un conseil général des ponts et chaussées et un conseil général des mines;

Au ministère de la marine, un conseil d'amirauté;

Aux ministères de l'agriculture et du commerce, des conseils supérieurs qui peuvent être consultés sur toutes les questions spéciales, le ministre statuant toujours en dernier ressort, etc.

Enfin, au ministère de l'instruction publique se rattache le Conseil supérieur de l'instruction publique. Ce Conseil a été institué par une loi du 27 février 1880 et un arrêté du 16 mars suivant. Il se compose de cinquante-huit membres, savoir : le ministre de l'instruction publique, président; quarante-quatre membres élus par les divers corps universitaires et d'enseignement supérieur et spécial, et treize membres nommés par décret, sur la proposition du ministre, neuf parmi certains fonctionnaires ou anciens fonctionnaires de l'Université, quatre parmi les membres de l'enseignement libre.

Le Conseil supérieur est consulté *facultativement* par le ministre et le gouvernement sur toutes les questions relatives à l'enseignement. Mais *il doit l'être*, sous peine d'illégalité et d'excès de pouvoir, sur les questions énumérées dans l'art. 5 de la loi précitée du 27 février 1880. (V. n° 140.)

161. **La Cour des comptes.** — Le jugement des questions relatives à la comptabilité publique est confié à un tribunal particulier, qui tire de ses fonctions mêmes son nom de Cour des comptes. Cette Cour a pour mission d'examiner, de contrôler, toutes les opérations des fonctionnaires chargés de manier les deniers publics, qu'il s'agisse des fonds des communes, du département ou de l'État.

Les juges de la Cour des comptes, bien qu'elle soit un tribunal administratif, sont *inamovibles*. On a voulu, en leur attribuant ce caractère, assurer d'une façon certaine leur indépendance dans les questions financières.

La Cour des comptes se compose : d'un premier président, de trois présidents, de quatre-vingt-dix référendaires, d'un procureur général, de vingt-cinq auditeurs et d'un greffier en chef. Elle est divisée en trois chambres composées chacune d'un président et de six conseillers maîtres. Les référendaires sont chargés de l'instruction et de la vérification des comptes : ils en font le rapport aux trois chambres.

La juridiction de la Cour des comptes s'étend sur toute la France. Elle vient immédiatement après la Cour de cassation et n'est subordonnée qu'au Conseil d'État, lequel, considéré ici comme une cour de cassation administrative, peut annuler les arrêts de la Cour des comptes, mais seulement pour excès de pouvoir, incompétence ou violation des formes de la loi.

Le personnel de la Cour des comptes relève du ministère des finances.

S'agit-il d'une commune ou d'un établissement public dont les revenus n'excèdent pas 30,000 francs, le Conseil de préfecture examine en premier ressort la gestion des comptables : la Cour des comptes n'en connaît qu'en appel. Au delà de 30,000 francs, la Cour des comptes est saisie directement.

Lorsque la Cour des comptes juge la conduite d'un comptable, elle peut rendre trois sortes d'arrêts : ou bien elle juge qu'il est *quitte*, ou qu'il est *en débet*, c'est-à-dire qu'il a encore des comptes à rendre ou des sommes à verser, ou bien, au contraire, qu'il est *en avance*. Faisons, d'ailleurs, remarquer que la Cour juge le compte et non le comptable. Est-elle d'avis que le comptable a commis une faute, un crime, elle en avise le ministre des finances, qui en réfère au ministre de la justice.

La Cour des comptes a aussi une mission de *contrôle général*. Dans l'exercice de cette dernière fonction, elle ne rend plus d'arrêts, mais fait une *déclaration de conformité*. Elle examine s'il y a corrélation entre les comptes d'administration présentés par les ministres et les comptes individuels des comptables. C'est après ces déclarations de conformité que le Parlement peut faire ce qu'on appelle le règlement d'un budget complètement réalisé et tout à fait appliqué.

CHAPITRE XII

Les cultes. — Rapports des Églises et de l'État.

162. Rapports des cultes et de l'État. — Nous n'avons pas à examiner ici les cultes en eux-mêmes, ni à apprécier leur valeur morale; nous devons seulement les considérer dans leurs rapports avec l'État. Or, ces rapports peuvent être réglés de différentes façons; il y a plusieurs régimes possibles. — Ou bien l'Église domine l'État, comme cela s'est vu au moyen âge; c'est ce qu'on appelle la théocratie, régime intolérable, qui asservit le pouvoir civil à l'autorité religieuse, qui d'ailleurs ne peut se réaliser que sous l'empire d'une religion d'État, religion privilégiée, qui domine exclusivement aux dépens de toutes les autres et au détriment de la liberté de conscience. — Ou bien le pouvoir civil s'empare de l'autorité religieuse; l'État absorbe l'Église; le chef de l'État se déclare chef de la religion. C'est le régime qui existe encore en Russie. Il n'est pas moins contraire que le régime théocratique à la liberté de conscience, puisqu'il impose, lui aussi, une croyance religieuse unique, puisqu'il opprime nécessairement les opinions contraires à celles que l'État couvre de sa protection.

Avec nos idées modernes sur la liberté de conscience (Voy. n° 22), la domination absolue de l'Église sur le pouvoir civil et, inversement, la sujétion des consciences opprimées par la volonté de l'État, sont deux régimes qui ont fait leur temps, et dont il ne faut plus parler que pour mémoire.

La liberté de conscience ne saurait s'accommoder que de deux régimes. Ou bien l'Église et l'État traitent de puissance à puissance, et se limitent l'une l'autre d'un commun accord : c'est le régime sous lequel nous vivons en France depuis 1802. Ou bien les Églises et l'État se séparent, les cultes restant entièrement libres, aux mêmes conditions que toute autre association. Dans ce cas, l'État, ne subventionne les ministres d'aucun culte. Les deux pouvoirs coexistent sans se mêler, sans s'occuper l'un de l'autre : c'est le régime de la séparation des Églises et de l'État.

Nous examinerons d'abord cette dernière solution, — solution radicale, puisqu'elle supprime toute espèce de rapports entre l'Église et l'État, — afin de montrer pourquoi nous la repoussons, et pourquoi nous croyons que le régime concordataire est, pour le moment, celui qui convient le mieux aux intérêts de notre pays.

163. Séparation des Églises et de l'État. — Les partisans de ce système font valoir diverses raisons, dont quelques-unes ont beaucoup de force. Ils font remarquer que le pouvoir civil et le pouvoir religieux ont des domaines tout à fait distincts. L'État, disent-ils, est incompétent en matière religieuse; il professe depuis longtemps que son devoir est de rester neutre entre les diverses religions. Cette incompétence et cette neutralité n'exigent-elles pas qu'il renonce à toute immixtion dans les choses de la conscience, qu'il s'abstienne de réglementer des cultes dont il n'est pas juge et qui ne relèvent que de la conscience?

D'ailleurs, l'État, s'il reste le protecteur des Églises, aura bien de la peine à tenir la balance égale entre les divers cultes. Malgré ses résolutions d'impartialité, et quoiqu'il déclare qu'il n'y a pas de religion d'État, il sera entraîné par la force même des choses à préférer telle ou telle religion, à la favoriser au détriment des autres. Par ce seul fait qu'une religion aura la majorité dans le pays, qu'elle sera plus puissante par le nombre de ses adhérents, si, en outre, l'État la protège et la subventionne, il est évident qu'elle deviendra la religion prépondérante; qu'elle sera en fait, sinon de droit, la religion de l'État.

Enfin, le régime de l'union des Églises et de l'État implique l'existence d'un budget des cultes : l'État paye un traitement aux ministres des diverses religions. Or, n'est-il pas certain que l'on commet une injustice en obligeant les citoyens à contribuer à l'entretien des cultes auxquels ils n'appartiennent pas? De quel droit les force-t-on à soutenir de leurs deniers une religion qui leur est antipathique, qu'ils tiennent pour funeste, dont ils sont peut-être les ennemis déclarés?

Tels sont, d'après les partisans de la séparation des Églises et de l'État, les principaux inconvénients du régime actuel. En proclamant les Églises libres dans l'État libre, comme en Amérique, on distinguerait ce qui doit être distingué : le pouvoir temporel et le pouvoir spirituel; on assurerait la neutralité absolue de l'État en matière religieuse ; enfin, on ferait cesser un état de choses injuste, celui d'une société où un grand nombre de citoyens concourent, par l'impôt qu'ils payent à l'entretien d'une religion qui n'est pas la leur.

164. Le régime du Concordat. — Sans parler encore des raisons positives qui militent en faveur d'une certaine intervention de l'Etat dans les choses religieuses, il n'est pas impossible de réfuter les arguments que nous venons de résumer. D'abord, il n'est pas vrai que l'État doive s'abstenir de toute ingérence dans les affaires de la religion. Sans doute, la conscience est libre, et l'État n'a pas à s'immiscer dans le règlement des croyances. Mais ces croyances se manifestent au dehors, elles se traduisent par un culte extérieur. L'État peut-il se désintéresser absolument d'un fait social aussi considérable? Ne compromettrait-il pas la paix publique dont il a la garde, s'il laissait libre carrière aux manifestations religieuses?

En second lieu, il n'est pas impossible à un État, qui a la conscience de ses devoirs de neutralité, de rester impartial vis-à-vis des diverses religions. Sans doute, les différents pouvoirs qui se sont succédé en France ont eu presque toujours une tendance à favoriser la religion de la majorité. Mais ne peut-on pas espérer que la République échappera à ce danger, et que, soustraite désormais aux influences cléricales, elle sera ce qu'elle doit être, la protectrice équitable de tous les cultes établis?

Quant au budget des cultes, n'est-il pas évident qu'il n'est maintenu que parce qu'il répond aux désirs de la majorité des citoyens, parce que la protection de la religion est un besoin dont la satisfaction est réclamée par le plus grand nombre? Sans doute, il y a des contribuables que le maintien de ce budget oblige à soutenir de leur argent des religions auxquelles ils ne croient pas; mais tant que ces contribuables sont la minorité de la nation, il est nécessaire qu'ils fassent le sacrifice de leurs aspirations personnelles à l'intérêt général. Les sociétés ne vivent que par la solidarité. Le budget des cultes n'est pas le seul qui impose une obligation égale à tous les contribuables, même à ceux qui ne participent pas au bénéfice des institutions entretenues par l'impôt qu'ils payent. Le budget des beaux-arts, pour ne citer que celui-là, entretient des théâtres, des musées, des institutions artistiques dont tous les citoyens ne profitent pas.

D'ailleurs, à supposer même que le maintien du budget des cultes méritât certaines critiques, il faudrait, selon nous, se résigner à en subir les inconvénients à raison de la nécessité du régime concordataire, dont le budget des cultes est la condition, et qui, à l'heure où nous sommes, nous paraît l'instrument indispensable de la paix sociale, le seul système qui puisse garantir les droits de l'État en face des prétentions de l'Église. Nous n'avons pas à considérer ici l'intérêt de la religion, ni à chercher ce que deviendrait l'Église catholique, si elle était livrée à elle-même, à ses propres ressources, si elle n'était plus subventionnée que par les fidèles. Nous admettons volontiers que le sentiment religieux n'y perdrait rien, comme le soutiennent avec vraisemblance les partisans de la séparation de l'Église et de l'État. Mais là n'est pas la question. Nous nous plaçons au seul point de vue politique, et nous considérons simplement que la séparation de l'Église et de l'État ferait courir des dangers sérieux à la paix publique, en créant un État dans l'État, en instituant une association toute-puissante qui, désormais libre et émancipée, n'aurait plus aucun compte à rendre au pouvoir civil. Même sous le régime du Concordat, qui, par la participation du gouvernement à la nomination des évêques et des curés de canton, par le droit qu'a l'État de suspendre dans certains cas les traitements des membres du clergé, soumet dans une certaine mesure l'Église à l'État, il est difficile parfois de modérer les écarts du zèle religieux et d'empêcher le clergé de s'immiscer dans les affaires civiles. Que serait-ce le jour où, abandonnant les armes que le Concordat lui met entre les mains, l'État n'aurait

plus le droit de rappeler à la modération les ministres
des cultes? L'Église catholique, on ne le sait que
trop, n'est malheureusement pas animée d'un sentiment de sympathie bien vif pour les institutions
modernes. Nous craindrions, si on brisait tout lien
entre elle et le pouvoir civil, qu'elle ne fût à l'état de
conspiration permanente contre le gouvernement et
contre la République. Il convient donc, d'après nous,
plutôt de fortifier que d'affaiblir les rapports de
l'Église et de l'État ; il faut obtenir de plus en plus
que les ministres du culte se considèrent comme les
serviteurs et les fonctionnaires de l'État.

165. Le Concordat de 1802. — Les concordats sont
les traités conclus entre l'Église et un État. Le *Concordat* qui nous régit encore est la convention passée
le 26 messidor an IX (15 juillet 1801) entre le pape
Pie VII, et le Premier Consul. Cette convention, qui
avait pour but de régler les rapports de l'Église de
Rome et de l'État français, devint loi de l'État le
18 germinal an X (8 avril 1802). Outre le Concordat
proprement dit, le premier consul fit accepter à la
même époque une loi relative à l'organisation du
culte en France, loi connue sous le nom d'*articles
organiques*.

Nous ne voulons pas analyser ici toutes les prescriptions du Concordat et des articles organiques.
Beaucoup sont tombées en désuétude et ne méritent
pas d'être tirées de l'oubli ; d'autres ont été à tort
abandonnées par des pouvoirs civils trop complaisants
pour l'Église et devraient être remises en vigueur.
Le Concordat, en effet, est un traité qui lie également
les deux contractants, et ce serait une duperie de
laisser subsister un état de choses où le pouvoir civil
se conformerait exactement à tous ses engagements
et où l'Église se dispenserait de tenir les siens.

Voici les principales stipulations du Concordat.
L'article 1er dit que le culte catholique sera librement
exercé en France ; mais il ajoute que son culte public

devra se conformer aux règlements de police que le gouvernement jugera nécessaires pour la tranquillité publique. C'est nettement affirmer le droit de l'État à intervenir dans l'exercice public de la religion et à réprimer toute manifestation religieuse qui serait jugée dangereuse pour la paix et la sûreté publiques.

Les articles 2, 3, 4 et 9 sont relatifs à la nouvelle circonscription des diocèses et des paroisses, à la démission des anciens titulaires, à la nomination des nouveaux évêques, que « le premier consul nommera, et auxquels *Sa Sainteté conférera l'institution canonique* ».

Les articles 6 et 7 sont relatifs au serment d'obéissance et fidélité au gouvernement établi que devaient prêter les évêques et les ecclésiastiques de second ordre. Le gouvernement français n'accordait sa protection au culte catholique qu'à la condition de réclamer en échange et d'obtenir l'obéissance et le respect des ministres du culte.

L'article 8 détermine la formule de prière qui doit être récitée ou chantée pour le gouvernement à la fin des offices.

L'article 10 établit que les évêques nomment aux cures, mais ne peuvent y nommer que des personnes agréées par le gouvernement.

L'article 14 assure aux évêques et aux curés un traitement payé par l'État. Il n'est pas question dans le Concordat des desservants (les prêtres chargés des succursales) : le traitement que l'État leur alloue n'est pas concordataire.

Les articles organiques complètent le Concordat. Ils constituent un règlement de police intérieure du culte que le pouvoir a établi de son autorité privée, en conformité d'ailleurs avec les principes du Concordat, mais qui n'a pas été soumis à l'acceptation du Saint-Siège.

Aussi les articles organiques ont-ils été contestés par le pape, qui s'est refusé plus d'une fois à s'incliner devant eux. Mais ils n'en sont pas moins le fondement de notre droit public ecclésiastique, et l'État s'abdiquerait lui-même s'il y renonçait. D'après les principaux articles organiques, l'autorisation du gouvernement est nécessaire pour que les évêques puissent se réunir ou quitter leur diocèse, pour que les bulles, brefs, décrets du pape et des conciles puissent être reçus ou imprimés en France. Dans un certain nombre de cas, le pouvoir civil peut intervenir contre les abus commis par les ministres du culte dans l'exercice de leurs fonctions. Les cas d'abus sont : l'usurpation ou excès de pouvoir, la contravention aux lois et règlements de l'État, l'infraction aux règles consacrées par les canons reçus en France, l'attentat aux libertés, franchises et coutumes de l'Église gallicane, et toute entreprise ou procédé qui dans l'exercice du culte peut compromettre l'honneur des citoyens, troubler arbitrairement leur conscience, dégénérer contre eux en oppression ou en injure ou en scandale public. Le recours contre ces abus est porté par le gouvernement devant le Conseil d'État. C'est ce qu'on désigne par cette expression consacrée : l'*appel comme d'abus*. Si le Conseil d'État juge qu'il y a eu réellement abus, un décret du Président de la République le déclare. Malheureusement, cette déclaration reste à l'état de manifestation platonique; elle n'entraîne à sa suite aucune peine matérielle; elle ne constitue qu'une haute censure. C'est seulement dans le cas où à l'abus de pouvoir se trouverait joint un délit, un fait de nature à porter préjudice aux particuliers, que le Conseil d'État renverrait le ministre du culte devant le tribunal compétent en autorisant la pousuite.

166. **Culte catholique.** — En ce qui concerne le culte catholique, le territoire français est divisé en diocèses, dont l'administration est confiée à des archevêques et à des évêques qui sont nommés par le Président de la République et qui reçoivent du pape

l'institution canonique. Il y a dix-sept archevêchés et soixante-sept évêchés, en tout quatre-vingt-quatre diocèses.

Dans chaque canton existe au moins une paroisse, à la tête de laquelle se trouve un curé, et autant de succursales que besoin est. Les succursales sont confiées à des prêtres qu'on appelle desservants.

Les curés de canton sont nommés par l'évêque, sauf approbation du gouvernement. Ils ne peuvent être révoqués.

Les desservants sont nommés et peuvent être révoqués par l'évêque, sans qu'il soit besoin de l'approbation du gouvernement.

Chaque paroisse a des biens, des revenus, qui sont administrés par un conseil de fabrique.

167. Cultes non catholiques. — L'État reconnaît et rétribue, outre le culte catholique, l'Église réformée ou calviniste, l'Église de la confession d'Augsbourg ou luthérienne, le culte israélite.

— L'Église calviniste est gouvernée par des pasteurs, des conseils presbytéraux, des consistoires locaux, des synodes et un conseil central. Le conseil presbytéral est composé de quatre membres laïques au moins, de sept au plus ; il est présidé par le pasteur ou par les pasteurs. Ce conseil administre la paroisse sous l'autorité du consistoire. Il est élu par tous les membres de l'Église. Le consistoire ou Église consistoriale est le conseil presbytéral du chef-lieu de la circonscription territoriale. Il y a un consistoire pour chaque groupe de six mille fidèles. C'est le consistoire qui nomme les pasteurs. Les synodes sont des assemblées qui ne peuvent se réunir qu'avec l'autorisation du gouvernement ; leurs résolutions sont soumises à l'approbation du chef de l'État. Le conseil central établi à Paris, composé des deux plus anciens pasteurs de Paris et de notables protestants nommés par l'État, représente auprès du gouvernement les églises réformées de France.

— L'organisation de l'Église luthérienne est, sur beaucoup de points, analogue à celle de l'Église calviniste.

Un décret du 18 novembre 1882 a fixé la circonscription des Églises consistoriales du culte calviniste et du culte luthérien.

— Le culte israélite a cinq consistoires départementaux : Nancy, Bordeaux, Marseille, Bayonne et Lyon, qui relèvent d'un consistoire central siégeant à Paris. Ces consistoires, élus par les fidèles, nomment les assemblées qui élisent les rabbins. Le consistoire central est l'intermédiaire entre le ministre des cultes et les consistoires départementaux.

TROISIÈME PARTIE

LE DÉPARTEMENT ET LA COMMUNE

CHAPITRE XIII

Le département. — Le Préfet : ses attributions. — Le Conseil de préfecture. — L'arrondissement. Le Sous-Préfet. — Le canton ; la délégation cantonale.

SOMMAIRE

168. *Division de la France en départements.* Suppression des anciennes provinces. — **169.** *Le département personne morale.* Le département achète, vend, a des propriétés, etc. — **170.** *L'autorité préfectorale.* — **171.** *Historique.* Administrateurs élus, administrateurs nommés par l'État. — **172.** *Attributions du préfet.* — **173.** *Le préfet agent du gouvernement.* — **174.** *Le préfet représentant du département* — **175.** *Le préfet tuteur des communes.* — **176.** *Attributions judiciaires.* — **177.** *Le secrétaire général :* son rôle. — **178.** *Conseil de préfecture :* ses fonctions administratives et judiciaires. — **179.** *L'arrondissement.* — **180.** *Le sous-préfet :* ses diverses attributions. — **181.** *Le canton :* divers services organisés par canton. — **182.** *Les délégations cantonales.*

168. Division de la France en départements. — L'article 1er du décret du 22 décembre 1789 disait : « Il sera fait une nouvelle division du royaume en départements, tant pour la représentation que pour l'administration. |» L'article 1er de la Constitution de 1791 est ainsi conçu : « Le royaume est un et indivisible; son territoire est divisé en quatre-vingt-trois départements, chaque département en districts, chaque district en cantons. »

De là est sortie la division actuelle de la France en départements. En substituant une division nouvelle et plus morcelée aux trente-deux provinces de l'ancien régime, la Révolution voulait faire disparaître les rivalités, les préjugés locaux, l'esprit provincial; elle voulait consolider l'unité nationale. En outre, elle pensait avec raison que les anciennes provinces étaient trop vastes. Les intérêts de l'administration exigent que la circonscription administrative n'embrasse point un territoire trop étendu.

La France continentale, depuis les désastres de 1871, ne compte plus que quatre-vingt-sept départements, auxquels il faut joindre le territoire de Belfort, formé des débris du département du Haut-Rhin.

Chacun de ces départements n'est pas seulement une circonscription géographique : c'est une unité administrative; c'est en outre une personnalité.

169. Le département personne morale. — Le département constitué par la Révolution n'était pas encore une personne : il n'avait pas de propriétés, de ressources propres, d'initiative personnelle. La loi du 2 ventôse an XIII (21 janvier 1805) lui conféra le droit de voter des centimes facultatifs pour réparation et entretien des bâtiments, supplément aux frais du culte, construction de canaux, routes, chemins ou établissements publics. En 1811, le gouvernement donna aux départements certaines routes, certains édifices, que le département était chargé d'entretenir. Enfin, grâce aux progrès de la décentralisation, le département a cessé d'être une simple division géographique ou administrative, et il est devenu de plus en plus une personne.

170. Préfet. — Le préfet est, dans chaque département, l'agent direct du pouvoir exécutif. Il est nommé par décret du Président de la République, sans aucune condition d'âge ni de diplôme, sur la présentation du ministre de l'intérieur, dont il relève spécialement, quoiqu'il corresponde avec tous les ministres.

171. Historique.—Sous l'ancien régime, il y avait à la tête de chaque province un administrateur unique, l'intendant nommé par le roi. La Constitution de 1791 instituait dans chaque département une administration dite de département, composée de trente-six citoyens élus pour quatre ans par les assemblées primaires. Ces assemblées départementales étaient divisées en deux sections, l'une formant le *conseil de département*, l'autre le *directoire :* c'est ce dernier qui administrait. La Constitution de l'an III modifia à son tour les institutions départementales. Elle supprima les conseils de département et établit des administrations qui n'étaient composées que de cinq membres nommés par les électeurs. Auprès de ces administrations étaient placés des commissaires nommés par le gouvernement. Ce système, qui supprimait presque la représentation départementale et qui mettait dans les mêmes mains le droit de voter, d'ordonner les dépenses et celui de les faire exécuter, ne subsista que quelques années. En l'an VIII, l'administration départementale fut réorganisée dans le sens de la centralisation gouvernementale. La loi du 28 pluviôse (17 février 1800) établit dans chaque département un préfet, un conseil de préfecture et un conseil général : un préfet pour l'action; les conseils pour donner leur avis. Mais ce qui caractérisait surtout cette loi, c'est que les conseils, aussi bien que le préfet, étaient nommés par le gouvernement. Les départements n'avaient pas de représentation élue : tous les pouvoirs étaient placés dans les mains des agents du gouvernement. Ce n'est qu'en 1833 (loi du 22 juin) qu'on rétablit les conseils généraux élus.

Quoi qu'il en soit, avec des pouvoirs d'une étendue variable, tantôt plus considérables, tantôt plus restreints, selon que les tendances du gouvernement étaient plus ou moins favorables à la centralisation, le préfet, depuis le commencement de ce siècle, est resté le représentant du pouvoir exécutif dans le département.

172. Attributions des préfets. — Les attributions des préfets peuvent être divisées en quatre catégories :

1° Le préfet est avant tout l'agent du gouvernement ;

2° Le préfet est le représentant du département ;

3° Le préfet est le tuteur des communes ;

4° Le préfet, enfin, a certaines attributions comme juge.

Mais ce sont surtout les trois premières catégories qui constituent les fonctions essentielles des préfets. Examinons-les avec quelque détail.

173. Le préfet agent du gouvernement. — En cette qualité, il représente tous les ministres. Il transmet les lois à ses subordonnés et les fait exécuter. Il est le supérieur hiérarchique de tous les fonctionnaires du département. Il reçoit les plaintes des particuliers, et renseigne le gouvernement. Il prend, sans avoir besoin d'attendre les ordres du pouvoir central, toute espèce de mesures générales ou individuelles. Il est, en un mot, le chef de l'administration, la plus haute autorité du département.

Le préfet nomme à beaucoup d'emplois, dont le nombre a été augmenté par les décrets du 25 mars 1852 et du 13 avril 1861. Ces emplois sont au nombre de quarante ou cinquante : par exemple, les architectes départementaux, les commissaires de police des villes de six mille âmes et au-dessous, les titulaires des débits de tabac dont le produit ne dépasse pas 1,000 francs, les administrateurs des bureaux de bienfaisance, etc., etc.

« Le préfet est chargé de maintenir l'ordre public. Il a le droit de requérir la force armée pour repousser les attaques des malfaiteurs, dissiper les attroupements séditieux et assurer l'exécution de la loi. Il est inutile de dire que la police du département lui est confiée. La police embrasse tout ce qui est relatif à la sécurité publique.

« On peut comprendre dans la police les règlements qui concernent la salubrité, l'autorisation des ateliers dangereux et incommodes et quelques autres attributions semblables.

« En matière financière, il a des attributions plus nombreuses qu'importantes; je ne les énumère pas, me bornant à dire que les directeurs des contributions directes, dans les départements, n'ont souvent pas assez d'autorité pour donner force exécutoire à leurs décisions; le préfet, représentant le gouvernement, donne cette force à l'acte qu'il signe. Par exemple, le directeur des contributions directes a fait la matrice des rôles d'imposition (la liste des imposables): cette pièce, il faut qu'elle soit déclarée exécutoire par le préfet.

« Il a des pouvoirs plus sérieux en matière de voirie, de travaux publics, de régime des eaux, quoiqu'il soit, en ces matières, souvent tenu de consulter l'ingénieur en chef. Par exemple, personne ne peut bâtir le long des grandes routes sans que le préfet ait délivré l'alignement; le préfet ordonne toutes les mesures qui intéressent la sûreté de la circulation; il autorise les prises d'eau sur les rivières, l'établissement de moulins, débarcadères, etc. » (MAU-RICE BLOCK, *le Département.*)

174. Le préfet représentant du département. — Le préfet n'est pas seulement l'agent de l'État et du pouvoir central, le représentant de l'autorité publique et de l'intérêt général, il est le représentant du département. Ent cette qualité, il collabore en quelque s r avec le conseil général, auquel il soumet des rapports et des propositions sur les affaires qu'il a étudiées. Lorsque le conseil général a pris une décision, le préfet l'examine d'abord au point de vue des intérêts du gouvernement, et si, de ce chef, la décision

ne soulève pas d'objection, le préfet l'exécute et devient ainsi l'agent du département.

Le préfet, comme administrateur du département, accepte ou refuse les dons et legs faits au département; il représente le département dans tous les contrats et les procès où il est intéressé; il passe les contrats, signe les marchés et engage les procès, sous le contrôle de la commission départementale.

Une partie des pouvoirs autrefois attribués au préfet comme représentant du département a été transférée à la commission départementale par la loi de 1871.

175. Le préfet tuteur des communes. — La tutelle administrative exercée par le préfet a été réduite par la loi de 1871. Le préfet a conservé le pouvoir d'approuver ou non les budgets annuels des communes, les projets de contrats d'achat, de contrats de vente qu'elles veulent passer, etc. Le préfet approuve encore, les plans d'alignement des villes, le mode de jouissance en nature des biens communaux, etc.

La tutelle administrative que la loi confère au préfet a été souvent critiquée. Certaines personnes voudraient émanciper complètement les communes; mais il est pourtant légitime et nécessaire qu'un pouvoir supérieur contrôle et surveille les affaires municipales.

176. Fonctions judiciaires du préfet. — Ces fonctions se réduisent à peu de chose. Le préfet prononce définitivement sur les difficultés qui surviennent entre les concurrents pour les courses de chevaux. Il statue sur les réclamations soulevées contre des arrêtés pris par le sous-préfet pour assurer, par mesure provisoire, la cassation de dommages en matière de contravention de grande voirie.

Les préfets statuent au contentieux en premier ressort sur les demandes d'autorisation d'établissements insalubres ou incommodes, dénommés au décret du 15 octobre 1810, sur la suspension ou la suppression des travaux de mines et dans quelques autres cas. Les préfets statuent en appel sur les recours formés contre les décisions contentieuses des maires et des sous-préfets.

En résumé, le préfet est à la fois le représentant des intérêts de l'État et des intérêts du département. Il intervient pour empêcher tout ce qui pourrait nuire à l'État; mais, une fois les intérêts de l'État satisfaits, le préfet est libre de consacrer toutes ses forces au département.

Tous les actes du préfet peuvent d'ailleurs être réformés par le ministre, sauf les arrêtés réglementaires, qui ne peuvent être soumis qu'à la juridiction du Conseil d'État pour incompétence ou excès de pouvoir.

177. Les secrétaires généraux. — Le préfet est assisté par un secrétaire général, nommé comme le préfet par le gouvernement. L'institution des secrétaires généraux, comme celle des préfets, date de la loi du 28 pluviôse an VIII.

Le secrétaire général a pour attributions de signer toutes les expéditions des actes administratifs; de surveiller les bureaux; de remplacer le préfet quand il est absent; de remplir les fonctions de ministère public devant les conseils de préfecture; de pouvoir gérer par délégation certaines fonctions du préfet.

178. Les conseils de préfecture. — Les conseils de préfecture sont des conseils permanents dont les membres sont nommés par le gouvernement, et qui assistent le préfet dans l'administration du département.

Les conseils de préfecture sont en général composés de trois membres; dans vingt-quatre départements, les conseillers sont au nombre de quatre; à Paris, au nombre de huit. Pour être conseiller de préfecture, il faut être âgé de vingt-cinq ans, être licencié en droit ou avoir exercé des fonctions judiciaires ou administratives pendant dix ans.

Les attributions des conseils de préfecture sont d'abord des fonctions délibératives. Ils accordent ou refusent l'autorisation de plaider aux communes et aux établissements publics placés sous la tutelle administrative. En second lieu, ils revisent les comptes des bureaux de bienfaisance, des hospices et des communes dont le revenu annuel n'excède pas 30,000 francs.

Les fonctions judiciaires des conseils de préfecture sont relatives, soit aux difficultés que soulève le recouvrement des contributions directes, soit à l'appréciation des contestations relatives aux travaux publics.

— Toutes les fois qu'une personne prétend avoir été imposée d'une façon trop lourde, soit à la contribution personnelle et mobilière, soit à la contribution des portes et fenêtres, soit à la contribution foncière, soit aux patentes, soit pour toute autre taxe assimilée à celles-là, comme les centimes additionnels, c'est au conseil de préfecture qu'elle doit se plaindre. Si, au contraire, un individu sollicitait un dégrèvement de contribution parce qu'il a été grêlé ou qu'il n'a pas de locataires depuis un temps assez long, ce n'est plus que le cas d'une supplique adressée au préfet.

Les affaires jugées par les conseils de préfecture en matière de contributions directes s'élèvent au chiffre énorme de quatre cent cinquante mille par an.

— Les travaux publics entrepris par les communes et autres personnalités morales sont les chemins de fer, les routes, les bâtiments publics ; les difficultés qui s'y rattachent sont nombreuses et se chiffrent souvent par plusieurs millions.

179. Arrondissement. — L'arrondissement est une circonscription administrative et judiciaire : administrative, puisque l'arrondissement est sous la direction d'un sous-préfet ; judiciaire, puisqu'il existe un tribunal civil au chef-lieu de chaque arrondissement (V. n° 96.)

Il n'y a plus en France, depuis 1871, que 362 arrondissements.

L'arrondissement a été créé sous le nom de district par la Constitution de 1791.

Le département est trop grand pour être administré par le préfet seul : de là, et par une conséquence nécessaire, la division du département en arrondissements, à la tête desquels sont placés des sous-préfets, c'est-à-dire des représentants de l'autorité gouvernementale.

180. Sous-préfet. — Le sous-préfet réside au chef-lieu de l'arrondissement. Il est nommé par le gouvernement sans condition d'âge ni de diplôme.

Le sous-préfet est d'abord le subordonné et l'auxiliaire du préfet. Il a aussi des attributions propres.

Au premier point de vue, il est un agent de transmission entre le préfet et les maires. Il prépare les affaires à soumettre à l'autorité préfectorale; il communique au préfet les renseignements demandés.

En second lieu, le sous-préfet a des attributions spéciales. En matière militaire, il arrête, avec l'assistance des maires, les tableaux de recensement et préside aux opérations de tirage au sort (V. n° 120), etc. En matière financière, il nomme les répartiteurs, les préposés d'octroi; il transmet au préfet, avec son avis, les réclamations des contribuables; il rend exécutoires les frais de poursuite, etc. En matière municipale, il prépare un grand nombre d'affaires. Il délivre les passeports, les permis de chasse, etc.

En cas d'urgence, le sous-préfet a un pouvoir pareil à celui du préfet; il peut requérir la force armée; il peut enfin, à titre provisoire, exercer toute l'autorité préfectorale.

Le sous-préfet agit sous le contrôle du préfet, qui a le droit de réformer ses actes ou de les annuler.

181. Canton. — Le canton n'est pas une division administrative, puisqu'il n'y a au chef-lieu de canton aucun représentant du pouvoir exécutif.

Il y a 2,863 cantons dans la France actuelle.

Le canton est surtout une circonscription géographique. Cependant, il est aussi une circonscription judiciaire, puisqu'un juge de paix réside au chef-lieu de canton.

En outre, c'est par canton que sont nommés les conseillers généraux et les conseillers d'arrondissement. C'est par canton que se fait le recrutement de l'armée. Une brigade de gendarmerie, un percepteur sont établis au chef-lieu de canton.

Ajoutons que le canton n'est pas une personnalité morale, comme la commune ou le département. Il n'a pas de budget, il n'a pas de propriétés, il ne reçoit pas de legs.

182. Délégation cantonale. — Parmi les services organisés dans les cantons, il ne faut pas oublier de mentionner la délégation cantonale.

Les délégués cantonaux, chargés de surveiller l'instruction primaire, sont nommés pour trois ans par le conseil départemental de l'instruction publique. Les délégués doivent se réunir au moins une fois tous les trois mois. Ils élisent leur président. Les délégués cantonaux font partie des commissions scolaires instituées par la loi de 1881 (V. n° 137). Ils peuvent rendre des services sérieux à l'instruction primaire par leur surveillance et leurs encouragements.

CHAPITRE XIV

**Le conseil général. — Le conseil d'arrondisse-
ment. — Mode d'élection. — Attributions. — Le
budget départemental.**

**183. Conseil général. — L'administration du dé-
partement est partagée entre le préfet, agent du
pouvoir exécutif, et le conseil général, assemblée élue
par le département, dont elle représente directement les intérêts. C'est seulement depuis que les idées
de décentralisation administrative ont triomphé que le
conseil général est un corps électif. (V. n° 171.) Jusqu'en 1833, les conseillers généraux étaient nommés
par le gouvernement. On sait que la décentralisation
consiste à faire passer aux mains des corps électifs
locaux, conseil général ou conseil municipal, une par-

lie des pouvoirs que la centralisation retient entre les mains du gouvernement et de l'autorité centrale.

Déjà étendues par la loi du 10 mai 1833 et par la loi du 18 juillet 1866, les attributions des conseils généraux ont été réglées par la loi d'organisation départementale du 10 août 1871. Cette loi est une loi de décentralisation et de liberté départementale.

184. Mcde d'élection. — Le conseil général comprend autant de membres que le département compte de cantons (depuis 1848). Il est élu par les électeurs portés sur la liste municipale. (V. n° 39.)

Les conditions d'éligibilité sont les suivantes :

1° Avoir vingt-cinq ans ;

2° Être porté sur une liste d'électeurs ;

3° Être domicilié dans le département. Cependant, le quart du nombre des conseillers généraux peut être ▸valablement nommé sans cette condition de domicile, pourvu que l'on soit inscrit au rôle d'une des contributions directes dans le département, au 1er janvier de l'année dans laquelle se fait l'élection. Il suffira même de justifier que l'on devait y être inscrit à ce jour ou que l'on a hérité d'une propriété foncière dans le département (art. 6, loi de 1871) ;

4° N'être pas pourvu d'un conseil judiciaire ;

5° N'être dans aucun des cas d'incompatibilité. Il y a incompatibilité, si l'on remplit des fonctions payées sur les fonds départementaux, comme architecte départemental ou agent chargé des routes.

Les membres du conseil général sont élus pour six ans ; ils sont renouvelés par moitié tous les trois ans. Le gouvernement convoque les électeurs au moins quinze jours à l'avance. Le scrutin ne dure qu'un jour, de huit heures du matin à sept heures du soir, et le dépouillement a lieu immédiatement.

Le conseil général peut être dissous par un décret motivé.

Pour le département de la Seine exceptionnellement, le conseil général se compose des membres du conseil municipal de Paris et des membres élus dans les arrondissements de Saint-Denis et de Sceaux.

185. Organisation du conseil général. — Le conseil général se réunit deux fois par an, en session ordinaire La plus importante des deux sessions, celle où sont délibérés le budget et les comptes départementaux, commence de plein droit le premier lundi qui suit le 15 août. L'autre session est ouverte de plein droit le second lundi qui suit le jour de Pâques. Il peut y avoir des sessions extraordinaires, convoquées par décret du Président de la République ou sur la demande des deux tiers des membres du conseil. La durée de la session d'août ne peut excéder un mois; celle de l'autre session, quinze jours.

Les séances des conseils généraux sont publiques.

Le conseil général nomme son bureau, un président, un ou plusieurs vice-présidents et des secrétaires.

Le président du conseil a la police de l'assemblée.

Le préfet assiste aux délibérations du conseil général et y prend la parole quand il la demande.

186. Commission départementale. — Le conseil général élit chaque année, dans sa session d'août, une commission permanente composée de quatre membres au moins et de sept membres au plus. Le président de la commission est le plus âgé des membres. La commission départementale se réunit au moins une fois par mois. Elle siège à la préfecture, comme le conseil dont elle est issue.

Le conseil général de la Seine n'a pas de commission départementale.

L'institution de la commission permanente du conseil général est l'innovation la plus importante de la loi du 10 août 1871. On a pensé que, pour contrôler l'administration du préfet, les sessions du conseil général ne suffisaient pas.

La commission départementale est destinée à représenter le conseil général dans l'intervalle des sessions; elle a des pouvoirs qui lui sont propres, et que la loi détermine, et des pouvoirs qui lui sont délégués par le conseil général.

Les pouvoirs propres de la commission consistent surtout en ceci qu'elle contrôle le préfet et intervient dans l'administration. Il serait trop long d'énumérer à ce point de vue les attributions de la commission départementale. (V. la loi du 10 août 1871, titre VI.) Disons seulement que la commission départementale a hérité d'une partie des pouvoirs autrefois attribués au préfet.

Ainsi, pour les chemins vicinaux ordinaires, ce n'est plus le préfet qui classe ces chemins et en fixe la largeur ; c'est la commission départementale. De même, ce n'est plus le préfet, c'est la commission départementale qui détermine l'ordre dans lequel devront être commencés et exécutés les travaux départementaux, qui indique l'époque à laquelle ces travaux seront adjugés, etc., etc. (Loi du 10 août, 1871, art. 86 et 81.)

Pour obéir au contrôle légal de la commission départementale, chaque mois, le préfet est soumis à l'obligation de lui adresser un état détaillé des mandats de payement qu'il a délivrés pendant le mois précédent, concernant le budget départemental. C'est elle aussi qui approuve les contrats passés par le préfet au nom du département et qui l'autorise à soutenir les procès intentés contre le département. Elle vérifie l'état des archives départementales. (Même loi du 10 août 1871, art. 78 et 83.)

Enfin, c'est elle qui répartit les subventions portées au budget départemental et dont doivent profiter les communes ou autres personnalités morales: (Même loi, art. 81, § 1er.)

Les délibérations de la commission départementale sont tantôt définitives, avec l'approbation du préfet, en matière de contrats et marchés et de mode de réalisation d'emprunts ; tantôt elles ne sont pas définitives et elles doivent être soumises à l'appréciation du conseil général, par exemple celles qui regardent la vicinalité et le tarif des évaluations cadastrales.

187. Fonctions du conseil général. — On peut classer en cinq ou six catégories les attributions du conseil général :

1° *Fonctions de délégation.* — Le conseil général, comme délégué du pouvoir législatif, répartit par arrondissement les contributions directes votées par les Chambres et par elles réparties entre les départements.

Il vote des centimes additionnels ordinaires et extraordinaires, ces derniers dans la limite du maximum qui est fixé annuellement par le pouvoir législatif.

Les centimes ordinaires s'appliquent notamment à l'instruction primaire. Pour ce service, il est permis au conseil général de voter quatre centimes additionnels sur le principal des quatre contributions directes. Ces ressources viennent suppléer à celles que les communes ne pourraient point fournir, même en se réunissant dans cet intérêt. (Loi du 15 mars 1850, art. 40; — art. 4 de la loi du 16 juin 1881.)

Pour les chemins vicinaux, le conseil général peut voter sept centimes additionnels, sur les quatre contributions; cinq pour le cadastre, mais sur la contribution foncière seulement.

Dans le même ordre d'idées, le conseil général contrôle les votes des conseils municipaux en matière de centimes additionnels extraordinaires.

Enfin, chaque année, le conseil procède à la révision des sections électorales dans toutes les communes du département et en dresse le tableau.

2° *Affaires sur lesquelles le conseil général statue définitivement.* — Dans cette catégorie rentrent la plupart des affaires départementales, le classement et la direction des routes départementales, le classement et la direction des chemins de fer vicinaux de grande communication et d'intérêt commun, les établissements d'aliénés, le service des enfants assistés, etc. (V. art. 46 de la loi du 10 août 1871.)

Sur toutes ces matières, le conseil général statue définitivement; mais ses délibérations peuvent être annulées dans trois cas : pour excès de pouvoir, ou pour violation d'une disposition de la loi, ou enfin pour violation d'un règlement d'administration publique. L'annulation doit être demandée par le préfet dans le délai de vingt jours, et ne peut avoir lieu que par un décret délibéré en Conseil d'État.

3° *Affaires sur lesquelles le conseil général délibère.* — Dans certains cas, les délibérations du conseil général ne sont pas exécutoires par elles-mêmes; elles doivent être approuvées par le Président de la République. Une approbation expresse n'est pas nécessaire et une approbation tacite peut suffire; si, pendant les trois mois qui suivent la délibération, le gouvernement a gardé le silence, la décision du conseil général est exécutoire. Si le gouvernement veut annuler la délibération, il le fait simplement par un décret motivé, sans recours au Conseil d'État.

Quels sont d'ailleurs les objets sur lesquels portent les délibérations non définitives du conseil général? Ce sont, par exemple, les affaires relatives à l'acquisition et à l'aliénation des immeubles départementaux qui servent de résidence aux préfets, aux sous-préfets; les demandes des conseils municipaux relatives à certaines questions d'octroi; la part contributive à imposer aux départements dans les travaux exécutés par l'État et qui intéressent le département, etc. En général, les affaires de cette catégorie ont pour caractère qu'elles intéressent à la fois le département et l'État; et voilà pourquoi le conseil général n'est pas autorisé, dans ce cas, à statuer définitivement.

4° *Avis.* — Le conseil général donne son avis sur les changements proposés aux limites des départements, arrondissements, cantons et communes ; sur les délibérations des conseils municipaux relatives aux bois communaux, et généralement « sur tous les objets sur lesquels il est appelé à donner son avis, en vertu des lois et règlements, ou sur lesquels il est consulté par les ministres ».

5° *Vœux*. — Le conseil général émet des vœux sur les questions économiques et administratives ; mais les vœux politiques lui sont interdits. Le conseil général est un corps administratif, non une assemblée politique. Il n'a pas à intervenir, par conséquent, dans les questions de gouvernement. Si, comme il arrive, le conseil général émet des vœux d'un caractère politique, ces vœux sont toujours annulés.

188. Budget départemental. — Une des attributions les plus importantes du conseil général est le vote du budget départemental.

Le budget est préparé par le préfet et remis, dix jours avant la session d'août, avec toutes les pièces à l'appui, à la commission départementale. Le budget, délibéré par le conseil général, est soumis à l'approbation du chef de l'État et définitivement réglé par un décret. Il se divise en budget ordinaire et budget extraordinaire.

Les recettes du budget ordinaire se composent : 1° du produit des centimes additionnels, dont le nombre est fixé annuellement par la loi de finances ; par chaque franc payé à l'État, on donne un nombre déterminé de centimes au département ou à la commune. Les centimes additionnels se distinguent selon leur emploi : il y a les centimes *ordinaires*, qui défrayent des dépenses courantes, et les centimes *spéciaux*, qui ne peuvent être employés qu'à l'instruction publique, aux chemins vicinaux ou au cadastre ; 2° du produit des propriétés départementales ; 3° d'une subvention de l'État : les départements reçoivent une allocation sur le fonds inscrit annuellement au budget du ministère de l'intérieur par la loi de finances ; 4° des sommes payées par l'État et par les communes pour certaines dépenses départementales.

Les recettes du budget extraordinaire se composent :
1° de centimes additionnels extraordinaires dont le nombre ne peut dépasser vingt ; 2° des emprunts votés par le conseil général ; |3° du produit des biens aliénés ; 4° des dons et des legs et autres recettes accidentelles.

Quant aux dépenses, les unes sont des dépenses ordinaires, les autres des dépenses extraordinaires.

Les dépenses ordinaires sont les suivantes :

1° Loyer, mobilier et entretien des hôtels de préfecture et de sous-préfecture, du local nécessaire à la réunion du conseil départemental d'instruction publique et du bureau de l'inspecteur d'académie;

2° Casernement ordinaire des brigades de gendarmerie;

3° Loyer, entretien et menues dépenses des cours d'assises, tribunaux civils et tribunaux de commerce et menues dépenses des justices de paix;

4° Frais d'impression et de publication des listes pour les élections consulaires (tribunaux de commerce), frais d'impression des cadres pour la formation des listes électorales et des listes du jury;

5° Dépenses ordinaires d'utilité départementale,

6° Dépenses imputées sur les centimes spéciaux (instruction publique, chemins vicinaux).

Les dépenses extraordinaires sont celles qui ne reviennent pas annuellement, bâtiments, routes, etc.

189. **Attributions politiques.** — Les conseillers généraux sont de droit électeurs du Sénat. En outre, dans des circonstances exceptionnelles, si les assemblées législatives étaient arbitrairement dissoutes ou empêchées de se réunir, les conseils généraux s'assembleraient immédiatement et de plein droit; ils nommeraient chacun deux délégués, afin de composer une assemblée politique chargée de gouverner provisoirement jusqu'au rétablissement de l'ordre. (Loi du 15 février 1872.)

190. **Conseils d'arrondissement.** — Les conseils

d'arrondissement ont été créés en même temps que les arrondissements par la loi du 28 pluviôse an VIII. Ce sont des assemblées électives issues du suffrage universel.

191. Mode d'élection. — Le conseil d'arrondissement comprend autant de membres que l'arrondissement a de cantons; mais il doit au minimum se composer de neuf membres. Si l'arrondissement a moins de neuf cantons, on donne à certains cantons le droit d'élire plusieurs conseillers. Le conseil d'arrondissement est élu pour six ans et se renouvelle par moitié. Il est élu par les électeurs portés sur la liste municipale.

Pour être éligible, il faut jouir de ses droits civils et politiques, avoir vingt-cinq ans, être domicilié dans l'arrondissement ou y payer une des quatre contributions directes. La loi du 22 juin 1833 établit en outre certaines incompatibilités.

Le conseil d'arrondissement élit son président, son vice-président et son secrétaire. Le sous-préfet assiste aux délibérations et y participe.

Le conseil d'arrondissement a au moins une session par an, session divisée en deux parties, l'une qui précède, l'autre qui suit la session du conseil général.

191 *bis*. Attributions. — Les fonctions du conseil d'arrondissement sont peu importantes, surtout si on les compare à celles du conseil général.

Dans la première partie de sa session, le conseil d'arrondissement délibère sur les réclamations auxquelles donne lieu la fixation du contingent des contributions directes, ainsi que sur les demandes en réduction formées par les communes.

Dans la seconde partie de sa session, il répartit entre les communes les contributions directes mises par le conseil général à la charge de l'arrondissement.

En outre, il donne son avis sur un grand nombre d'affaires (V. la loi du 10 mai 1838) : l'établissement ou la suppression des marchés et des foires, le classement et la direction des chemins vicinaux de grande communication.

Enfin, il émet des vœux qui ne doivent porter que sur des objets d'intérêt exclusivement local.

Rappelons que les conseillers d'arrondissement sont électeurs de droit pour le Sénat.

CHAPITRE XV

La commune. — Le conseil municipal ; mode électoral. — Le Maire; les adjoints.

192. **La commune.** — La commune n'est pas, comme le canton, une simple circonscription géographique : la commune est une unité administrative et une personne morale. Elle constitue, après la famille, l'élément primordial de la patrie. Associations d'hommes que réunissent les rapports de voisinage et les mêmes intérêts, les communes grandes ou petites ont toutes la même organisation (sauf Paris et Lyon [1]).

1. Paris et Lyon, à cause des dangers que peut faire courir à l'ordre public une agglomération aussi nombreuse de population, restent en dehors du droit commun. A Paris, il n'y a

15

Le mot de commune rappelle à tous ceux qui savent l'histoire nationale les grands et mémorables efforts tentés par nos pères au moyen âge pour leur affranchissement et leur émancipation. Elles sont devenues, dans leur constitution présente, de petites fractions de la patrie, s'administrant elles-mêmes et jouissant de certaines libertés.

C'est la Révolution de 1789 qui a organisé les communes, comme elle a établi les départements. Le décret du 18 décembre 1789 disait : « Les municipalités actuellement subsistantes en chaque *ville, bourg, paroisse* ou *communauté,* sous les titres d'*hôtel de ville, mairie, échevinat, consulat,* et généralement sous quelque titre et qualification que ce soit, sont supprimées et abolies, et remplacées par les communes. » (Art. 1er.)

Quèlques jours après, le 22 décembre 1785, la France était divisée en quarante-quatre mille communes. C'était pousser trop loin le morcellement du territoire et la division de la population. Aujourd'hui le nombre des communes est de trente-six mille soixante-quinze; les unes comptent plus de cent mille habitants, le plus grand nombre en ont moins de mille. La perte de l'Alsace et d'une partie de la Lorraine nous a ravi 1,689 communes.

Quand la commune est trop vaste et trop populeuse, elle est divisée en sections, qui prennent parfois le nom d'arrondissements, comme à Paris, parfois le nom de cantons, comme dans les grandes villes.

193. Administration de la commune. — Nous considérerons d'abord la commune comme une unité

pas de maire central : c'est le préfet de la Seine et le préfet de police qui en remplissent les fonctions. A la tête de chacun des vingt arrondissements de Paris, il y a un maire assisté de plusieurs adjoints et chargé de l'état civil, de l'instruction primaire, de l'assistance publique. A Lyon il y a un maire central, assisté par douze adjoints. Mais la police municipale est entre les mains du préfet du Rhône. (Loi du 21 avril 1881.)

administrative. La commune est administrée par un maire, avec le concours de plusieurs adjoints et d'un conseil municipal. Le maire exerce un pouvoir individuel et permanent. En même temps qu'il est le représentant des intérêts de la commune, il est délégué du pouvoir central. Le conseil municipal est une assemblée qui se réunit plusieurs fois par année et qui assiste le maire.

194. Conseil municipal. — Depuis que la loi a attribué à tous les conseils municipaux la nomination du maire et des adjoints, qui était autrefois réservée au pouvoir exécutif, c'est à eux qu'appartient véritablement la direction des affaires communales. Sans doute la commune ne peut être complètement autonome, comme le désirent quelques esprits téméraires. L'émancipation absolue de la commune serait le commencement de l'anarchie, la fin de l'unité nationale, et il est nécessaire que les conseils municipaux dépendent, dans leur action, de l'autorité supérieure du préfet et du gouvernement. Mais il est bon et juste aussi que dans des limites, qu'il est d'ailleurs délicat de fixer, les communes jouissent des libertés municipales et qu'elles trouvent dans le conseil qu'elles élisent l'arbitre principal de leurs intérêts.

159. Mode d'élection Organisation. — Suivant la loi récente du 5 janvier 1884 les conseillers municipaux sont nommés pour quatre années, au scrutin de liste, par le suffrage universel. Leur nombre varie suivant la population.

D'après la loi du 5 avril 1884, chaque commune a un Conseil municipal, composé de 10 membres dans les communes de 500 habitants et au-dessous;

De 12 dans celles de	. . . .	501 à 1.500	habitants;
De 16	—	1.501 à 2.500	—
De 21	—	2.501 à 3.500	—
De 23	—	3.501 à 10.000	—
De 27	—	10.001 à 30.000	—
De 30	—	30.001 à 40.000	—
De 32	—	40.001 à 50.000	—
De 34	—	50.001 à 60.000	—
De 36	—	60.001 et au-dessus.	

A Paris, chaque arrondissement nomme quatre conseillers municipaux, un par quartier, et le conseil nomme son président.

A Lyon, la ville est divisée en 36 sections qui nomment chacune un conseiller. Les emprunts de la ville et les contributions extraordinaires sont soumis à l'approbation législative.

Les conseils municipaux peuvent être suspendu pour un mois par le préfet qui doit en rendre compte immédiatement au ministre. Le chef de l'État peut seul les dissoudre, et, dans les huit jours qui suivent la dissolution, il nomme une délégation spéciale qui remplit les fonctions du conseil dissous.

Les conseils municipaux doivent tenir chaque année quatre sessions ordinaires, sans préjudice des sessions extraordinaires, soit sur l'ordre du Préfet ou du sous-préfet, soit si le maire le croit utile ou si la majorité du conseil l'exige. Les votes ont lieu à la majorité absolue, et, s'il y a partage, la voix du président, c'est-à-dire du maire, est prépondérante. Les séances ont été rendues publiques par la loi du 5 avril 1884.

196. Attributions des conseils municipaux. — Les conseils municipaux sont appelés à *régler* certaines affaires, à *délibérer* sur d'autres, sauf approbation du préfet, enfin à donner des avis et à exprimer des vœux.

— I. Voici, d'après la loi de 1867, les affaires sur lesquelles le conseil municipal a le droit de prendre des délibérations, dites *réglementaires*, et exécutoires sans avoir besoin d'une approbation expresse du préfet :

1° Les acquisitions d'immeubles, lorsque la dépense, totalisée avec celles des autres acquisitions déjà votées dans le même exercice, ne dépasse pas le dixième des revenus ordinaires de la commune ;

2° Les conditions des baux à loyer des maisons appartenant à la commune, pourvu que la durée du bail ne dépasse pas dix-huit ans;

3° Les projets, plans et devis de grosses réparations

et d'entretien, lorsque la dépense totale afférente à ces projets et autres projets de même nature, adoptés dans le même exercice, ne dépasse pas le cinquième des revenus ordinaires de la commune, ni en aucun cas une somme de 50,000 francs;

4° Le tarif des droits de places à percevoir dans les halles, foires et marchés;

5° Les droits à percevoir pour permis de stationnement et de location sur les rues, places et autres lieux dépendants du domaine public communal;

6° Le tarif des concessions dans les cimetières;

7° Les assurances des bâtiments communaux;

8° L'affectation d'une propriété communale à un service communal, lorsque cette propriété n'est encore affectée à aucun service public, sauf les règles prescrites par des lois particulières;

9° L'acceptation ou le refus de dons et legs faits à la commune sans charges, conditions ni affectation immobilière, lorsque ces dons et legs ne donnent pas lieu à réclamation;

10° Le vote de contributions extraordinaires n'excédant pas 5 centimes pendant cinq ans, et dans la limite du maximum fixé chaque année par le conseil général, mais à la condition d'en affecter le produit à des dépenses extraordinaires d'utilité communale;

11° Le vote de 3 centimes extraordinaires, exclusivement affectés aux chemins vicinaux ordinaires, que l'on peut remplacer par une journée de prestation en nature (art. 3 de la loi du 11 juillet 1868);

12° Le vote d'emprunts communaux remboursables sur les centimes extraordinaires, ou sur les ressources ordinaires, quand l'amortissement ne dépasse pas douze années;

13° La suppression ou la diminution des taxes d'octroi;

14° La prorogation des taxes principales d'octroi pour cinq ans au plus;

15° L'augmentation des taxes jusqu'à concurrence

d'un décime, pour cinq ans au plus (art. 1er, 3 et 9 de la loi du 24 juillet 1867) ;

16° Les comptes d'administration présentés par le maire et les comptes des receveurs municipaux (articles 23 et 25 de la loi du 18 juillet 1837).

La loi du 5 avril 1884, plus libérale que la loi de 1867, n'énumère que les objets sur lesquels les conseils municipaux ont un pouvoir de décision. Elle n'énumère que les objets pour lesquels l'autorisation préfectorale, ministérielle ou législative est exigée. En dehors de ces cas (voyez le paragraphe suivant), le conseil est souverain. Il règle par ses délibérations, les affaires de la commune (art. 61).

— II. Après les affaires sur lesquelles le Conseil municipal décide en quelque sorte souverainement et qu'il règle d'une façon définitive, viennent celles sur lesquelles il délibère simplement. Dans ces cas, la délibération du conseil municipal doit être approuvée soit par le préfet, ce qui suffit ordinairement, soit par le Président de la République, soit par les Chambres. En voici l'énumération (art. 68 de la loi du 5 avril 1885) :

1° Les conditions des baux dont la durée dépasse 18 ans ; — 2° Les aliénations et échanges de propriétés communales ; — 3• Les acquisitions d'immeubles, les constructions nouvelles, les reconstructions entières ou partielles, les projets, plans et devis des grosses réparations et d'entretien, quand la dépense totalisée avec les dépenses de même nature pendant l'exercice courant dépasse les limites des ressources ordinaires et extraordinaires que les communes peuvent se créer sans autorisation spéciale ; — 4° Les transactions ; — 5° Le changement d'affectation d'une propriété communale ; — 6° La vaine pâture ; — 7° Le classement, le déclassement, le redressement ou le prolongement, l'élargissement, la suppression, la dénomination des rues et places publiques, la création ou la suppression des promenades, squares, ou jardins publics, champs de foire, de tir, ou de courses, l'établissement des plans d'alignement et de nivellement des voies publiques municipales, les modifications à des plans d'alignement adoptés, le tarif des droits de voirie, le tarif des droits de stationnement et de location sur les dépendances de la grande voirie, et généralement les tarifs de droits divers à percevoir au profit des communes; — 8° L'acceptation des dons et legs faits à la commune lorsqu'il y a des charges et conditions, ou lorsqu'ils donnent lieu à des réclamations des familles; — 9° Le budget communal; — 10° Les crédits supplémentaires; — 11° Les contributions extraordinaires et les emprunts; — 12° Les octrois, dans les cas déterminés par la loi; — 13° L'établissement, la suppression ou les changements des foires et marchés autres que les simples marchés d'approvisionnement.

Un décret du Président de la République est nécessaire pour autoriser toute contribution extraordinaire dépassant le maximum fixé par le conseil général, et tout emprunt remboursable sur ressources extraordinaires excédant douze années.

Une loi est nécessaire si la somme à emprunter, soit en elle-même, soit réunie à d'autres emprunts non remboursés, dépasse un million.

— III. Le conseil municipal est consulté par les autorités administratives supérieures et appelé à donner son avis sur certaines affaires locales. L'administration reste d'ailleurs maîtresse de ne pas tenir compte de ces avis, qui portent, par exemple, sur les projets d'alignement de grande voirie dans l'intérieur des villes, bourgs et villages, sur les budgets des établissements de bienfaisance, etc.

Enfin le conseil municipal peut exprimer des vœux sur les objets d'intérêt local; mais les vœux politiques lui sont interdits, avec plus de raison encore qu'ils ne le sont aux conseils généraux. La seule attribution politique du conseil municipal consiste à élire des délégués sénatoriaux.

197. Les maires et les adjoints. — La loi du 20 janvier 1874 décidant que les maires et les adjoints étaient nommés par le Président de la République dans les chefs-lieux de département, d'arrondissement et de canton ; dans les autres communes, par le préfet. Ces dispositions ont été abrogées en partie par la loi du 12 août 1876, qui, tout en conservant au Président de la République le droit de nomination des maires dans toutes les communes où il le possédait déjà, accordait aux conseils municipaux le droit d'élire leurs maires dans toutes les autres. Enfin la loi du 24 mars 1882 a rétabli l'égalité dans toutes les communes ; elle a donné à tous les conseils municipaux le droit de nomination de leurs maires et leurs adjoints.

Le maire doit être membre du conseil municipal qui l'élit. Ses fonctions sont gratuites.

Les maires peuvent être suspendus par le préfet et révoqués par décret du Président de la République. La suspension prononcée par le préfet doit être confirmée, dans le délai de deux mois, par le ministère de l'intérieur. Le maire révoqué n'est pas rééligible pendant un an.

Les adjoints sont les suppléants du maire. Ils le remplacent quand il est absent ou empêché. Ils le secondent dans l'administration de la commune. Ils sont élus, comme le maire, par le conseil municipal. Ils peuvent être suspendus et révoqués par lui.

Il y a un, deux ou plusieurs adjoints, selon le chiffre de la population de la commune.

Dans les grandes villes, où l'administration communale est une lourde charge, le maire délègue quelques-unes de ses fonctions (police, instruction primaire, finances, voirie, etc.) à ses différents adjoints.

198. Fonctions du maire. — 1° Le maire est d'abord *officier de l'état civil* ; en cette qualité, il est chargé de recevoir et de conserver les actes de naissance, de mariage et de décès.

2° Le maire est en second lieu *officier de police judiciaire* ; il assiste le procureur de la République et le juge d'instruction dans la recherche des crimes, délits et contraventions ; il remplit les fonctions du ministère public auprès du juge de paix, à défaut de commissaire de police ; enfin, dans des cas très exceptionnels, il remplit les fonctions de juge administratif.

Mais le maire a surtout des attributions administratives très nombreuses, soit comme agent du pouvoir central, soit comme représentant de la commune.

199. Le maire délégué du pouvoir central. —
Bien qu'il ne soit pas nommé par le gouvernement,
le maire n'en est pas moins, dans chaque commune,
le représentant de l'administration centrale.

Comme agent du gouvernement, le maire est
chargé de la publication et de l'exécution des lois et
des règlements; de l'exécution des mesures de sûreté
générale, des fonctions spéciales qui lui sont attribuées
par les lois. C'est lui encore qui est chargé de la confection des listes électorales, des mesures à prendre
pour les élections, de certaines opérations relatives
au recrutement, etc

A tous ces points de vue, le maire doit se considérer
comme le serviteur de l'État, comme le mandataire
de l'autorité. Il manquerait à ses devoirs, si, cédant
à ses opinions propres ou à des opinions de parti, il
essayait d'une façon directe ou détournée de s'écarter de la loi, s'il ne se conformait pas absolument et
par une stricte obéissance à la volonté du gouvernement. Aussi, en cas de refus d'exécution ou de
négligence en pareille matière, le préfet a le droit de
remplacer le maire par un délégué spécial. (Art. 85
de la loi du 5 avril 1884.)

200. Le maire représentant de la commune. —
Mais le maire n'est pas seulement un agent gouver-
nemental, un sous-préfet au petit pied, il est aussi
le mandataire de sa commune et le mandataire du
conseil municipal.

Comme agent du conseil municipal, le maire n'est
que le fidèle exécuteur des délibérations du conseil,
délibérations auxquelles il a pris part lui-même, qu'il
a présidées, avec ce privilège que, en cas de partage,
sa voix est prépondérante. C'est donc le maire qui
représentera le conseil municipal toutes les fois qu'il y
aura un acte de bail, de vente ou d'achat à passer
dans l'intérêt de la commune.

Mais le maire a aussi des fonctions propres, dans
l'exercice desquelles il ne dépend ni du pouvoir
central ni du conseil municipal. Il agit parfois sous

sa responsabilité personnelle, sauf à voir ses actes annulés par le préfet, si le préfet les juge mauvais ou illégaux, sauf à perdre la confiance du conseil municipal.

C'est ainsi que le maire a le droit de faire des règlements, c'est-à-dire de petites lois communales, obligatoires pour tous les habitants de la commune.

Ici, le maire exerce en quelque sorte un pouvoir législatif, de même qu'il exerce un pouvoir exécutif quand il agit comme mandataire du gouvernement ou comme mandataire du conseil municipal.

Les règlements du maire qui ont force de loi, et qui frappent le contrevenant d'une amende de 1 à 5 fr., prononcée par le juge de paix, se rattachent à trois ou quatre objets principaux :

1° *A la police municipale*, ce qui comprend la liberté de la circulation, la surveillance des rassemblements dans les lieux publics, l'inspection du débit des denrées et même le droit de taxer le pain et la viande, les mesures contre les épidémies;

2° *A la voirie municipale*, qu'on appelle la petite voirie, comprenant les rues qui ne sont pas le prolongement d'une route ou d'un chemin vicinal;

3° *A la police rurale*. Le maire peut fixer l'époque des vendanges et régler le glanage et le grappillage permis aux pauvres, aux petits enfants, aux vieillards et aux infirmes;

4° *A la voirie rurale*. Le maire, d'après le Code rural du 20 août 1881, doit prendre toutes les mesures nécessaires pour l'entretien des chemins ruraux.

Il s'en faut que nous ayons énuméré toutes les attributions particulières que la loi confère au maire; mais nous en avons assez dit pour faire comprendre combien ces attributions sont nombreuses, variées, délicates. Le maire, placé sous la dépendance du sous-préfet et du préfet, a cependant une autorité propre qui lui crée, à raison même de la complexité et de la diversité de ses fonctions, une responsabilité redoutable.

CHAPITRE XVI

Le Budget communal. — Instruction primaire, bâtiments communaux, chemins vicinaux et ruraux, etc. — Les subventions du département et de l'État. — Notions d'administration communale au point de vue de la tenue des registres de l'état civil et des écritures de la mairie.

201. **Le budget communal. —** Nous avons vu que le maire préparait, que le conseil municipal votait le budget. Étudions maintenant avec quelque détail ce budget communal.

Comme tout budget, le budget des communes se

divise en budget des recettes et budget des dépenses. Les recettes se divisent en recettes ordinaires et recettes extraordinaires. Les dépenses sont ou obligatoires ou facultatives.

202. Budget des recettes. — Examinons d'abord le budget des recettes :

1° Les communes ont des propriétés particulières : maisons, bois, pâturages, terres, etc. que le plus souvent elles n'exploitent pas elles-mêmes, mais qu'elles afferment, et dont le revenu constitue le premier fonds de leurs ressources budgétaires.

Le revenu des biens qui appartiennent aux communes dépasse, pour toute la France, le chiffre de 66 millions.

2° Les communes ont des ressources qui proviennent du produit des impôts. Ainsi, l'État abandonne aux communes 8 centimes sur chaque franc payé pour les patentes, le vingtième de l'impôt sur les chevaux et les voitures, 10 francs sur les 25 francs que coûte chaque permis de chasse.

Les communes perçoivent également la taxe sur les chiens, et les prestations payées en argent pour l'entretien des chemins vicinaux.

Le produit des expéditions des actes de l'état civil constitue aussi une des ressources ordinaires des communes. De même, le prix des concessions de terrain dans les cimetières, etc.

203. Centimes additionnels. — 3° Chaque année, la loi de finances ajoute 5 centimes par franc au chiffre que les contribuables doivent payer pour les contributions foncière, personnelle et mobilière. Le produit de ces centimes additionnels fait partie du revenu des communes et de leurs recettes ordinaires.

Il y a, en outre, des centimes additionnels spéciaux : tantôt ordinaires, ceux qui sont perçus pour l'instruction primaire (4 centimes, portant sur les quatre contributions directes), pour les chemins vicinaux (qui portent aussi sur les quatre contributions), pour le traitement du garde champêtre (les centimes additionnels ne portent, en ce cas, que sur la contribution foncière).

Enfin, il y a les centimes additionnels extraordinaires.

204. Octrois. — 4° Une autre ressource, spéciale à un petit nombre de communes, est celle qui provient des *octrois*, c'est-à-dire des impôts indirects dont on frappe certains objets de consommation à leur entrée dans la ville. Il n'y a que mille huit cent quarante communes pourvues d'un octroi. A Paris, les droits d'octroi produisent annuellement plus de 130 millions.

Des recettes analogues sont celles qui, dans certaines communes, sont exigées, sous le nom de *droits de place*, des marchands forains, ou même des marchands de la commune les jours de foire et de marché; de même le produit des permis de stationnement sur la voie publique, etc.

205. Recettes extraordinaires. — Ce sont les contributions extraordinaires dûment autorisées, le prix des biens vendus, les dons et legs, le produit des coupes extraordinaires de bois, le produit des emprunts, etc.

206. Subventions du département et de l'État. — Les communes, quand elles ne trouvent pas dans leurs ressources propres de quoi se suffire à elles-mêmes, reçoivent des subventions du département ou de l'Etat.

La loi du 29 juillet 1881 a décidé qu'une somme de 15 millions serait répartie entre les communes qui sont obligées de faire, pour les dépenses de l'instruction primaire, un prélèvement sur leurs revenus. L'État a mis en outre à la disposition des communes, la *caisse des écoles*.

La caisse des écoles, constituée par la loi du 10 avril 1867, a été richement dotée par le Parlement dans ces dernières années. La loi du 1er juin 1878 a mis à la disposition du gouvernement une somme de 120 millions : la moitié a été distribuée aux communes nécessiteuses pour la construction de leurs maisons d'école; l'autre moitié constitue un fonds de prêt, sur lequel les communes empruntent les sommes qui leur sont nécessaires. La loi de finances de décembre 1882 a augmenté de nouveau la dotation de la caisse des écoles.

De même, par des lois récentes (11 juillet 1878-10 avril 1879), l'État a accordé des subventions considérables aux communes pour la construction et l'entretien des chemins vicinaux. Une *caisse des chemins vicinaux* a été créée : les communes peuvent emprunter à cette caisse des sommes importantes, dans des conditions qui leur permettent de rembourser rapidement le capital.

207. Budget des dépenses. — Les communes ont un grand nombre de services à assurer; elles sont tenues, par conséquent, à divers ordres de dépenses, les unes obligatoires, les autres facultatives. Les dépenses obligatoires ont ceci de particulier que si le conseil municipal n'allouait pas les sommes nécessaires pour y faire face, les autorités supérieures inscriraient d'office ces dépenses sur le budget communal.

208. Énumération des principales dépenses obligatoires. — Parmi les dépenses obligatoires, nous mentionnerons les suivantes. (V. art. 136 de la loi du 5 avril 1884):

L'entretien de l'hôtel de ville, ou la location d'une maison ou salle pour en tenir lieu;

Les frais de bureau et d'impression pour le service de la commune, de conservation des actives communales, d'abonnement au *Bulletin des communes;*

Les frais de recensement de la population;

Les frais des registre de l'état civil;

Le traitement du receveur municipal, du préposé en chef de l'octroi ;

Les traitements du personnel de la police municipale;

Les frais de loyer et de réparation du local de la justice de paix;

Le contingent assigné à la commune dans la dépense des enfants assistés et des aliénés ;

L'indemnité de logement aux curés et desservants et ministres des autres cultes salariés par l'État, lorsqu'il n'existe pas de bâtiment affecté à leur logement, et lorsqueles fabriques ou autres administrations préposées aux cultes ne pourront pourvoir d'elles-mêmes au paiement de cette indemnité ;

Les grosses réparations aux édifices communaux, sauf lorsqu'ils sont consacrés au culte, etc., etc.

209. Dépenses relatives à l'instruction primaire. — Les dépenses relatives à l'instruction primaire comptent aussi parmi les dépenses obligatoires des communes. Bien que, par des lois récentes, l'État, en établissant la gratuité et en supprimant la rétribution scolaire, ait pris à sa charge une partie des frais de l'instruction primaire, des dépenses importantes n'en restent pas moins imposées aux communes.

C'est la commune qui fournit la maison d'école. Il est vrai que l'État vient au secours des communes par des subventions, pour les aider à construire les édifices scolaires.

D'autre part, le traitement des instituteurs et des institutrices, titulaires et adjoints, en exercice au moment de la promulgation de la loi du 15 juin 1881, est à la charge de l'État. Jamais ce traitement ne pourra être inférieur au plus élevé des traitements dont ils avaient joui pendant les trois années qui ont précédé cette loi. Mais les communes ont toujours à solder les 4 centimes spéciaux créés par l'article 41 de la loi du 15 mars 1850 et l'article 7 de la loi du 7 juillet 1875, applicables aux quatre contributions directes. Ces dépenses sont obligatoires.

La loi de 1881 a laissé aux communes la possibilité de remplacer les 4 centimes par des prélèvements sur certains de leurs revenus ordinaires, jusqu'à concurrence du cinquième. Cependant, pour les communes où le centime additionnel abandonné par l'État ne dépasse pas 20 francs, il y a dispense de ce prélèvement.

Seulement, l'obligation d'entretenir les écoles de filles s'applique non seulement aux communes de cinq cents habitants et au-dessus, comme autrefois, mais aussi aux communes dont la population dépasse quatre cents habitants, à la condition que la création de l'école soit décidée par le conseil départemental et approuvée par le ministre, conformément à l'article 2 de la loi du 10 avril 1867.

210. Dépenses relatives aux chemins vicinaux et ruraux.— Les chemins vicinaux sont des chemins classés et reconnus d'utilité publique par le Conseil général. On en distingue trois espèces :

1º Les chemins vicinaux *ordinaires*, qui n'intéressent qu'une commune.

2º Les chemins vicinaux dits *d'intérêt commun*. Ils servent à plusieurs villages et les traversent;

3º Les chemins vicinaux *de grande communication*. Ils mènent au chef-lieu de canton, traversent souvent plusieurs cantons et vont se relier à des routes proprement dites.

Les chemins vicinaux ordinaires sont exclusivement à la charge des communes. Afin de pourvoir à ces dépenses les communes ont à leur disposition les prestations en nature ; elles votent en outre, selon leurs besoins et leurs ressources, des centimes additionnels spéciaux, qui peuvent être portés jusqu'à huit.

Quant aux autres chemins vicinaux, la commune est aidée et subventionnée par le département et par l'État.

Les chemins *ruraux* diffèrent des chemins vicinaux en ce qu'ils ne sont pas *classés;* mais ils n'en sont pas moins des chemins publics dont l'entretien intéresse la commune.

D'après la loi du 25 août 1881, « quand le conseil municipal aura décidé que les chemins ruraux devront être reconnus comme affectés au service du public, et que la commission départementale du conseil général aura approuvé cette décision, ils seront, comme les chemins vicinaux, *imprescriptibles*, c'est-à-dire qu'une possession, même pendant trente ans, d'une portion de ces chemins n'en donnera pas la propriété à ceux qui auraient commis ces empiétements.

« Ils pourront aussi être entretenus à l'aide de centimes extraordinaires. »

211. État civil. — Nous avons dit que le maire était *officier de l'état civil.* (V. n° 192.) Jusqu'en 1789, c'était le clergé catholique qui inscrivait sur les registres des paroisses les naissances, les mariages et les décès, de sorte que les protestants n'avaient pas d'état civil. Depuis la loi du 20 septembre 1792, ce sont les municipalités, représentants laïques de la société tout entière, qui sont chargées de la tenue des registres de l'état civil.

En fait, c'est le secrétaire de la mairie qui généralement rédige les actes de l'état civil sous une forme authentique et légale.

212. Règles générales. — Il y a des règles générales pour la tenue de tous les actes de l'état civil. Il y a aussi des règles spéciales pour chacun de ces actes, actes de naissance, de mariage, de décès.

Voici les principales règles générales :

1° Les actes de l'état civil doivent être écrits non sur des feuilles volantes, mais sur des registres tenus en double exemplaire. Ces deux registres sont déposés dans des lieux différents, afin d'éviter les chances de destruction ou de perte; l'un reste aux archives de la commune, l'autre est envoyé, à la fin de chaque année, au greffe du tribunal d'arrondissement.

Ces registres sont composés de feuilles de papier timbré; ils sont envoyés aux maires, à la fin de chaque année, par les soins du préfet et du sous-préfet. Chaque feuille est numérotée et paraphée par le président du tribunal d'arrondissement, afin d'éviter tout retranchement et toute addition.

Le fait d'écrire sur de simples feuilles volantes est puni d'un emprisonnement d'un mois à trois mois, et d'un amende de 16 à 200 francs. On peut écrire tout les actes de l'état civil sur un seul registre; mais il vaut mieux, pour éviter les confusions, avoir trois registres séparés : le premier pour les naissances, le second pour les mariages, le troisième pour les décès.

2° Les registres de l'état civil sont publics; toute personne a le droit d'en demander une copie qui porte le nom d'*expédition* ou d'*extrait*. Ces expéditions doivent être signées par le maire ou son délégué et légalisées par le président du tribunal d'arrondissement.

Il faut payer certains droits pour obtenir ces expéditions; en voici le tarif :

Dans les villes de moins de cinq mille âmes, le droit est de 0 fr. 30 pour les actes de naissance et de décès, — de 0 fr. 60 pour les actes de mariage.

Pour les villes qui ont plus de cinquante mille âmes de population, il est de 0 fr. 50 pour les actes de naissance et de décès, — de 1 franc pour les actes de mariage.

Mais il y a à payer, en sus, dans toutes les villes, une feuille de papier timbré de 1 fr. 25, et la légalisation, dont le coût est de 0 fr. 25, et qui revient au greffier du tribunal.

Les indigents et les personnes qui demandent des expéditions pour faire des versements à la caisse des retraites sont dispensés du payement des frais d'expédition.

3° Les actes de l'état civil doivent être corroborés par la présence d'un certain nombre de témoins et signés par eux. Ces témoins doivent être du sexe masculin, âgés de vingt et un ans au moins, parents ou non parents.

4° Les actes de l'état civil doivent énoncer le lieu, le jour et l'heure où ils sont reçus, les prénoms, âge, profession et domicile de tous ceux qui y sont dénommés. On ne doit pas donner d'autres noms et prénoms aux personnes qui se présentent devant l'officier de l'état civil que ceux qui se trouvent sur leur acte de naissance.

213. Actes de naissance. — Le délai pour les déclarations de naissance est de trois jours à dater de celui de la naissance.

Toute déclaration tardive donne lieu à une amende de 16 francs à 300 francs et à un emprisonnement de six jours à six mois.

La déclaration doit être portée devant la municipalité du lieu où est né l'enfant.

La déclaration est faite par le père ; à défaut du père, par le médecin, par la sage-femme, ou enfin, au besoin, par les personnes qui assistaient à la naissance.

L'acte de naissance est rédigé immédiatement après la déclaration, en présence de deux témoins, mâles et majeurs, parents ou non.

Il était autrefois nécessaire de présenter l'enfant à la mairie à l'officier de l'état civil ; mais, ce transport étant parfois dangereux, il est admis aujourd'hui que l'officier de l'état civil peut se transporter au domicile du nouveau-né. Dans les villes populeuses, un médecin est délégué par la municipalité pour aller s'assurer de la réalité de la naissance.

L'acte de naissance doit énoncer le jour, l'heure et le lieu de la naissance, le sexe de l'enfant et les prénoms qui lui sont donnés ; les prénoms, nom, profession et domicile des père et mère, et ceux des témoins.

214. Acte de mariage. — L'acte de mariage doit être précédé de deux *publications* faites à huit jours d'intervalle, le dimanche, devant la porte de la mairie, dans la commune ou les communes où les futurs époux ont leur domicile. Quand le fils qui se marie n'a pas vingt-cinq ans, et quand la fille qui se marie n'a pas vingt et un ans, les publications doivent être faites également dans les communes où les parents ont leur domicile.

Le mariage ne peut être célébré que le troisième jour qui suit la deuxième publication. La célébration du mariage est publique; elle a lieu en présence de quatre témoins. L'officier de l'état civil qui a célébré le mariage délivre aux époux un certificat qui justifie de l'accomplissement des formalités civiles du mariage, certificat nécessaire pour que les ministres du culte procèdent au mariage religieux.

215. Acte de décès. — Il n'y a pas de délai fixé pour la déclaration de décès; cette fixation était inutile, puisque l'inhumation ne peut avoir lieu sans l'autorisation de l'officier de l'état civil, autorisation qu'il donne après s'être assuré de la réalité du décès. Dans les grandes villes, il y a un médecin spécial chargé par la municipalité de constater les décès.

Hors les cas fixés par les règlements de police, l'inhumation ne peut avoir lieu que vingt-quatre heures au plus tôt après le décès.

L'acte de décès doit être dressé sur la déclaration de deux témoins, pris le plus possible parmi les deux plus proches parents ou voisins. Si la personne est décédée hors de son domicile, on prendra, pour l'un des témoins, l'individu chez lequel elle sera décédée. (Code civil. art. 77 et 78.)

APPENDICE

Déclaration des droits de l'homme et du citoyen
— du 26 août 1789 —

Les Représentants du Peuple français, constitués en Assemblée nationale, considérant que l'ignorance, l'oubli ou le mépris des droits de l'homme sont les seules causes des malheurs publics et de la corruption des gouvernements, ont résolu d'exposer, dans une déclaration solennelle, les droits naturels, inaliénables et sacrés de l'homme, afin que cette déclaration, constamment présente à tous les membres du corps social, leur rappelle sans cesse leurs droits et leurs devoirs ; afin que les actes du pouvoir législatif et ceux du pouvoir exécutif, pouvant être à chaque instant comparés avec le but de toute institution politique, en soient plus respectés ; afin que les réclamations des citoyens, fondées désormais sur des principes simples et incontestables, tournent toujours au maintien de la constitution et au bonheur de tous.

En conséquence, l'Assemblée nationale reconnaît et déclare, en présence et sous les auspices de l'Être suprême, les droits suivants de l'homme et du citoyen :

ART. 1er. — Les hommes naissent et demeurent libres et égaux en droits. Les distinctions sociales ne peuvent être fondées que sur l'utilité commune.

ART. 2. — Le but de toute association politique est la conservation des droits naturels et imprescriptibles de l'homme. Ces droits sont la liberté, la propriété, la sûreté et la résistance à l'opression.

ART. 3. — Le principe de toute souveraineté réside essentiellement dans la nation. Nul corps, nul individu ne peut exercer d'autorité qui n'en émane expressément.

ART. 4. — La liberté consiste à pouvoir faire tout ce qui ne nuit pas à autrui : ainsi l'exercice des droits naturels de chaque homme n'a de bornes que celles qui assurent aux autres membres de la société la jouissance de ces mêmes droits. Ces bornes ne peuvent être déterminées que par la loi.

ART. 5. — La loi n'a le droit de défendre que les actions nuisibles à la société. Tout ce qui n'est pas défendu par la loi ne peut être empêché et nul ne peut être contraint à faire ce qu'elle n'ordonne pas.

ART. 6. — La loi est l'expression de la volonté générale. Tous les citoyens ont le droit de concourir personnellement, ou par leurs représentants, à sa formation. Elle doit être la même pour tous, soit qu'elle protège, soit qu'elle punisse. Tous les citoyens, étant égaux à ses yeux, sont également admissibles à toutes dignités, places et emplois publics, selon leur capacité et sans autre distinction que celle de leurs vertus et de leurs talents.

Art. 7. — Nul homme ne peut être accusé, arrêté, ni détenu que dans les cas déterminés par loi et selon les formes prescrites. Ceux qui sollicitent, expédient, exécutent ou font exécuter des ordres arbitraires, doivent être punis ; mais tout citoyen appelé ou saisi en vertu de la loi doit obéir à l'instant ; il se rend coupable par sa résistance.

Art. 8. — La loi ne doit établir que des peines strictement et évidemment nécessaires ; et nul ne peut être puni qu'en vertu d'une loi établie et promulguée antérieurement au délit et légalement appliquée.

Art. 9. — Tout homme étant présumé innocent jusqu'à ce qu'il ait été déclaré coupable, s'il est indispensable de l'arrêter, toute rigueur qui ne serait pas nécessaire pour s'assure de sa personne, doit être sévèrement réprimée par la loi.

Art. 10. — Nul ne doit être inquiété pour ses opinions, mêm religieuses, pourvu que leur manifestation ne trouble pa l'ordre public établi par la loi.

Art. 11. — La libre communication des pensés et des opinions est un des droits les plus précieux de l'homme : tout citoyen peut donc parler, écrire, imprimer librement, sauf à répondre de l'abus de cette liberté dans les cas déterminés par la loi.

Art. 12. — La garantie des droits de l'homme et du citoyen nécessite une force publique ; cette force est donc instituée pour l'avantage de tous, et non pour l'utilité particulière de ceux auxquels elle est confiée.

Art. 13. — Pour l'entretien de la force publique et pour les dépenses d'administration, une contribution commune est indispensable : elle doit être également répartie entre tous les citoyens, en raison de leurs facultés.

Art. 14. — Tous les citoyens ont le droit de constater, par eux-mêmes ou par leurs représentants, la nécessité de la contribution publique, de la consentir librement, d'en suivre l'emploi, et d'en déterminer la quotité, l'assiette, le recouvrement et la durée.

Art. 15. — La société a le droit de demander compte à tout agent public de son administration.

Art. 16. — Toute société dans laquelle la garantie des droits n'est pas assurée, ni la séparation des pouvoirs déterminée, n'a pas de constitution.

Art. 17. — La propriété étant un droit inviolable et sacré, nul ne peut en être privé, si ce n'est lorsque la nécessité publique, légalement constatée, l'exige évidemment, et sous la condition d'une juste et préalable indemnité.

LOIS CONSTITUTIONNELLES DE 1875.

Loi du 25 février 1875 relative à l'organisation des pouvoirs publics.

Art. 1er. — Le pouvoir législatif s'exerce par deux assemblées : la Chambre des députés et le Sénat.

La Chambre des députés est nommée par le suffrage universel, dans les conditions déterminées par la loi électorale.

La composition, le mode de nomination et les attributions du Sénat seront réglés par une loi spéciale.

ART. 2. — Le Président de la République est élu à la majorité absolue des suffrages par le Sénat et la Chambre des députés réunis en Assemblée nationale. Il est nommé pour sept ans; il est rééligible.

ART. 3. — Le Président de la République a l'initiative des lois, concurremment avec les membres des deux Chambres. Il promulgue les lois lorsqu'elles ont été votées par les deux Chambres; il en surveille et assure l'exécution.

Il a le droit de faire grâce; les amnisties ne peuvent être accordées que par une loi.

Il dispose de la force armée.

Il nomme à tous les emplois civils et militaires.

Il préside aux solennités nationales; les envoyés et les ambassadeurs des puissances étrangères sont accrédités auprès de lui.

Chacun des actes du Président de la République doit être contre signé par un ministre.

ART. 4. — Au fur et à mesure des vacances qui se produiront à partir de la promulgation de la présente loi, le Président de la République nomme, en conseil des ministres, le conseillers d'Etat au service ordinaire.

Les conseillers d'Etat ainsi nommés ne pourront être révoqués que par décision prise en conseil des ministres.

(Les conseillers d'État nommés en vertu de la loi du 24 mai 1812 ne pourront, jusqu'à l'expiration de leurs pouvoirs, être révoqués que dans la forme déterminée par cette loi).

(Après la séparation de l'Assemblée nationale, la révocation ne pourra être prononcée que par une résolution du Sénat.

ART. 5. — Le Président de la République peut, sur l'avis conforme du Sénat, dissoudre la Chambre des députés avant l'expiration de son mandat.

En ce cas, les collèges électoraux sont convoqués pour de nouvelles élections dans le délai de trois mois (1).

ART. 6. — Les ministres sont solidairement responsables devant les Chambres de la politique générale du gouvernement, et individuellement de leurs actes personnels.

Le Président de la République n'est responsable que dans le cas de haute trahison.

ART. 7. — En cas de vacance par décès ou pour toute autre cause, les deux Chambres réunies procèdent immédiatement à l'élection d'un nouveau président. Dans l'intervalle, le Conseil des ministres est investi du pouvoir exécutif.

ART. 8. — Les Chambres auront le droit, par délibérations séparées, prises dans chacune à la majorité absolue des voix, soit spontanément, soit sur la demande du Président de la

____

(1) Modifié comme il suit par la loi du 14 août 1884. « En ce cas, les collèges électoraux, sont réunis pour de nouvelles élections *dans le délai de deux mois*, et la Chambre *dans le délai de dix jours* qui suivront la clôture des opérations électorales. »

République, de déclarer qu'il y a lieu de reviser les lois constitutionnelles.

Après que chacune des deux Chambres aura pris cette résolution, elles se réuniront en Assemblée nationale pour procéder à la revision.

Les délibérations portant revision des lois constitutionnelles, en tout ou en partie, devront être prises à la majorité absolue des membres composant l'Assemblée nationale (1).

Art. 9. — Le siège du Pouvoir exécutif et des deux Chambres est à Versailles (2).

Loi du 24 février 1875 relative à l'organisation du Sénat.

Art. 7. — La loi du 14 août 1884 a décidé que les articles 1 à 7 de la loi constitutionnelle du 14 février 1875, relative à l'organisation du Sénat, n'auront plus le caractère constitutionnel. (Voir ci-après la loi du 9 décembre 1884 portant modification aux lois organiques sur l'organisation du Sénat et l'élection des sénateurs.)

Art. 8. — Le Sénat a, concurrement avec la Chambre des députés, l'initiative et la confection des lois. Toutefois, les lois de finances doivent être, en premier lieu, présentées à la Chambre des députés et votées par elle.

Art. 9. — Le Sénat peut être constitué en cour de justice pour juger soit le Président de la République, soit les ministres, et pour connaître des attentats commis contre la sûreté de l'Etat.

Art. 10. — (Il sera procédé à l'élection du Sénat un mois avant l'époque fixée par l'Assemblée nationale pour sa séparation.)

(Le Sénat entrera en fonctions et se constituera le jour même où l'Assemblée nationale se séparera.)

Loi du 16 juillet 1875 sur les rapports des pouvoirs publics.

Art. 1er. — Le Sénat et la Chambre des députés se réunissent chaque année, le second mardi de janvier, à moins d'une convocation antérieure faite par le président de la République.

Les deux Chambres doivent être réunies en session cinq mois au moins chaque année. La session de l'une commence et finit en même temps que celle de l'autre.

Le dimanche qui suivra la rentrée, des prières publiques seront adressées à Dieu dans les églises et dans les temples,

---

(2) Cet article a été complété comme il suit par la loi du 14 août 1884 :
« La forme républicaine du gouvernement ne peut faire l'objet d'une proposition de revision.

« Les membres des familles ayant régné en France sont inéligibles à la présidence de la république. »

(2) La loi du 19 juin 1879 a abrogé cet article. Le siège du pouvoir exécutif et des deux Chambres a été rétabli à Paris.

pour appeler son secours sur les travaux des Assemblées (1).

Art. 2. — Le Président de la République prononce la clôture de la session. Il a le droit de convoquer extraordinairement les Chambres.

Il devra les convoquer, si la demande en est faite, dans l'intervalle des sessions, par la majorité absolue des membres composant chaque Chambre.

Le Président peut ajourner les Chambres. Toutefois l'ajournement ne peut excéder le terme d'un mois, ni avoir lieu plus de deux fois dans la même session.

Art. 3. — Un mois au moins avant le terme légal des pouvoirs du Président de la République, les Chambres devront être réunies en Assemblée nationale pour procéder à l'élection du nouveau président.

A défaut de convocation, cette réunion aurait lieu de plein droit le quinzième jour avant l'expiration de ces pouvoirs.

En cas de décès ou de démission du Président de la République, les Chambres se réunissent immédiatement et de plein droit.

Dans le cas où, par application de l'article 5 de la loi du 25 février 1875, la Chambre des députés se trouverait dissoute au moment où la présidence de la République deviendrait vacante, les collèges électoraux seraient aussitôt convoqués, et le Sénat se réunirait de plein droit.

Art. 4. — Toute assemblée de l'une des deux Chambres qui seraient tenue hors du temps de la session commune est illicite et nulle en plein droit, sauf le cas prévu par l'article précédent et celui où le Sénat est réuni comme cour de justice; et, dans ce dernier cas, il ne peut exercer que des fonctions judiciaires.

Art. 5. — Les séances du Sénat et celles de la Chambre des députés sont publiques.

Néanmoins, chaque chambre peut se former en comité secret, sur la demande d'un certain nombre de ses membres, fixé par le règlement.

Elle décide ensuite, à la majorité absolue, si la séance doit être reprise en public sur le même sujet.

Art. 6. — Le Président de la République communique avec les Chambres par des messages qui sont lus à la tribune par un ministre.

Les ministres ont leur entrée dans les deux Chambres et doivent être entendus quand ils le demandent. Ils peuvent se faire assister par des commissaires désignés, pour la discussion d'un projet de loi déterminé, par décret du Président de la République.

Art. 7. — Le Président de la République promulgue les lois dans le mois qui suit la transmission au gouvernement de la loi définitivement adoptée. Il doit promulguer dans les trois jours les lois dont la promulgation, par un vote exprès dans l'une et l'autre Chambre, aura été déclarée urgente.

Dans le délai fixé pour la promulgation, le Président de la

(1) La loi du 14 août 1884 a abrogé ce paragraphe 3.

République peut, par un message motivé, demander aux deux Chambres une nouvelle délibération, qui ne peut être refusée.

Art. 8. — Le Président de la République négocie et ratifie les traités. Il en donne connaissance aux Chambres aussitôt que l'intérêt et la sûreté de l'État le permettent.

Les traités de paix, de commerce, les traités qui engagent les finances de l'État, ceux qui sont relatifs à l'état des personnes et au droit de propriété des Français à l'étranger, ne sont définitifs qu'après avoir été votés par les deux Chambres. Nulle cession, nulle échange, nulle adjonction de territoire ne peut avoir lieu qu'en vertu d'une loi.

Art. 9. — Le Président de la République ne peut déclarer la guerre sans l'assentiment préalable des deux Chambres.

Art. 10. — Chacune des Chambres est juge de l'éligibilité de ses membres et de la régularité de leur élection; elle peut seule recevoir leur démission.

Art. 11. — Le bureau de chacune des deux Chambres est élu chaque année pour la durée de la session, et pour toute session extraordinaire qui aurait lieu avant la session ordinaire de l'année suivante.

Lorsque les deux Chambres se réunissent en Assemblée nationale, leur bureau se compose des président, vice-présidents et secrétaires du Sénat.

Art. 12. — Le Président de la République ne peut être mis en accusation que par la Chambre des députés et ne peut être jugé que par le Sénat.

Les ministres peuvent être mis en accusation par la Chambre des députés pour crimes commis dans l'exercice de leur fonctions. En ce cas, ils sont jugés par le Sénat.

Le Sénat peut être constitué en cour de justice par un décret du Président de la République, rendu en conseil des ministres, pour juger toute personne d'attentat commis contre la sûreté de l'État.

Si l'instruction est commencée par la justice ordinaire, le décret de convocation du Sénat peut être rendu jusqu'à l'arrêt du renvoi.

Une loi déterminera le mode de procéder pour l'accusation, l'instruction et le jugement.

Art. 13. — Aucun membre de l'une ou de l'autre Chambre ne peut être poursuivi ou recherché à l'occasion des opinions ou votes émis par lui dans l'exercice de ses fonctions.

Art. 14. — Aucun membre de l'une ou de l'autre Chambre ne peut, pendant la durée de la session être poursuivi ou arrêté, en matière criminelle ou correctionnelle; qu'avec l'autorisation de la Chambre dont il fait partie, sauf le cas de flagrant délit.

La détention ou la poursuite d'un membre de l'une ou de l'autre Chambre est suspendue pendant la session, et toute sa durée si la Chambre le requiert.

Loi portant revision partielle des lois constitutionnelles
— Du 14 août 1884 —

L'Assemblée nationale a adopté,

Le président de la République promulgue la loi dont la teneur suit :

ARTICLE 1er. — Le paragraphe 2 de l'article 5 de la loi constitutionnelle du 25 février 1875, relative à l'organisation des pouvoirs publics, est modifié ainsi qu'il suit :

« En ce cas, les collèges électoraux sont réunis pour de nouvelles élections *dans le délai de deux mois*, et la chambre *dans le délai de dix jours* qui suivront la clôture des opérations électorales (1). »

ART. 2. — Le paragraphe 3 de l'article 8 de la même loi du 25 février 1875 est complété ainsi qu'il suit :

« La forme républicaine du gouvernement ne peut faire l'objet d'une proposition de revision.

« Les membres des familles ayant régné en France sont inéligibles à la présidence de la République (2). »

ART. 3. — Les articles 1 à 7 de la loi constitutionnelle du 24 février 1875, relative à l'organisation du Sénat, n'auront plus le caractère constitutionnel (3).

ART. 4. — Le paragraphe 3 de l'article 1er de la loi constitutionnelle du 16 juillet 1875 sur les rapports des pouvoirs publics, est abrogé (4).

Loi portant modification aux Lois organiques sur l'organisation du Sénat et l'élection des sénateurs
— Du 9 décembre 1884 —

ARTICLE 1er. — Le Sénat se compose de trois cents membres élus par les départements et les colonies.

Les membres actuels, sans distinction entre les sénateurs élus par l'Assemblée nationale ou le Sénat et ceux qui sont élus par les départements et les colonies, conservent leur mandat pendant le temps pour lequel ils ont été nommés.

2. — Le département de la Seine élit dix sénateurs.

Le département du Nord élit huit sénateurs.

Les départements des Côtes-du-Nord, Finistère, Gironde, Ille-et-Vilaine, Loire, Loire-Inférieure, Pas-de-Calais, Rhône, Saône-et-Loire, Seine-Inférieure, élisent chacun cinq sénateurs.

L'Aisne, Bouches-du-Rhône, Charente-Inférieure, Dordogne, Haute-Garonne, Isère, Maine-et-Loire, Manche, Morbihan, Puy-de-Dôme, Seine-et-Oise, Somme, chacun quatre sénateurs.

L'Ain, Allier, Ardèche, Ardennes, Aube, Aude, Aveyron, Calvados, Charente, Cher, Corrèze, Corse, Côte-d'Or, Creuse,

Doubs, Drôme, Eure, Eure-et-Loir, Gard, Gers, Hérault, Indre, Indre-et-Loire, Jura, Landes, Loir-et-Cher, Haute-Loire, Loiret, Lot, Lot-et-Garonne, Marne, Haute-Marne, Mayenne, Meurthe-et-Moselle, Meuse, Nièvre, Oise, Orne, Basses-Pyrénées, Haute-Saône, Sarthe, Savoie, Haute-Savoie, Seine-et-Marne, Deux-Sèvres, Tarn, Var, Vendée, Vienne, Haute-Vienne, Vosges, Yonne, élisent chacun trois sénateurs.

Les Basses-Alpes, Hautes-Alpes, Alpes-Maritimes, Ariège, Cantal, Lozère, Hautes-Pyrénées, Pyrénées-Orientales, Tarn-et-Garonne, Vaucluse, élisent chacun deux sénateurs.

Le territoire de Belfort, les trois départements de l'Algérie, les quatre colonies de la Martinique, de la Guadeloupe, de la Réunion et des Indes françaises, élisent chacun un sénateur.

3. — Dans les départements où le nombre des sénateurs est augmenté par la présente loi, l'augmentation s'effectuera à mesure des vacances qui se produiront parmi les sénateurs inamovibles.

A cet effet, il sera, dans la huitaine de la vacance, procédé en séance publique à un tirage au sort pour déterminer le département qui sera appelé à élire un sénateur.

Cette élection aura lieu dans le délai de trois mois à partir du tirage au sort ; toutefois, si la vacance survient dans les six mois qui précèdent le renouvellement triennal, il n'y sera pourvu qu'au moment de ce renouvellement.

Le mandat ainsi conféré expirera en même temps que celui des autres sénateurs appartenant au même département.

4. — Nul ne peut être sénateur s'il n'est Français, âgé de quarante ans au moins et s'il ne jouit de ses droits civils et politiques.

Les membres des familles qui ont régné sur la France sont inéligibles au Sénat.

5. — Les militaires des armées de terre et de mer ne peuvent être élus sénateurs.

Sont exceptés de cette disposition :

1° Les maréchaux de France et les amiraux ;

2° Les officiers généraux maintenus sans limite d'âge dans la première section du cadre de l'état-major général et non pourvus de commandement ;

3° Les officiers généraux ou assimilés placés dans la deuxième section du cadre de l'état-major général ;

4° Les militaires des armées de terre et de mer qui appartiennent soit à la réserve de l'armée active, soit à l'armée territoriale.

6. — Les sénateurs sont élus au scrutin de liste quand il y a lieu, par un collège réuni au chef-lieu du département ou de la colonie et composé :

1° Des députés ;

2° Des conseillers généraux ;

3° Des conseillers d'arrondissement ;

4° Des délégués élus parmi les électeurs de la commune par chaque conseil municipal.

Les conseils composés de dix membres éliront un délégué.

Les conseils composés de douze membres éliront deux délégués.

Les conseils composés de seize membres éliront trois délégués.

Les conseils composés de vingt et un membres éliront six délégués.

Les conseils composés de vingt-trois membres éliront neuf délégués.

Les conseils composés de vingt-sept membres éliront douze délégués.

Les conseils composés de trente membres éliront quinze délégués.

Les conseils composés de trente-deux membres éliront dix-huit délégués.

Les conseils composés de trente-quatre membres éliront vingt et un délégués.

Les conseils composés de trente-six membres et au-dessus éliront vingt-quatre délégués.

Le conseil municipal de Paris élira trente délégués.

Dans l'Inde française, les membres des conseils locaux sont substitués aux conseillers d'arrondissement. Le conseil municipal de Pondichéry élira cinq délégués. Le conseil municipal de Karikal élira trois délégués. Toutes les autres communes éliront chacune deux délégués.

Le vote a lieu au chef-lieu de chaque établissement.

7. — Les membres du Sénat sont élus pour neuf ans.

Le Sénat se renouvelle tous les trois ans, conformément à l'ordre des séries de départements et colonies actuellement existantes.

8. — Les articles 2 (paragraphes 1 et 2), 3, 4, 5, 8, 14, 16, 19, 23 de la loi organique du 2 août 1875, sur les élections des sénateurs, sont modifiés ainsi qu'il suit :

ARTICLE 2 — (paragraphes 1 et 2). « Dans chaque conseil municipal, l'élection des délégués se fait sans débat, au scrutin secret, et, le cas échéant, au scrutin de liste, à la majorité absolue des suffrages.

« Après deux tours de scrutin, la majorité relative suffit, et, en cas d'égalité de suffrage, le plus âgé est élu.

« Il est procédé de même et dans la même forme à l'élection des suppléants.

« Les conseils qui ont un, deux ou trois délégués à élire nomment un suppléant.

« Ceux qui élisent six ou neuf délégués nomment deux suppléants.

» Ceux qui élisent douze ou quinze délégués nomment trois suppléants.

« Ceux qui élisent dix-huit ou vingt et un délégués nomment quatre suppléants.

« Ceux qui élisent vingt-quatre délégués nomment cinq suppléants.

« Le conseil municipal de Paris nomme huit suppléants.

« Les suppléants remplaceront les délégués, en cas de refus ou d'empêchement, selon l'ordre fixé par le nombre des suffrages obtenus par chacun d'eux.

16.

Art. 3. — « Dans les communes où les fonctions de conseil municipal sont remplies par une délégation spéciale instituée en vertu de l'article 44 de la loi du 5 avril 1884, les délégués et suppléants sénatoriaux seront nommés par l'ancien conseil. »

Art. 4. — « Si les délégués n'ont pas été présents à l'élection, notification leur en est faite dans les vingt-quatre heures par les soins du maire. Ils doivent faire parvenir aux préfets, dans les cinq jours, l'avis de leur acceptation. En cas de refus ou de silence, ils sont remplacés par les suppléants, qui sont alors portés sur la liste comme délégués de la commune. »

Art. 5. — « Le procès-verbal de l'élection des délégués et des suppléants est transmis immédiatement au préfet. Il mentionne l'acceptation ou le refus des délégués et suppléants ainsi que les protestations élevées contre la régularité de l'élection par un ou plusieurs membres du conseil municipal. Une copie de ce procès-verbal est affichée à la porte de la mairie. »

Art. 8. — « Les protestations relatives à l'élection des délégués ou des suppléants sont jugées, sauf recours au Conseil d'État, par le conseil de préfecture, et, dans les colonies, par le conseil privé.

« Les délégués dont l'élection est annulée parce qu'ils ne remplissent pas une des conditions exigées par la loi, ou pour vice de forme, sont remplacés par les suppléants.

« En cas d'annulation de l'élection d'un délégué et de celle d'un suppléant, comme en cas de refus ou de décès de l'un et de l'autre, après leur acceptation, il est procédé à de nouvelles élections par le conseil municipal, au jour fixé par un arrêté du préfet. »

Art. 14. — « Le premier scrutin est ouvert à huit heures du matin et fermé à midi. Le second est ouvert à deux heures et fermé à cinq heures. Le troisième est ouvert à sept heures et fermé à dix heures. Les résultats des scrutins sont recensés par le bureau et proclamés immédiatement par le président du collège électoral.

Art. 16. — « Les réunions électorales pour la nomination des sénateurs pourront être tenues depuis le jour de la promulgation du décret de convocation des électeurs jusqu'au jour du vote inclusivement.

« La déclaration prescrite par l'article 2 de la loi du 30 juin 1881 sera faite par deux électeurs au moins.

« Les formalités et prescriptions de cet article, ainsi que celles de l'article 3, seront observées.

« Les membres du Parlement élus ou électeurs dans le département, les électeurs sénatoriaux, délégués et suppléants, et les candidats, ou leur mandataire, peuvent seuls assister à ces réunions.

« L'autorité municipale veillera à ce que nulle autre personne ne s'y introduise.

« Les délégués et suppléants justifieront de leur qualité par un certificat du maire de la commune ; les candidats ou mandataires par un certificat du fonctionnaire qui aura reçu la déclaration dont il est parlé au paragraphe 2. »

ART 19. — « Toute tentative de corruption ou de contrainte par l'emploi des moyens énoncés dans les articles 177 et suivants du Code pénal, pour influencer le vote d'un électeur ou le déterminer à s'abstenir de voter, sera punie d'un emprisonnement de trois mois à deux ans et d'une amende de cinquante francs à cinq cents francs, ou de l'une de ces deux peines seulement.

« L'article 463 du Code pénal est applicable aux peines édictées par le présent article. »

ART. 23. — « Il est pouvu aux vacances survenant par suite de décès ou de démission des sénateurs dans le délai de trois mois ; toutefois, si la vacance survient dans les six mois qui précèdent le renouvellement triennal, il n'y est pourvu qu'au moment de ce renouvellement. »

9. Sont abrogés :

1° Les articles 1 à 7 de a loi du 24 février 1875, sur l'organisation du Sénat ;

2° Les articles 24 et 25 de la loi du 2 août 1875, sur les élections des sénateurs.

Loi rétablissant le scrutin de liste pour l'élection des membres de la Chambre des députés.
— Du 16 juin 1885 —

ARTICLE 1er. — Les membres de la Chambre des députés sont élus au scrutin de liste.

ART. 2. — Chaque département élit le nombre des députés qui lui est attribué par le tableau annexé à la présente loi, à raison d'un député par soixante-dix mille habitants, les étrangers non compris. Néanmoins, il sera tenu compte de toute fraction inférieure à soixante-dix mille.

Chaque département élit au moins trois députés.

Il est attribué deux députés au territoire de Belfort, six à l'Algérie et dix aux colonies, conformément aux indications du tableau.

Ce tableau ne pourra être modifié que par une loi.

ART. 3. — Le département forme une seule circonscription.

ART. 4. — Les membres des familles qui ont régné sur la France sont inéligibles à la Chambre des députés.

ART. 5. — Nul n'est élu au premier tour de scrutin s'il n'a réuni :

1° La majorité absolue des suffrages exprimés ;

2° Un nombre de suffrages égal au quart du nombre des électeurs inscrits.

Au deuxième tour, la majorité relative suffit.

En cas d'égalité de suffrages, le plus âgé des candidats est élu.

ART. 6. — Sauf le cas de dissolution prévu et réglé par la Constitution, les élections générales ont lieu dans les soixante jours qui précèdent l'expiration des pouvoirs de la Chambre des députés.

ART. 7. — Il n'est pas pourvu aux vacances survenues dan les six mois qui précèdent le renouvellement de la Chambre

(VOIR LE TABLEAU CI-CONTRE

ANNEXE A LA LOI AYANT POUR OBJET DE MODIFIER LA LOI ÉLECTORALE

Tableau déterminant le nombre des députés attribués à chaque département

DÉPARTEMENTS	NOMBRE des HABITANTS non compris les étrangers.	NOMBRE DES DÉPUTÉS.
Ain	359.507	6
Aisne	543.891	8
Allier	416.076	6
Alpes (Basses-)	129.199	3
Alpes (Hautes-)	119.287	3
Alpes-Maritimes	184.621	3
Ardèche	376.416	6
Ardennes	298.675	5
Ariège	240.455	4
Aube	252.636	4
Aude	316.442	5
Aveyron	410.075	6
Bouches-du-Rhône	499.051	8
Calvados	438.585	7
Cantal	235.975	4
Charente	370.489	6
Charente Infér.	465.391	7
Cher	350.810	6
Corrèze	316.741	5
Corse	257.669	4
Côte-d'Or	378.725	6
Côtes-du-Nord	626.970	9
Creuse	278.782	4
Dordogne	493.690	8
Doubs	297.181	5
Drôme	312.413	5
Eure	361.641	6
Eure-et-Loir	279.065	4
Finistère	681.190	10
Gard	412.229	6
Garonne (Haute-)	473.167	7
Gers	274.880	4
Gironde	740.046	11
Hérault	432.233	7
Ille-et-Vilaine	614.382	9
Indre	287.425	5
Indre-et-Loire	327.082	5
Isère	574.186	9
Jura	282.063	5
Landes	300.775	5
Loir-et-Cher	275.063	4
Loire	598.136	9
Loire (Haute-)	316.132	5
Loire-Inférieure	624.630	9
Loiret	367.266	6
Lot	279.693	4
Lot-et-Garonne	304.049	5
Lozère	143.225	3
Maine-et-Loire	522.683	8
Manche	525.656	8
Marne	408.503	6
A REPORTER		**303**

DÉPARTEMENTS	NOMBRE des HABITANTS non compris les étrangers.	NOMBRE DES DÉPUTÉS.
REPORT	....	303
Marne (Haute-)	252.676	4
Mayenne	344.656	5
Meurthe-et-Mos	404.817	6
Meuse	282.361	5
Morbihan	521.407	8
Nièvre	347.076	5
Nord	1.335.548	20
Oise	396.156	6
Orne	375.721	6
Pas-de-Calais	798.722	12
Puy-de-Dôme	565.264	9
Pyrénées (Basses-)	417.766	6
Pyrénées (Hautes-)	233.474	4
Pyrénées-Orient	197.875	3
Rhin (Haut-) territ. de Belfort	70.244	2
Rhône	724.499	11
Saône (Haute-)	294.311	5
Saône-et-Loire	622.689	9
Sarthe	438.233	7
Savoie	260.054	4
Savoie (Haute-)	267.252	4
Seine	2.606.283	38
Seine-Inférieure	804.935	12
Seine-et-Marne	341.124	5
Seine-et-Oise	570.824	9
Sèvres (Deux-)	349.888	5
Somme	546.425	8
Tarn	358.723	6
Tarn-et-Garonne	216.306	4
Var	265.636	4
Vaucluse	242.309	4
Vendée	421.522	7
Vienne	339.599	5
Vienne (Haute-)	318.780	5
Vosges	402.615	6
Yonne	355.529	6
Algérie.		
Alger	....	2
Constantine	....	2
Oran	....	2
Colonies.		
Cochinchine	....	1
La Guadeloupe	....	2
Guyane française	....	1
Inde française	....	1
La Martinique	....	2
La Réunion	....	2
Sénégal	....	1
TOTAL		**584**

NOTIONS D'ÉCONOMIE POLITIQUE

I. CONSIDÉRATIONS GÉNÉRALES

Définitions. — L'homme a des *besoins* nombreux qui stimulent son activité. Que ces besoins soient inhérents à sa nature (besoin de se nourrir, de se loger, de se vêtir) ou qu'ils se forment en lui avec les progrès de la civilisation (besoin de sécurité, d'hygiène, d'instruction, de moralité), l'homme travaille pour les satisfaire.

Le *travail* a pour but de produire la *richesse*. Au sens de l'Économie politique, on entend par richesse toute chose propre à satisfaire nos besoins physiques, intellectuels ou moraux. Une pioche, un rabot, un livre, la leçon d'un maître, l'habileté du travailleur et son travail, sont de la richesse. Tout ce qui a une *valeur* quelconque, c'est-à-dire une *utilité directe*, comme l'air, les aliments, ou une *utilité indirecte*, comme l'argent, les marchandises dans la boutique d'un marchand, constitue la richesse. « Si l'homme, dit Rossi, apprenait qu'il y a dans la Lune ou dans Jupiter du blé ou du vin, il n'appellerait pas cela *richesse* relativement aux habitants de la terre, parce qu'il n'aurait aucune possibilité de les appliquer à la satisfaction de ses besoins. Mais, partout où nous trouvons la propriété de satisfaire nos besoins et la possibilité de tirer parti des choses. nous reconnaissons la richesse. »

Il y a deux espèces de richesses : 1° les richesses *naturelles,* telles que l'air, l'eau, la terre, que l'homme n'a point produites, qu'il trouve dispersées autour de lui, mais qui n'en sont pas moins pour lui une utilité bien réelle ; 2° les richesses *artificielles ou sociales,* produites par l'homme et qui résultent de ses efforts, de ses travaux, de ses peines, de ses souffrances et de ses sacrifices (les aliments, les vêtements, les habitations, les améliorations faites sur le sol, les semences, les matières premières, les produits de toute nature, ainsi que les talents et services de toute espèce).

La *nature* fournit à l'homme les matériaux, l'*industrie* les met en œuvre.

Les produits du travail circulent, s'échangent, se distribuent dans la société, pour aller du producteur au consommateur. La production est le point de départ, l'échange est le moyen, la consommation est le but.

Ce n'est que par l'échange que les divers produits arrivent à leur destination en passant, par une série plus ou moins longue d'intermédiaires, du producteur au consommateur. Le producteur ne saurait, la plupart du temps, consommer tout ce qu'il produit. Un cordonnier fait plus de souliers qu'il n'en peut garder pour son propre usage. Il faut donc qu'il les échange contre un prix, une valeur quelconque, d'où il tirera de quoi satisfaire ses besoins et se procurer les choses qui lui sont utiles.

II. CE QU'EST L'ÉCONOMIE POLITIQUE

Économie. — Vient de deux |mots grecs qui veulent dire : règle du ménage, loi de la maison. Il ne signifie ordinairement que le sage et légitime gouvernement de la maison pour le bien commun de toute la famille. Le sens de ce terme a été étendu au gouvernement de la grande famille qu'on appelle l'État. Pour distinguer ces deux acceptions, on l'appelle, dans le premier cas, *économie domestique* ou *particulière*, et dans le second *économie générale* ou *politique* (de πόλις, ville).

L'Économie politique a été définie « la science de la richesse » : elle a pour objet de déterminer comment la richesse est et doit être le plus rationnellement produite et le plus équitablement répartie, dans l'intérêt des individus comme dans celui de la société entière.

On la définit d'une manière plus exacte et plus complète en disant qu'elle est *la science des lois selon lesquelles la richesse se forme, se distribue et se consomme.*

L'Economie politique est la science des intérêts de la société, et, comme toutes les sciences véritables, elle est fondée sur l'expérience, dont les résultats groupés et rangés méthodiquement sont devenus des principes, des vérités générales. (J. B. Say.)

C'est une vaste et noble science : elle scrute les ressorts du mécanisme social et les fonctions de chacun des organes qui constituent ces corps vivants et merveilleux qu'on nomme les sociétés humaines. Elle étudie les *lois* générales suivant lesquelles le genre humain est appelé à croître en nombre, en richesse, en intelligence, en moralité; et néanmoins, reconnaissant un libre arbitre social comme un libre arbitre individuel, elle dit comment les lois providentielles peuvent être méconnues ou violées, quelle responsabilité terrible naît de ces expérimentations fatales, et comment la civilisation peut être ainsi arrêtée, retardée, refoulée et pour longtemps étouffée. (Fr. Bastiat.)

III. ORIGINES DE L'ÉCONOMIE POLITIQUE

SES PRINCIPAUX FONDATEURS.

L'Économie politique est de date récente: elle n'est sérieusement étudiée que depuis un siècle. Sans doute les hommes se sont toujours occupés des questions relatives au travail et à la production de la richesse. Mais, jusqu'au xviiiᵉ siècle, personne n'avait songé à coordonner les observations fournies par l'expérience en un corps de doctrine formant une science véritable.

Jusqu'à cette époque, la notion du travail, principe fondamental de la richesse, avait été obscurcie, dans l'antiquité, par l'esclavage, au moyen âge par le servage, puis longtemps encore par une foule de lois et d'usages iniques, qui enchaînaient l'essor de l'activité humaine, et ne permettaient ni de saisir ni de formuler les lois qui président à son développement normal et régulier. Lorsque la notion du travail, aux approches de la Révolution, se trouva dégagée, grâce aux efforts de vaillants penseurs, des erreurs grossières, des préjugés misérables qui pesaient sur elle, l'Économie politique trouva seulement alors le champ d'observation dont elle avait besoin: elle put se constituer et procéder méthodiquement à la connaissance de la richesse, de sa nature, de ses causes, de sa distribution suivant les lois naturelles de l'échange.

En dehors de quelques essais isolés, notamment ceux tentés par Vauban et par Bois-Guillebert, son contemporain, il faut, pour arriver à une théorie générale de la richesse, aller jusqu'à Quesnay et à Turgot.

Quesnay, médecin de Louis XV, fonda une école d'économistes, qui prirent le nom de Phisiocrates (du mot grec Φύσις, nature), lesquels donnaient comme source unique à la richesse la production agricole, la culture de la terre.

Turgot s'attacha de préférence à provoquer l'affranchissement du commerce par la destruction des corporations et des douanes intérieures, ainsi que des règlements divers qui pesaient lourdement sur la production et la circulation des produits. Il échoua dans cette œuvre, qu'il était réservé à la Révolution de faire triompher.

Quesnay ne considérait que l'agriculture, Turgot que le commerce; leurs systèmes étaient trop exclusifs. En 1776, un homme illustre, Adam Smith, professeur de philosophie à Edimbourg, publia son fameux ouvrage intitulé : « Recherches sur la nature et les causes de la richesse des nations », dans lequel, laissant de côté ce qu'avaient d'étroit l'un et l'autre système, il démontra que la véritable source de la richesse résidait, non pas dans les matériaux, quels qu'ils soient, dont l'homme dispose, mais dans l'activité, dans l'industrie qu'il déploie pour faire valoir ces matériaux. La grande loi du travail, considérée comme le principal instrument de la production, c'est-à-dire de la richesse, était posée en tête de l'Économie politique.

Après lui, Ricardo, Malthus, et de nos jours, J.-B. Say, dont le *Traité d'Économie politique* (1803) est resté classique, Rossi, Blanqui, Fréd. Bastiat, Michel Chevalier, ont développé et complété les principes, et travaillé activement à construire la science économique, « l'une des plus importantes pour l'humanité, puisqu'elle fait connaître la nature et les causes du bien-être et de la misère des nations, et peut par là contribuer souvent à développer les unes, à prévenir ou atténuer les autres ».

TRIPLE DIVISION DE L'ÉCONOMIE POLITIQUE

Nous savons maintenant que la science économique observe les lois et recherche les moyens suivant lesquels : 1° la production devient plus abondante,

2° l'échange et la circulation des produits plus faciles, 3° la consommation plus profitable. Aussi convient-il d'adopter dans l'étude de cette science une triple division, qui réponde exactement à son objet comme aux fins qu'elle poursuit :

1° De la production de la richesse ;

2° De la circulation et de la distribution de la richesse;

3° De la consommation de la richesse.

CHAPITRE PREMIER

PRODUCTION DE LA RICHESSE

SOMMAIRE

1. *De la production en général.* La production est une création d'utilité : ou elle augmente l'utilité première d'un objet, ou elle crée une utilité nouvelle dans cet objet. — 2. *Principaux agents de la production.* Les principaux agents de la production sont : le Travail, la Terre, le Capital, l'Instruction. — 3. *Le travail.* Le travail est toute action suivie en vue d'un résultat utile. — 4. *Conditions normales du travail.* Le travail doit être divisé, libre et rémunéré convenablement. — 5. *Paiement des salaires.* Salaires à la journée ou à la tâche, participation des ouvriers aux bénéfices du patron. — 6. *Le droit au travail, l'organisation du travail.* Critique de ces doctrines économiques. — 7. *Divers modes d'association des travailleurs. Les grèves.* Associations coopératives. Le droit de grève : ses limites. — 8. *La terre et les forces naturelles.* — 9. *La propriété :* son universalité. sa légitimité. 10. *Conséquences du droit de propriété :* l'homme peut la consommer, l'échanger, la donner, la transmettre à ses descendants. — 11. *Division du sol :* la grande, la moyenne et la petite propriété. — 12. *Formation du capital.* Le capital est tout produit du travail mis en réserve pour une production future. Légitimité de la propriété du capital. — 13. *Diverses sortes de capitaux.* Le capital fixe et le capital circulant. — 14. *Rôle du capital dans l'industrie et dans la société.* Son influence sur l'importance des industries et la valeur des produits. — 15. *Alliance nécessaire du capital et du travail :* conditions dans lesquelles cette alliance se produit.— 16. *Utilité des caisses d'épargne. Entreprises d'assurances et de crédit.* — 17. *L'intelligence et l'instruction.* L'instruction à tous les degrés est un élément important de la production. — 18. *Les machines.* Leur influence sur le bien-être des travailleurs.et le produit des choses.

1. De la production en général. — L'homme ne peut satisfaire ses besoins qu'en appropriant à son usage les objets extérieurs. Il ne crée pas la matière, mais il la façonne de manière à pouvoir s'en servir.

Il tue un animal pour pouvoir se nourrir de sa chair ou se vêtir de sa dépouille; il coupe un arbre pour s'en faire un lit ou une table ; il tire des entrailles de la terre un bloc de charbon pour en faire un combustible réchauffant ou propre à engendrer la vapeur. L'animal, le bois, le bloc de charbon existaient avant que l'homme les eût façonnés, transformés pour son usage. Mais ils n'avaient pour lui qu'une utilité bien restreinte, ou même lui étaient tout à fait inutiles. C'est la transformation qu'il leur a fait subir qui constitue la production.

La production est donc une *création d'utilité*.

Prendre à l'état brut un morceau de bois qui ne pourrait servir qu'à étayer un mur, une maison, tailler ce morceau de bois, le façonner, le sculpter pour en faire un meuble, c'est lui donner une valeur plus grande que celle qu'il avait primitivement, c'est en *augmenter* l'utilité.

Extraire du sol un bloc de houille, pour l'employer au chauffage, à l'éclairage, à la production de la vapeur, c'est faire d'un objet inutile, alors qu'il est enfoui dans le sol, un objet utile, c'est *créer* son utilité.

Ainsi produire est de toute évidence le premier acte accompli par l'homme mis en face de la nature, et cet acte consiste :

1° Ou dans une *augmentation* de l'utilité *première* d'un objet (morceau de bois transformé en meuble):

2° Ou dans la *création* d'une utilité *nouvelle* dans un objet (bloc de houille transformé en producteur d'éclairage, de chauffage ou de vapeur).

Donc, lorsqu'on dit, dans le langage courant, que l'homme produit les choses dont il se sert, il faut entendre par là que l'homme produit, non les choses elles-mêmes, que la nature lui fournit exclusivement, mais seulement l'utilité qu'il leur communique, l'aptitude qu'il leur donne à satisfaire ses besoins.

Rappelons d'ailleurs que l'homme n'a pas seulement des besoins physiques, mais des besoins intellectuels et moraux. L'instituteur qui agit par ses leçons sur l'intelligence d'un enfant, qui développe ses facultés, qui augmente leur puissance d'action, en un mot, leur utilité, accomplit un acte de production : il mérite autant que personne le titre de producteur.

2. **Principaux agents de la production.** — Examinons un acte de production, et voyons de quels éléments il se compose, dans quelles conditions il se manifeste nécessairement.

Regardons cet homme qui laboure son champ : de ses deux bras roidis il pousse sa charrue, il soulève péniblement la terre endurcie, et trace un sillon. Il peine, il travaille. Voilà le premier élément de la production : le *Travail*.

Mais qui lui fournit la matière première, l'objet même auquel il applique son travail? La terre. Qui fera germer le grain déposé dans le sillon ? La force mystérieuse cachée dans la terre elle-même. Voilà le second élément de la production: *la Terre, les forces naturelles*.

Pour s'aider dans son travail, l'homme a dû se pourvoir d'outils, d'instruments: ces instruments, ce sont ici la charrue qu'il pousse, les chevaux qui la traînent, etc. Tout cela décuple ses forces. Mais, pour avoir ces outils, ces instruments, il lui a fallu épargner, mettre en réserve sur ses gains antérieurs, afin d'acheter ce qui lui était nécessaire. Sans charrue, sans chevaux, que pourrait-il? Or tout cela représente une somme d'efforts accumulés, des produits entassés, ce qu'on appelle un capital. Voilà le troisième élément de la production : *le Capital*.

Enfin qu'adviendrait-il, s'il n'avait pas appris à

labourer, s'il ne connaissait pas les divers procédés de culture, d'amélioration du sol, s'il ne savait pas l'époque des semailles, des récoltes, etc...? Évidemment cet homme ne ferait rien qui vaille sans ce bagage de connaissances indispensables. Voilà le quatrième élément de la production: l'*Intelligence*, l'*Instruction*.

Appliquons cette analyse à l'ouvrier dans les usines, à l'ingénieur sur les chantiers, au médecin dans les hôpitaux, au savant dans son cabinet, partout nous reconnaîtrons que l'acte de production est composé de quatre éléments essentiels:

A. *Le Travail;*
B. *La Terre et les Forces naturelles,*
C. *Le Capital;*
D. *L'Instruction.*

C'est de l'action combinée de ces quatre éléments que naissent les produits de toute espèce.

A. LE TRAVAIL. — SA RÉMUNÉRATION. — SALAIRES.

3. Le travail. — On a défini le *travail* « toute application utile de nos facultés et de nos forces », ou encore « toute action suivie en vue d'un résultat utile. »

Le travail peut être *intellectuel* ou *manuel;* mais la qualification de travailleur s'applique aussi bien au savant et à l'inventeur qu'à l'industriel, au chef d'exploitation qu'au simple manœuvre.

N'entendre par travail que le travail manuel, c'est commettre à la fois une grosse erreur et une grande injustice. On l'a dit, « le chauffeur qui, les mains noircies, le front couvert de sueur, jette la houille dans le fourneau d'une locomotive, a pour collaborateur assidu Papin, qui a inventé la chaudière. » Ce sont les découvertes scientifiques des inventeurs et des savants, de ceux qui, comme on dit, travaillent de la tête, ce sont ces découvertes qui sont la base des inventions industrielles, dont l'application favorise au plus haut point le développement du travail et le bien-être des travailleurs.

La société ne subsiste que par le concours de tous. Il n'est point de travail, d'ailleurs, quelle qu'en soit la nature, quel qu'en soit l'objet, qui n'exige des efforts, des sacrifices, une dépense d'énergie et d'activité pour lesquels on doit avoir de la considération. Tout homme qui travaille est utile; donc tout homme qui travaille, à quelque degré de l'échelle sociale qu'il soit placé, mérite estime et reconnaissance.

4. Conditions normales du travail. — Pour être fécond et donner les meilleurs résultats sans exiger une somme trop considérable d'efforts, le travail doit réunir trois conditions essentielles :

1° Il doit être divisé.

2° Il doit être libre.

3° Il doit être rémunéré convenablement.

Le travail doit être divisé. — Les effets de la division du travail sont véritablement prodigieux. Ad. Smith citait déjà de son temps (en 1770) des fabriques d'épingles où dix ouvriers, se partageant les soixante-dix-huit opérations que nécessitait la fabrication de ces objets, pouvaient produire 48,000 épingles en un jour, ou 4,800 épingles chacun : d'où la possibilité d'obtenir cet objet si utile à un prix si bas. De nos jours, grâce à une division encore plus étendue, on peut acheter vingt épingles pour un sou, quatre épingles pour un centime.

Un éminent économiste de nos jours, M. J. Garnier, a résumé les avantages qui résultent de la division du travail dans une page qu'il convient de citer·

« Par la division du travail, dit-il, les ouvriers ne perdent pas de temps à changer d'occupation, de place, de position et d'outils; et l'attention, toujours plus ou moins paresseuse, n'a plus besoin de se préoccuper de sujets nouveaux.

« En second lieu, l'esprit et le corps acquièrent par l'habitude une habileté extraordinaire, même dans des opérations difficiles. Telle est l'adresse d'un pianiste, d'une plieuse de journaux, d'un calculateur, d'un compositeur d'imprimerie et de tous ceux enfin qui répètent les mêmes opérations.

« Troisièmement, la division du travail, en réduisant chaque tâche à une opération plus simple, en concentrant l'attention et l'observation, fait découvrir les procédés les plus expéditifs. L'histoire industrielle nous apprend, en effet, qu'une partie des mécanismes et des procédés employés dans les arts sont dus à de simples ouvriers.

« En résumé, *diviser* le travail, c'est le *simplifier* et l'*abréger;* — c'est encore augmenter la quantité et la qualité des produits ; — c'est en même temps diminuer les frais à l'aide desquels on les obtient, le prix auquel ils se vendent ; — et diminuer le prix, c'est augmenter la consommation et l'aisance des hommes, et par suite leur moralité[1]. »

Le travail doit être libre. — Il est aujourd'hui démontré par l'expérience que l'industrie de l'homme, pour être féconde et donner tous ses résultats, doit être libre. On reconnaît que « tout homme a le droit d'exercer la profession qui lui convient, sans entraves, concurremment avec d'autres, à la seule condition de respecter la propriété d'autrui. »

Mais que de siècles avant d'arriver à formuler cette loi économique! Que d'obstacles il fallut renverser Ce fut d'abord, dans l'antiquité, l'esclavage; puis le servage, qui ne valait guère mieux; puis le travail réglementé, le travail étant considéré comme un droit royal et étant concédé comme tel, moyennant

---

1. On a calculé qu'un kilogramme de coton, récolté dans l'Inde, travaillé en Angleterre, et réexporté dans l'Inde, passe par cent quarante mains et fournit la matière d'un tissu à la portée des plus pauvres, grâce à cette grande division du travail qu'il a fallu mettre en œuvre.

impôt, à des corporations dont le privilège était une atteinte grave au bienfaisant principe de la libre concurrence.

C'est à Turgot, puis à l'Assemblée Constituante qui sanctionna ses réformes, que nous devons l'introduction dans le monde du principe de la liberté du travail. Le *droit de travailler* fut proclamé par la Révolution française comme un droit *naturel*. Ce droit fait partie de l'ensemble des principes de 1789.

La liberté du travail favorise la concurrence, qui est bien véritablement l'âme et l'aiguillon du commerce. Le producteur, n'ayant plus de privilège et craignant d'être distancé, est tenu d'aller de l'avant, de perfectionner sans cesse ses procédés de travail, d'améliorer ses produits; de son côté, l'acheteur, se trouvant en face d'une production plus abondante et pouvant choisir à son gré, va nécessairement à ce qui réunit les conditions les plus profitables. C'est ce libre jeu de la concurrence qui donne leur juste prix au travail, aux services, aux marchandises, aux propriétés.

La concurrence est un stimulant énergique : il n'en est pas qui puisse donner une impulsion plus vive aux facultés productives de l'homme, — dans l'intérêt de tous et de chacun.

Le travail doit être rémunéré convenablement. — C'est une vérité banale que « toute peine mérite sa récompense ». Tout travail mérite donc une rémunération, et une rémunération convenable, c'est-à-dire en rapport avec la nature des services rendus.

Toute rétribution du travail s'appelle du nom général de *salaire*, qu'il s'agisse des gages des domestiques, des appointements des employés, des honoraires des diverses professions, tout aussi bien que des ouvriers proprement dits. Le salaire est le résultat d'un contrat librement consenti entre l'homme qui loue ses services et celui qui les accepte.

Le taux des salaires est soumis aux variations de

l'offre et de la demande. Le capital, qui a besoin d'ouvriers, est-il abondant, les salaires haussent ; le capital devient-il rare, les salaires baissent. On voit combien l'abondance du capital importe aux travailleurs.
C'est ce que Richard Cobden s'efforçait de faire comprendre à des ouvriers anglais, en leur disant :
« *Quand deux ouvriers courent après un maître, les
salaires baissent; — ils haussent, quand deux mai-
tres courent après un ouvrier.* »

5. **Payement des salaires.** — Le payement des salaires se fait *à la journée* ou *à la tâche.*

On a dit du mode de payement à la journée qu'il
favorisait un peu la paresse en ne tenant pas compte
du travail accompli. A cette critique on peut répondre qu'il est nombre de travaux dont la valeur ne
peut être mesurée autrement que par le nombre des
heures employées.

Sans doute le payement à la tâche paraît, en principe, préférable. L'activité de l'ouvrier se trouve
stimulée par ce fait que plus il aura produit, plus il
aura gagné. Mais il faut prendre garde qu'entraîné
par l'appât du gain à précipiter son travail, il ne
fournisse des produits inférieurs en solidité ou impar-
faitement achevés.

A plusieurs reprises, on a essayé, soit en France,
soit en Angleterre, d'appliquer au payement des salaires un troisième mode, consistant à *faire participer
l'ouvrier aux bénéfices du patron.* Cette théorie de la
participation aux bénéfices est très recommandable,
car elle a pour effet d'intéresser directement l'ouvrier
à la prospérité de la maison, d'en faire l'associé, l'ami
du patron. Mais, dans la pratique, elle donne lieu à
des difficultés nombreuses. Il paraît difficile, notamment, de répondre à cette objection : Est-il juste que
les ouvriers participent aux bénéfices sans participer
aux pertes?

Les principes qui viennent d'être exposés, relativement à la liberté du travail et aux avantages qui dé-

coulent de la libre concurrence, permettront de juger les deux doctrines ci-après :

6. Le droit au travail. — L'organisation du travail. — Le *droit au travail*, fausse doctrine d'après laquelle tout individu sans occupation aurait le droit d'exiger de l'Etat un travail salarié ;

L'organisation du travail, doctrine chimérique ayant pour base l'égalité des salaires, et pour condition la direction universelle de l'industrie par l'État.

Un sophisme fréquent consiste à considérer l'État comme une Providence à l'aide de laquelle chacun voudrait avoir des faveurs aux dépens d'autrui. En dehors des services publics, imposés et réglementés par la loi, l'État n'a qu'un rôle à jouer : garantir la liberté et la sécurité de chacun, tant au point de vue de l'exercice de ses droits que des bénéfices légitimes qu'il en retire.

7. Divers modes d'association des travailleurs. — Grèves. — C'est grâce à cette sage doctrine que les ouvriers, préoccupés d'améliorer leur sort, peuvent librement se grouper, se réunir, s'associer, mettre en commun les économies prélevées sur leur salaire, afin de parvenir à réunir les sommes dont ils ont besoin pour exercer leur industrie (*associations, sociétés coopératives*). Plusieurs associations ainsi formées ont su prospérer ; on cite celle des ouvriers en chaises et celle des ouvriers constructeurs, en France ; celle des pionniers de Rochdale, en Angleterre. L'Allemagne en possède également quelques-unes.

De même, les chefs d'industrie sont-ils trop exigeants, l'insuffisance du salaire proposé est-elle notoire, les ouvriers, seuls juges de leurs intérêts, peuvent refuser leurs services, en vue de triompher des exigences du capital par l'arrêt de la production. Les *grèves* n'ont rien de contraire à la justice et à l'équité. L'Etat, fidèle gardien de l'ordre social, n'intervient que si les ouvriers coalisés font appel à la violence, soit pour contraindre les chefs d'industrie à accepter leurs conditions, soit pour empêcher leurs camarades de travailler. Il y a, dans ce cas, une atteinte à la liberté du travail, et c'est avec raison que la loi la réprime.

B. LA TERRE ET LES FORCES NATURELLES. — RÉMUNÉRATION DE LEUR CONCOURS. — LA PROPRIÉTÉ.

8. La terre et les forces naturelles. — Les Économistes donnent le nom générique de *Terre*, non seulement au sol cultivable et à ses produits, mais à toutes les forces naturelles que la nature met à la disposition de l'homme, telles que le vent, la lumière, l'eau, le feu, l'électricité. La nature, en effet, ne fournit pas seulement la matière, elle fournit aussi des forces actives qui peuvent aider le travail de l'homme et quelquefois même le remplacer.

Autrefois, l'homme tournait lui-même la meule qui écrasait le blé pour le réduire en farine; plus tard, en étudiant la force du vent, celle de l'eau qui coule, il parvint à se les approprier et leur confia le soin de tourner la meule qui moud le grain.

« Si nous examinons avec une attention égale tous les cas où l'on affirme l'action de l'homme sur la nature, nous trouverons que la puissance de la nature ou, en d'autres termes, les propriétés des corps font toute la besogne, quand une fois ces corps sont mis dans une position convenable. Cette opération unique, celle qui consiste à placer les corps en position telle qu'ils agissent par les forces mêmes dont ils sont doués, soit sur eux-mêmes, soit sur d'autres corps, est la seule que l'homme accomplisse ou puisse accomplir, le seul empire qu'il ait sur la matière. Il ne fait rien que mouvoir un corps vers un autre ou les éloigner.

« Il meut une graine vers le sol, et les forces naturelles de la végétation produisent, en succession, une racine, un tronc, des feuilles, des fleurs, des fruits. Il meut une hache vers un arbre, et l'arbre tombe par la force de la gravitation. Il prend une scie et la meut dans un certain sens à travers l'arbre tombé, et les propriétés physiques de l'un et de l'autre corps font que l'arbre se débite en planches que l'homme peut arranger en diverses positions, qu'il peut clouer ensemble ou coller, et dont il fait un coffre, une table, une maison. Il meut une étincelle vers le combustible, et celui-ci s'allume et, par la force de la combustion, fond et amollit le fer, cuit les aliments, convertit en bière ou en sucre la drèche ou le jus de la canne qu'il a d'abord amenés sur les lieux.

« L'homme n'a pas d'autre moyen d'agir sur la matière que de la mouvoir. Le mouvement, la résistance au mouvement sont la seule propriété de ses muscles. Par la contraction musculaire, il peut opérer une pression sur un objet extérieur et le déplacer si l'effort est plus grand que l'inertie de ce corps ; il peut l'arrêter par la même raison, si le corps est en mouvement. Mais là se borne l'action de l'homme ; il ne peut rien au delà. Et c'est assez, puisque cela suffit à donner à l'homme le pouvoir de commander à des forces incommensurablement plus grandes que les siennes, pouvoir qui est destiné à s'accroître d'une manière indéfinie. Cette puissance, l'homme l'exerce soit en se servant des forces naturelles, manifestes à ses yeux, soit en combinant les corps entre eux de manière à produire des forces nouvelles : comme lorsqu'il porte une allumette vers le combustible et qu'il met l'eau en ébullition, il crée la force expansive de la vapeur, force dont il s'est si largement servi depuis un siècle dans l'intérêt de son progrès et de son bien-être. » (Stuart Mill.)

La Terre ou, pour mieux dire, la nature, nous procure donc tout à la fois les matériaux de la richesse et les forces qui nous aident à transformer ces matériaux en richesses. Tout ce qui nous fournit ainsi le

premier instrument de la production s'appelle *agent
naturel*, c'est-à-dire qui s'agit pour nous et assiste
(du latin *agens*, agissant).

9. **La propriété.** — Il est évident, cependant, que
les agents naturels seuls ne font pas la richesse. Un
homme périrait dans le lieu le plus fertile, s'il ne prenait quelque peine pour approprier les choses qui
l'entourent. Aux agents naturels il faut le concours
de l'homme qui les met en œuvre. La rémunération
de ce concours est la *propriété*, dont l'idée se rattache
à celle de richesse créée par l'homme travaillant,
c'est-à-dire appliquant ses facultés à la production
des choses propres à satisfaire les besoins inhérents
à sa nature.

Universalité de la propriété. — La propriété considérée empiriquement est un fait dont l'universalité a été très bien mise en lumière par M. Thiers.
« Chez tous les peuples, dit-il, on trouve la *propriété*
comme un fait d'abord, et puis comme une idée, idée
plus ou moins claire, selon le degré de civilisation
auquel ils sont parvenus, mais toujours invariable-
ment arrêtée.

« Ainsi, le sauvage chasseur a du moins la propriété de son arc, de ses flèches et du gibier qu'il a
tué; le nomade, qui est pasteur, a du moins la *propriété* de ses tentes, de ses troupeaux. Il n'a pas
encore admis celle de la terre parce qu'il n'a pas jugé
encore à propos d'y appliquer ses efforts. Mais l'Arabe
qui a élevé de nombreux troupeaux entend bien en
être le propriétaire, et vient en échanger les produits
contre tous ceux qu'un autre Arabe, déjà fixé sur le
sol, a fait naître ailleurs. Il mesure exactement la valeur de l'objet qu'il donne contre la valeur de celui
qu'on lui cède ; il entend bien être propriétaire de
l'un avant le marché, et de l'autre après. La
propriété immobilière n'existe pas encore chez lui.
Parfois, seulement, on le voit, pendant deux ou trois
mois de l'année, se fixer sur des terres qui ne sont à

personne, et donner un labour, y jeter du grain, le recueillir, puis s'en aller en d'autres lieux.

« Mais pendant le temps qu'il a employé à labourer cette terre, à l'ensemencer, à la moissonner, le nomade entend en être le propriétaire, et il se jetterait avec ses armes sur celui qui lui en disputerait les fruits. Sa *propriété* dure en proportion de son travail. Peu à peu, cependant, le nomade se fixe et devient agriculteur; il finit par choisir un territoire, par le distribuer en patrimoines où chaque famille s'établit, travaille, cultive pour elle et pour sa postérité. Alors, à la propriété *mobilière* du nomade succède la propriété *immobilière* du peuple agriculteur.

« La propriété résultant d'un premier effet de l'instinct devient une convention sociale, car je protège votre propriété pour que vous protégiez la mienne. A mesure que l'homme se développe, il devient plus attaché à ce qu'il possède, plus propriétaire en un mot. A l'état barbare, il l'est à peine; à l'état civilisé, il l'est avec passion. »

Légitimité du droit de propriété. — L'homme a été jeté sur la terre avec une propriété qu'on ne saurait lui contester, la propriété de ses bras, de ses forces et de ses facultés. Voilà une propriété qu'on ne peut taxer d'usurpation : moi d'abord, puis mes facultés, physiques ou intellectuelles, mes pieds, mes mains, mes yeux, mon cerveau, en un mot, mon âme et mon corps.

Après la propriété de la personne, la plus importante est celle du travail. Il y a quelque chose de l'homme dans l'œuvre que sa main fabrique sous la direction de son esprit, dans le champ qu'il ensemence et féconde de ses sueurs. Ses facultés et ses organes sont bien à lui : l'emploi qu'il en fait lui assure la propriété de leurs créations. Le travail est l'origine de toute propriété : *la propriété est donc de droit naturel.*

La société est intéressée au plus haut point à garantir la propriété, car sans cette garantie point de travail, sans travail pas de civilisation, pas même le nécessaire, mais la misère, le brigandage et la barbarie. Qui donc consentirait à labourer et à ensemencer son champ, s'il n'avait la certitude de pouvoir en faire la moisson et d'y trouver de quoi s'indemniser de ses peines? C'est la société qui assure la jouissance de la propriété et la constitue ce qu'elle est dans les différents pays et les différents âges. Le droit de propriété tire donc sa légitimité de la loi, de l'autorité civile : *il est de droit social.*

Ajoutons d'ailleurs que si la société donne une garantie à la propriété, la société est en droit d'imposer, en retour, à ceux qui la possèdent, certaines obligations qui varient avec l'organisation sociale : impôt proportionné à l'étendue et à la qualité des biens; limites au droit d'user et d'abuser; expropriation pour cause d'utilité publique, après indemnité préalable, bien entendu.

10. **Conséquences du droit de propriété.** — La propriété est la récompense du concours donné à la production par le propriétaire de la terre: elle doit donc être *individuelle.* Toute théorie ayant pour but *la communauté ou le partage égal des terres* est aussi chimérique qu'erronée, aussi contraire à la justice qu'aux intérêts de la production. L'appropriation individuelle du sol est seule raisonnable, seule conforme à nos instincts, seule profitable aux intérêts de la société.

L'homme a la propriété des fruits de son travail; comme conséquence il en possède la libre disposition. Il peut *consommer* sa propriété, l'*affermer*, l'*échanger,* la *donner,* la *transmettre* à ses descendants.

« Refusez, dit M. Thiers, refusez au père de transmettre à ses enfants ce qu'il possède, et l'homme, n'ayant plus que lui-même pour but, s'arrêtera au milieu de sa carrière, dès qu'il aura acquis le pain de sa vieillesse, et de peur de produire l'oisiveté du fils, on aura commencé par ordonner l'oisiveté du père.

« Chaque génération, bornée dans sa fécondité, comme une rivière dont on retient les eaux par un barrage, n'aura donné qu'une partie de ce qu'elle avait en elle et se sera interrompue au quart, à la moitié du travail dont elle est capable. Dans le système de l'hérédité des biens, au contraire, le père travaille tant qu'il peut jusqu'au dernier jour de sa vie ; le fils qui était sa perspective en trouve une pareille dans ses enfants, et travaille pour eux comme on a travaillé pour lui, ne s'arrête pas plus que ne s'est arrêté son père, et tous, penchés vers l'avenir comme un ouvrier sur une meule, font tourner sans cesse cette meule d'où s'échappe le bien-être de leurs petits-enfants, et non seulement la prospérité des familles, mais celle du genre humain. »

11. Division du sol. — Aux privilèges et à l'arbitraire des temps seigneuriaux, la Révolution substitua la justice et la liberté. Elle affranchit le sol des liens féodaux, supprima le droit d'aînesse, les majorats, les substitutions qui étayaient la *grande propriété féodale*, proclama l'égalité dans la famille et aliéna les domaines nationaux.

A côté de la grande propriété se forma la *petite propriété,* qui, loin d'être une cause d'appauvrissement social et un danger, a d'inappréciables avantages. Au point de vue économique, elle utilise le sol là où la grande propriété serait infructueuse ; au point de vue de la morale et de la politique, elle fait des hommes indépendants, sages et prévoyants. Grâce à la division du sol, l'ouvrier peut devenir propriétaire, et le sentiment de la possession l'encourage au travail et à l'épargne, fortifie sa volonté et accroît chez lui le sentiment de la dignité et de l'indépendance.

En 1788, le nombre des propriétaires fonciers, leurs familles comprises, ne s'élevait qu'à environ 1 million ; en 1800, il était de plus de 4 millions, et, y compris leur famille, de 15,900,000. Aujourd'hui, sous l'empire du système introduit par la Révolution, le nombre des propriétaires de fonds de terre est de plus de 8 millions de citoyens, qui, leurs femmes et leurs enfants compris, représentent environ 30 millions d'individus.

Objecte-t-on que, depuis le développement considérable qu'ont pris en France la petite et la moyenne propriété, le pays s'est appauvri? Il suffit de répondre que la valeur vénale du sol, évaluée à la veille de 1789 à 3 milliards, était estimée à 39 milliards 514 millions en 1821, en 1851 à 83 milliards 744 millions, et qu'elle est évaluée actuellement à 100 milliards. Le revenu, porté à 1 milliard 580 millions en 1821, à 2 milliards 643 millions en 1851, dépasse présentement 3 milliards.

« La diversité de l'étendue des terres est nécessaire. Les petites, les moyennes et les grandes propriétés se forment par le cours naturel des choses, et il suffit de ne pas mettre obstacle aux transactions sur les terres, pour qu'il ne se produise ni excès d'agglomération ni excès de morcellement. » (J. Garnier.)

Nous avons justifié, dans les pages qui précèdent, la propriété *immobilière* du sol, celle des objets qui ne se déplacent pas, qui sont immobiles. Il serait tout aussi facile, en invoquant les mêmes principes, en prenant pour base l'appropriation résultant des efforts et du travail de l'homme, de démontrer la justice et l'utilité de la propriété *mobilière* (vêtements, outils, instruments, machines, matières premières, bétail, etc.....). L'étude du capital, qui s'applique à toutes les valeurs, à toutes les richesses mobilières, comprendra implicitement cette démonstration.

C. L'ÉPARGNE, LE CAPITAL.

12. Formation du capital. — Le capital est « *tout produit du travail mis en réserve pour une production future* ».

Un homme possède une provision d'argent avec laquelle il achète sa nourriture : celle-ci l'aide simplement à vivre sans qu'il fasse aucun travail. Sa provision n'est pas un capital, parce qu'il ne produit pas en même temps la richesse. Ce qu'on dépense pour la satisfaction de ses besoins n'est pas un capital, c'est un revenu.

Mais si, avec sa provision d'argent, il bâtit une maison, creuse un puits, fait un chariot; s'il se procure des instruments de travail, une bêche, un marteau, un rabot, un livre; si enfin il produit n'importe quelle chose en vue d'une utilité future, alors sa provision est un capital.

Un capital se forme donc à l'aide de deux éléments principaux :

1° L'épargne, réalisée sur les produits d'un travail antérieur;

2° L'application de cette épargne à une production nouvelle.

Un homme gagne 2,000 francs par an. Il n'en dépense que 1,800. Il fait une économie de 200 francs, Mais cette économie, réserve improductive tant qu'il n'en fera pas l'emploi, ne sera un capital dans la véritable acception du mot que le jour où il le fera coopérer à une nouvelle production. Toute amélioration sur le sol, toute amélioration dans l'industrie qu'on exerce, est une formation de capital. Au contraire « argent qui dort ne produit rien »; il est infécond, il est inutile.

Revenons à notre homme qui a économisé 200 fr. S'agit-il là d'un capital? Nous ne le savons pas tout d'abord; cela dépendra de l'emploi qu'il en fera.

Si l'homme ne consomme pas tout de suite ce qu'il produit, s'il s'impose la privation et l'abstinence, il est juste qu'il soit *propriétaire* du résultat de ses efforts, de la non-satisfaction de ses besoins et de ses goûts. De là une troisième propriété, la *propriété du capital*. Cette propriété ne saurait être contestée.

13. Diverses sortes de capitaux. — On distingue deux sortes de capitaux, le capital *fixe* et le capital *circulant*.

Le premier consiste en usines, maisons, meubles, outils, machines employées à la fabrication, toutes choses qu'on ne renouvelle pas souvent, ou dont on ne fait pas commerce, qui viennent en aide au travail et durent longtemps. Le métier du tisserand reste à demeure dans l'atelier, il n'en bouge pas: il est un capital fixe.

Le second comprend la nourriture, les vêtements, les combustibles, les matières destinées à être travaillées, les fonds de caisse qui sont destinés à l'achat de ces matières, au salaire des ouvriers, en un mot toutes les dépenses courantes. Il se transforme et se reconstitue sans cesse par la vente des produits obtenus. Le fil dont se sert le tisserand vient, est transformé en toile, d'autre fil le remplace. Le fil est un capital circulant.

Le capital est d'autant plus fixe qu'il dure ou qu'il continue à être utile plus longtemps; le capital est d'autant plus circulant qu'il est plus vite usé et détruit, et demande ainsi à être plus souvent remplacé.

14. Rôle du capital dans l'industrie et dans la société. — Le rôle du capital, au double point de vue des intérêts de l'industrie et de ceux de la société, a été précisé dans les deux propositions suivantes faciles à expliquer :

1° L'importance d'une industrie est en raison directe de l'importance du capital qui y est employé ;

2° Plus la somme de capital employé dans la création d'un produit est considérable, plus le produit manufacturé baisse de prix.

Étant prouvé d'ailleurs que le capital est nécessaire à la production, il est de toute justice que celui qui fournit le capital reçoive, de celui à la disposition duquel il le laisse et qui le met en œuvre, une part dans le produit qu'il a contribué à créer.

Cette part est payée tantôt en nature, tantôt en argent. Dans le *métayage*, le propriétaire du sol en abandonne l'exploitation à un fermier et partage avec lui les récoltes. La part de chacun se trouve ainsi également proportionnée aux chances des années plus ou moins abondantes. — Plus généralement, le fermier paye une somme fixe qui s'appelle *fermage:* dans ce cas, le fermier court seul les risques d'une récolte bonne ou mauvaise. — Il en est de même enfin lorsqu'il s'agit d'un prêt en argent. Le prêteur a épargné, conservé cette somme : il l'utilise, il doit être rémunéré. La rémunération du capitaliste prend alors le nom d'*intérêts*.

15. Alliance nécessaire du capital et du travail. — Tous les capitaux ont été formés, à leur origine, par le travail. Le travail et le capital ne peuvent rien l'un sans l'autre. Le capital, a-t-on dit, *c'est le travail d'hier*, des années passées, des siècles antérieurs ; le travail d'aujourd'hui, c'*est le capital en formation*. On demandait un jour à un économiste quel était, du capital ou du travail, l'élément le plus important pour la création d'un produit: « Je vous répondrai, dit-il, lorsque vous aurez su me montrer quelle est la branche de la paire de ciseaux qui travaille le plus, quand elle sert à couper une étoffe. »

Mais *dans quelles conditions cette alliance se produit-elle ?*

Il peut arriver d'abord que le capital se trouve entre les mains de celui qui le met en œuvre. Dans ce cas, l'alliance du capital et du travail est toute simple, tout naturelle. « Par exemple, un porteur d'eau, possédant comme capital un tonneau et deux seaux, va tous les jours à la source commune, et distribue lui-même l'eau à ses pratiques. Il n'a besoin pour cela d'aucune assistance étrangère : capital et travail se trouvent réunis dans ses mains. Il en est de même par rapport à la plupart des marchands ambulants qui parcourent les rues des grandes villes et même de quelques petits étalagistes. » (Coquelin.

Mais, d'autre part, il peut arriver qu'un détenteur de capitaux en possède une quantité plus forte que celle qu'il peut utiliser par son propre travail : il est forcé alors de faire appel, par un moyen quelconque, au travail d'autrui. En retour, l'homme qui ne possède pas la somme de capitaux nécessaire pour occuper son intelligence et ses bras est forcé d'associer son travail, par un moyen quelconque, à la mise en œuvre des capitaux d'autrui.

Le premier, celui qui possède un capital qu'il ne peut utiliser par lui-même ou un capital trop considérable pour que ses forces suffisent à l'utiliser tout entier, associe son capital au travail d'autrui: 1° soit en le faisant valoir directement, avec l'assistance de ses ouvriers; 2° soit en l'abandonnant, moyennant un intérêt annuel, à un autre entrepreneur qui le fera valoir à ses risques et périls; 3° soit enfin en l'engageant dans une entreprise étrangère, en le soumettant à tous les risques de cette entreprise.

Celui qui ne possède que son travail, a également trois moyens pour suppléer à ce qui lui manque, en associant ce travail au capital d'autrui. Il peut: 1° ou offrir ses services à un entrepreneur d'industrie; 2° ou tâcher d'obtenir, à titre de prêt et moyennant un intérêt convenu, le capital qui lui manque; 3° ou enfin appeler à lui des bailleurs de fonds, qui consentent à associer leurs capitaux à toutes les chances de ses entreprises.

Ainsi les deux instruments nécessaires à la production, le capital et le travail, placés dans des mains différentes, se rapprochent, se combinent, s'unissent, et, grâce à cette alliance, fonctionnent concurremment.Le travailleur a besoin du capitaliste; le capitaliste a besoin du travailleur. La paix et le bien-être de la société résultent de leur entente et de l'harmonie de leurs intérêts.

16. Utilité des caisses d'épargne. — Entreprises

d'assurances et de crédit. — Les Caisses d'épargne
ont été instituées en vue d'aider les petits produc-
teurs à faire des économies. Ces caisses reçoivent en
dépôt les sommes les plus modestes, depuis 1 franc
jusqu'à 1,000 francs. Ces diverses petites sommes sont
réunies et versées dans les caisses de l'Etat, qui paye
un intérêt annuel de 4 %, et qui rembourse ces dépôts toutes les fois qu'on les lui demande. La première caisse d'épargne a été fondée en Angleterre en
1810: la première qui ait existé en France date
de 1818.

On a comparé les caisses d'épargne à des tirelires
où se c·éent les petits capitaux. En favorisant l'économie, elles contribuent à propager les vertus qui
l'accompagnent.

Les entreprises d'*assurances* et celles de *crédit*
offrent également des facilités pour la formation, la
conservation et l'utilisation des épargnes du capital.
Citons, par exemple, les sociétés de secours mutuels,
les caisses de retraite, les caisses d'épargne scolaires,
les caisses d'épargne postales, les caisses d'assurances
en cas de décès et en cas d'accidents, les sociétés d'assurances contre l'incendie, etc...

D. L'INTELLIGENCE ET L'INSTRUCTION. — LES MACHINES

17. L'intelligence et l'instruction. — L'instruction
à tous les degrés, quel qu'en soit l'objet, quelle qu'en
soit la nature, est un élément important de la production. Les forces créatrices de l'homme augmentent avec son savoir.

Celui qui sait lire, écrire et compter, a dans la
main une force que ne possède pas l'ignorant; il
s'assimile beaucoup plus d'idées, développe davantage la partie morale de son être et exerce sa volonté
sur des objets plus nombreux et plus divers. A mesure
que l'homme s'instruit, son travail devient mieux
réglé, plus utile, plus rémunérateur. Sa puissance

grandit en proportion du capital intellectuel qu'il met en œuvre. Le mécanicien qui de ses doigts habiles, ajuste les ressorts d'une machine est *plus puissant* que le chauffeur dont la fonction se borne à jeter de la houille dans le fourneau. L'ingénieur qui dirige de grands travaux, qui connaît les propriétés de tous les matériaux qu'il emploie, qui, à l'aide du calcul, combine des plans et les réalise, est *plus puissant* que l'ouvrier placé sous ses ordres. Le mécanicien, l'ingénieur représentent la science à laquelle obéissent le chauffeur et l'ouvrier.

L'important, du reste, n'est pas tant de savoir beaucoup que de savoir bien. Au point de vue spécial de l'économie politique, l'instruction doit être considérée comme ayant pour objet de rendre le travail plus productif, plus généralement utile, de l'éclairer, de le fortifier, de le placer dans les conditions les plus favorables à la création de la richesse. Or, pour tirer de son travail la plus grande somme d'utilité possible, qu'il s'agisse d'un commerçant ou d'un agriculteur, d'un industriel ou d'un savant, il faut que le travailleur soit, non seulement habile, adroit, rompu au métier, mais qu'il soit guidé par la connaissance scientifique des instruments dont il use, des procédés qu'il emploie et des choses qu'il exécute.

L'instruction développe chez l'homme l'habitude de la réflexion : elle lui fait observer les choses, analyser les causes qui les produisent, les lois qui les gouvernent ; elle l'incite à trouver le meilleur moyen de s'en servir pour arriver à un but déterminé. La culture de l'esprit donne les mêmes résultats que la culture de la terre : elle féconde et elle enrichit.

18. Les machines. — Parmi les instruments que l'homme a su faire servir à son usage, les plus importants sont sans contredit les *machines.* Dans l'enfance des sociétés, nous voyons l'ouvrier se servir d'outils fort grossiers, tels que la hache de silex, la massue, etc. A mesure que la civilisation se développe, les instruments se perfectionnent et sont remplacés par les machines, instruments plus compliqués dont le résultat est de nous donner *plus de produit avec moins de travail.*

Citons quelques faits :

Avant l'invention des moulins à eau et à vent, c'étaient des esclaves qui tournaient la meule. Aujourd'hui, nous voyons un moulin à eau, loué 3,000 francs par an, exécuter le travail de cent cinquante hommes. Le moulin réalise une économie qu'on peut évaluer à la moitié du prix du blé.

Depuis un siècle à peine, grâce aux inventions de Richard Arkwright et de Watt, les fileuses mécaniques ont remplacé les ouvriers fileurs. Cinq personnes suffisent pour surveiller deux métiers de 800 broches. De sorte que, depuis moins d'un siècle, dans l'industrie cotonnière, la puissance productive de l'homme est devenue 320 fois plus considérable.

Au XVII⁰ siècle, il fallait un mois pour aller de Paris à Marseille. Aujourd'hui seize heures suffisent pour accomplir le même trajet. S'il est vrai que le temps soit de l'argent, on voit quelle économie incalculable ont réalisée pour la population nos machines locomotives.

Les avantages des machines sont évidents. « Il est incontestable, a-t-on dit, qu'en amenant l'abondance et le bas prix des produits, elles ont eu pour résultat de faire participer des masses de population de plus en plus grandes à la consommation de ces produits, et par conséquent d'augmenter le bien-être général. Dès que les bas n'ont plus valu qu'un franc ou moins la paire, presque tout le monde a pu en avoir peu ou beaucoup, et la consommation des bas s'est augmentée comme la facilité de les produire. (J. Garnier.)

Cependant les machines ont été violemment attaquées. De quelles malédictions n'ont-elles pas été chargées par l'ouvrier qui les voyait apparaître avec effroi ! On a représenté qu'elles étaient pour la classe laborieuse un concurrent terrible, et que, faisant la besogne d'un grand nombre de bras, elles agissaient sur la marche du travail d'une façon fâcheuse.

On ne saurait nier que la machine diminue le travail : c'est même là son but principal. Mais les économistes font observer, avec juste raison, « que toute machine nouvelle, diminuant les frais de production, permet de livrer les produits à meilleur marché; que le bon marché provoque la consommation ; qu'ainsi les débouchés s'ouvrent et se multiplient; que la demande s'accroît, et qu'il est dès lors nécessaire que la production se tienne au niveau de ces commandes ». On cite les ouvriers tisseurs qui, depuis l'invention des métiers mécaniques, sont beaucoup plus nombreux que ne l'étaient autrefois les tisserands.

L'introduction de la machine dans une industrie modifie profondément cette industrie; mais elle ne la supprime pas, elle la déplace pour ainsi dire. L'ouvrier, obligé ou de chercher un autre métier ou de recommencer un apprentissage, traverse alors des crises pénibles, dont la société doit s'attacher à atténuer le plus possible les conséquences. Heureusement l'équilibre ne tarde pas à se rétablir : en effet les occupations créées par les machines sont la plupart du temps plus considérables que celles qu'elles suppriment, et dès lors les ouvriers, sollicités par les besoins croissants de l'industrie, retrouvent aisément leur place.

CHAPITRE II

CIRCULATION ET DISTRIBUTION DES RICHESSES

SOMMAIRE

19. *L'échange et la circulation.* Les produits sont mis en circulation par l'échange. — 20. *Définition de la valeur et du prix.* Deux éléments servent à fixer la valeur, le prix des choses : l'utilité et la rareté. — 21. *Le prix.* Le prix est la quantité de monnaie que nous donnons pour une chose. Le prix est subordonné à la loi de l'offre et de la demande. — 22. *La monnaie.* Des raisons pour lesquelles l'or et l'argent ont été adoptés comme instruments d'échange. Rôle de la monnaie. Elle donne aux transactions un grand caractère de précision. — 23. *Le crédit.* Le crédit n'est autre chose que l'avance d'une certaine valeur, marchandises ou espèces, faite par une personne à une autre qui lui inspire confiance et qui lui promet de la rembourser dans un certain délai. — 24. *Avantages moraux et matériels de crédit.* — 25. *Crédit privé et crédit public. Crédit personnel et crédit réel.* Distinction à établir entre ces divers crédits — 26. *Papiers de crédit :* le billet à ordre, la lettre de change et le mandat, la lettre de gage ou warrant, le chèque. — 27. *Le billet de banque et la Banque de France.* — 28. *Rapports du crédit et de l'échange.* Le crédit est à l'échange des produits ce que les chemins et les canaux sont au transport des marchandises. — 29 *La liberté des échanges..* Elle s'impose comme la liberté du travail. Notions historiques sur le libre échange. — 30. *Système prohibitif et système protecteur.* Critique des deux systèmes. — 31. *Douanes:* Il ne faut pas

confondre les deux systèmes précédents avec le système des douanes qui est purement fiscal. — 32. *L'échange est un droit naturel comme la propriété.* — 33. *Distribution des richesses.* La distribution des richesse est l'ensemble des modes suivant lesquels les produits de l'activité humaine appliquée à la matière brute se partagent entre les divers agents de la production : la terre, le capital et le travail. — 34. *Tableau synoptique du triple mode suivant lequel la richesse se distribue* (terre, capital, travail).

I. — CIRCULATION DES RICHESSES

19. L'échange et la circulation. — On ne saurait admettre qu'aucun de nous soit en état de fabriquer à lui seul et directement tous les objets qui sont nécessaires à la satisfaction de ses besoins. Imaginez un homme obligé tout à la fois de labourer son champ, de semer et de récolter son blé, de pétrir son pain, de tanner le cuir de ses souliers, de récolter, filer et tisser la laine et le coton dont sont faits ses vêtements, de construire son habitation, ses meubles. Évidemment la chose est impossible. Aucun homme ne suffirait à une pareille tâche.

Dans une société peu avancée, chacun consomme à peu près tout ce qu'il produit : l'homme primitif vit de sa chasse et de sa pêche, s'habille de la dépouille des animaux qu'il tue, se retire pour dormir sous des huttes formées de branchages qu'il arrache aux arbres. Mais, avec la civilisation, avec le progrès de l'industrie, à mesure que le travail s'élargit, la division du travail s'impose comme une loi nécessaire. Il faut que chaque homme applique son énergie et son intelligence à une occupation déterminée, qu'il se spécialise dans une besogne particulière. Celui-ci cultive la terre, cet autre confectionne des tissus, un autre construit des maisons, des meubles, fabrique des outils ou des souliers, etc. Ainsi enfermé dans l'industrie qui lui est propre, chaque homme produit plus, *mais il ne produit qu'une espèce de marchandise,* dont la quantité est supérieure à ses besoins. Le cordonnier fabrique plus de souliers, le tisseur plus de vêtements, l'ébéniste plus de meubles qu'ils n'en peuvent consommer.

Qu'arrive-t-il? c'est que chacun, ne gardant que ce qui est nécessaire à sa consommation personnelle, *échange* l'excédent de ses produits contre d'autres objets dont il a besoin et que mille autres travailleurs produisent en grand nombre pour lui et pour la société. Ainsi le cultivateur qui possède du blé trouve à l'échanger contre les outils, les meubles, les habits qui lui sont nécessaires. Le menuisier achète des souliers avec les meubles qu'il a confectionnés : le cordonnier achète des meubles avec les souliers qu'il a fabriqués.

C'est par l'échange que les produits sont mis en circulation et arrivent à leur destination en passant par une série plus ou moins longue d'intermédiaires, du producteur au consommateur. « Toute marchandise qui est offerte pour être vendue est dans la circulation. » (J.-B. Say.)

20. **Définition de la valeur et du prix.** — Une marchandise ne peut être offerte et vendue que si elle a de la *valeur*.

Ce qui donne à un objet de la valeur, c'est la présence de deux éléments distincts : l'*utilité* et la *rareté*.

« L'utilité ne suffit pas à constituer la valeur. L'air et la lumière, dont l'utilité est immense, sont d'une valeur nulle parce qu'ils sont donnés en quantité indéfinie. Ils n'acquièrent de la valeur qu'en se raréfiant. Ainsi, dans une ville populeuse, les conditions d'une bonne aération et d'une lumière abondante donnent de la valeur aux maisons et aux appartements. La rareté ne constitue pas davantage la valeur à elle seule. Supposez que le diamant soit laid, au lieu d'offrir à l'œil des qualités qui le font estimer, vainement serait-il rare, il ne serait pas recherché. Cela explique que la même chose, tantôt ait de la valeur, tantôt n'en ait pas. La lumière, qui n'a que de l'utilité pendant le jour, acquiert de la valeur pendant la nuit, parce que nous sommes obligés d'en produire artificiellement. » (Baudrillart.)

21. Le prix. — Ordinairement nous mesurons la valeur par le prix. *Le prix est la quantité de monnaie que nous donnons pour une chose.*

Le prix des choses varie suivant les frais de production qu'elles ont coûtés et suivant l'intérêt que leur possession présente pour l'acheteur : en résumé, le prix est subordonné *à la loi de l'offre et de la demande.*

Mais les échanges seraient très difficiles, sinon impossibles, s'il fallait les effectuer en nature. On pourrait échanger une paire de souliers contre un chapeau; mais comment troquer une bêche contre un bœuf, un habit contre une maison? Afin de couper court à ces difficultés et de rendre les échanges plus faciles, on a imaginé d'employer, à titre de commune mesure, une valeur connue à l'avance et destinée à déterminer par comparaison celle des différents objets. Cette valeur, c'est *la monnaie.*

22. La monnaie. — Quelle matière choisira-t-on pour établir cet instrument d'échange adopté de tous et partout? Si l'on fait le tour de l'industrie humaine on reconnaît que deux objets seulement, entre tous, sont propres à remplir cette fonction, à savoir, l'or et l'argent.

L'or et l'argent ont été choisis de toute antiquité et par tous les peuples indistinctement pour faire de la monnaie, et seuls ils sont restés en possession de ce rôle. Les avantages de la monnaie d'or et d'argent sont évidents : ces métaux sont *portatifs,* car leur valeur est grande avec un faible poids; *indestructibles,* indéfiniment *divisibles,* et à *l'abri des changements de valeur,* surtout des *variations brusques et fréquentes,* comme celles qu'on observe parmi les productions de l'agriculture par l'effet des inégalités de récoltes, ou parmi celles des manufactures par l'effet des changements de procédés.

Le *titre* d'une monnaie est la proportion du métal fin qui y existe. La monnaie française est au titre de neuf dixièmes (plus exactement de 0,835), c'est-à-dire qu'elle contient neuf dixièmes d'argent ou d'or et un dixième de cuivre. La monnaie anglaise est au titre de onze douzièmes. La monnaie américaine a été ramenée, en 1837, au titre de la monnaie française.

En France, l'étalon monétaire est le *franc :* c'est un disque d'argent, pesant cinq grammes, et renfermant quatre grammes et demi d'argent et un demi-gramme de cuivre, qui contribue par son alliage à donner plus de solidité à la pièce. Cet étalon étant pris pour unité, on a frappé des sous-multiples, c'est-à-dire des pièces de cinquante et de vingt centimes, et des multiples, c'est-à-dire des pièces de deux et de cinq francs. Voilà pour l'argent.

Pour établir la monnaie d'or, on est parti de ce calcul que l'or vaut, à poids égal, quinze fois et demie plus que l'argent, et l'on a frappé des pièces de cinq et de dix francs, de vingt et de cent francs en or, dont le poids est quinze fois et demie moindre que si ces pièces eussent été frappées en argent.

L'intervention de la monnaie donne aux transactions un grand caractère de précision. Le prix d'une marchandise n'est autre chose que le nombre d'unités monétaires, ou ce qui revient au même, le poids de métal monnayé contre lequel cette marchandise s'échange.

On doit comprendre d'ailleurs, étant donné le rôle de la monnaie, que ce n'est pas elle qui constitue la richesse des individus ou des nations. Elle n'est qu'un moyen d'échange : elle facilite la circulation de la richesse, mais elle ne la crée pas.

Un homme qui possède cent mille francs est riche, non pas à cause de la monnaie qu'il possède, mais à cause des valeurs que cette monnaie représente dans sa caisse et qui lui permettent d'acheter les produits dont il a besoin. De même une nation peut regorger d'or et mourir de faim : la vraie richesse d'une nation consiste dans le travail de ses enfants et les produits que ce travail fournit.

23. Le crédit. — La monnaie n'a suffi chez aucun peuple civilisé à la circulation et au commerce. Toutes les nations ont recours à ce qu'on nomme le crédit, mot dérivé du latin qui signifie confiance (*creditum*). Cette désignation indique tout de suite la différence profonde qui sépare le crédit de la monnaie. Celle-ci porte son gage en elle-même et constitue un vrai payement au comptant; le crédit ne peut jamais constituer qu'une promesse.

Le crédit n'est autre chose que l'avance d'une certaine valeur, marchandises ou espèces, faite par une personne, à une autre qui lui inspire confiance et qui lui promet de la rembourser dans un certain délai.— Un commis est payé à la fin de chaque mois : jusque-là il vit sur les avances que lui font le boulanger, le boucher, le charbonnier, qui ont confiance dans sa probité et savent qu'ils seront payés lorsque l'employé aura lui-même reçu son salaire. Tels sont le véritable principe, la véritable mise en jeu du crédit. Ajoutons d'ailleurs que les fournisseurs sont en droit de faire payer le service qu'ils rendent en faisant crédit, et par conséquent de vendre leur marchandise plus cher à celui qui demande un délai qu'à celui qui paye comptant.

24. Avantages moraux et matériels du crédit. — Le crédit a des avantages *moraux* incontestables, puisqu'il sert à multiplier entre les hommes des relations de plus en plus étroites, et qu'il entretient dans une nation la probité commerciale, la confiance réciproque.

Le crédit présente également de nombreux avantages *matériels :*

A. Il permet de faire en très peu de temps une

foule d'opérations dont une seule s'accomplirait dans la même période, si l'on n'employait que la monnaie. « Je suis, par exemple, dit M. Clavé dans ses *Principes d'economie politique*, fabricant de tissus; j'achète à crédit au filateur pour 1,000 francs de coton filé, et en échange de sa marchandise je lui remets un billet payable dans trois mois. Je fabrique une étoffe que je vends, également à crédit, au marchand de nouveautés, lequel la revend en détail au consommateur qui la paye comptant. Rentré dans ses fonds, le marchand me rembourse la somme qu'il me doit et que je remets moi-même au filateur après avoir prélevé mon bénéfice. Une seule somme d'argent, celle qui a été déboursée par le consommateur, a suffi pour trois opérations : l'achat du coton filé, l'achat par le marchand en détail de la pièce fabriquée et l'achat de celle-ci par le consommateur. Mais ni le billet que j'ai souscrit au filateur ni celui qui m'a été donné par le détaillant n'ont été par eux-mêmes des valeurs nouvelles; ils n'ont fait que constater l'existence des créances successives qui reposaient toutes sur la même pièce d'étoffe livrée au consommateur. On voit par cet exemple que le crédit n'est pas une création, mais un simple déplacement de valeurs qui passent d'une main à une autre. »

B. Le crédit encourage l'épargne, par cette raison qu'on est excité à économiser lorsqu'on a la certitude qu'on sera payé d'un prix convenable pour la location de ses capitaux.

C. Enfin le crédit a très souvent pour résultat de faire passer les capitaux des mains entre lesquelles ils demeureraient improductifs entre les mains de ceux qui sont plus habiles pour leur faire produire des bénéfices. Tel, le propriétaire qui afferme ses domaines. On peut donc affirmer que le crédit augmente et multiplie les capitaux d'un pays.

Le crédit a reçu diverses dénominations suivant les formes sous lesquelles il se présente.

25. Crédit privé et crédit public. — Crédit personnel et crédit réel. — On distingue d'abord le crédit *privé* et le crédit *public*. Crédit privé, celui qui se fait à des particuliers ; crédit public, celui que les particuliers .font à l'État pour en recevoir périodiquement la rente, soit qu'ils lui confient une certaine somme pour un certain temps ; tels, les versements à la Caisse d'épargne.

D'autre part, le crédit privé se subdivise en crédit *personnel* et crédit *réel.* On appelle crédit personnel, celui que l'on fait à une personne sans lui demander une garantie spéciale sur ses biens. On appelle crédit réel (du mot latin *res*, chose) celui que l'on obtient en fournissant au créancier des garanties spéciales sur son avoir : ainsi la garantie hypothécaire.

26. Papiers de crédit. — Les papiers, dits de crédit, qui servent à constater les actes de crédit sont nombreux. Citons notamment :

Le billet à ordre. — Le billet à ordre est une promesse de payer à une époque déterminée, signée par un débiteur à l'ordre de son créancier. Celui-ci peut transmettre cette promesse à un autre, celui-ci à un troisième, etc., au moyen d'une déclaration de sa volonté, écrite sur le dos du billet ou de l'effet, et appelée endossement.

La lettre de change et le mandat. — Ordres donnés à un débiteur par un créancier habitant dans un autre lieu de payer à l'ordre d'une personne qui achète la créance et peut la transmettre par endossement.

La lettre de gage ou warrant. — Un warrant (mot anglais, signifiant garantie) est un certificat de dépôt de marchandises dans un dock ou entrepôt. Ce certificat est négociable, c'est-à-dire peut être mis en circulation comme effet de commerce et a pour garantie la valeur constatée des marchandises qu'il représente.

Le chèque. — Vous déposez le numéraire dont vous disposez chez un banquier, et ne gardez que ce qui vous est nécessaire pour vos affaires courantes. Le banquier vous donne un carnet dont les feuillets peuvent se détacher : à mesure que vous faites une acquisition, vous remettez un feuillet, appelé chèque, à votre vendeur, lequel peut, ou toucher directement ce qui lui est dû chez votre banquier, ou transmettre ce chèque en payement à qui il lui plaît. D'autre part, le banquier vous paye intérêt pour l'argent que vous avez déposé chez lui, et qui vous appartient. On le voit, le chèque est un titre qui vous permet de faire rapporter intérêt à toutes les sommes que vous avez dans les mains, de n'en laisser aucune improductive, et d'éviter tout déplacement de monnaie important.

« Tous ces actes rendent, comme intermédiaires dans les échanges, les mêmes services que la monnaie ; ils sont souvent d'un usage plus commode qu'elle, et plus recherchés, car ils sont encore plus faciles à transporter, à faire circuler.

« C'est à l'aide de ces instruments que les banquiers payent les dettes de leurs clients ou recouvrent leurs créances, en évitant, par un commerce bien entendu, le transport des espèces d'un pays à l'autre, ainsi que les frais et les risques qui accompagneraient ce transport. » (J. Garnier.)

27. Le billet de banque et la Banque de France. — En dehors des banques privées, des établissements de crédit particuliers, la Banque de France émet des billets *à vue et au porteur,* dont la valeur repose sur la certitude d'un remboursement intégral à présentation. Cette valeur est garantie, non seulement par l'encaisse et le capital social, mais par les billets que la Banque a escomptés et qu'elle tient en portefeuille jusqu'au jour de l'échéance.

La Banque de France jouit du privilège exclusif d'émettre des billets au porteur. Elle a pour fonction de généraliser les effets de commerce, et de les ramener à une unité supérieure, le *billet de banque,* qui est accepté au même titre que la monnaie qu'il représente. Instituée en 1800, réorganisée en 1857, la Banque de France escompte les effets de commerce dont l'échéance ne peut excéder trois mois ; elle encaisse les effets qui lui sont remis ; reçoit en comptes courants les sommes qui sont versées par les particuliers et les établissements publics ; fait des avances sur le dépôt de lingots ou d'effets publics ; garde en dépôt les sommes et les titres qui lui sont confiés. Une loi nouvelle a prorogé de trente ans le privilège de la Banque de France, dont la durée expirait le 31 décembre 1867.

28. **Rapports du crédit et de l'échange.** — On voit, par tout ce qui précède, que le crédit, pas plus que la monnaie, ne crée la richesse, mais que, comme elle, il est un agent de circulation des plus importants. On a dit avec raison que le crédit était à l'échange des produits ce que les chemins et les canaux sont au transport des marchandises. De même qu'il importe que les voies de communication soient multiples et commodes, de même il faut qu'il y ait un bon système d'établissements destinés à faciliter les échanges. Ajoutons, en terminant, que les lois civiles et politiques du pays doivent assurer au négociant la complète propriété et la libre jouissance de ses biens et donner à sa personne une pleine sécurité. La stabilité, la confiance sont les conditions indispensables du maintien et de la prospérité du crédit. C'est l'absence de ces conditions qui contribue le plus à ralentir la circulation dans les temps de révolution et qui produit tant de misères.

29. **La liberté des échanges.** — La liberté des échanges s'impose comme la liberté du travail. L'homme qui travaille a le droit d'échanger ses produits comme il l'entend : lui dénier ce droit, c'est le léser dans ses intérêts et le décourager dans sa production.

L'échange des produits se fait, soit à l'intérieur, entre les habitants d'un même pays, soit au dehors, avec les pays étrangers.

La liberté du commerce en France n'existe que depuis cent ans à peine. Jusqu'à cette époque, des lignes de douane empêchaient la circulation des produits d'une province à l'autre. Chaque province, prétendait-on, devait se suffire à elle-même. Cette grosse erreur économique amenait des complications redoutables. Une province était-elle favorisée par une bonne récolte, il lui était impossible d'en faire profiter la province voisine qui manquait du nécessaire : la valeur de ses produits, devenus inutiles par leur abondance même, s'avilissait et la misère naissait du trop de richesse. Au contraire, la récolte était-elle mauvaise, comme il n'était pas possible de compenser la disette par des échanges venus d'une province plus favorisée, les produits en se raréfiant atteignaient sur place une valeur excessive, supérieure aux ressources du plus grand nombre, et il en résultait une misère générale à laquelle rien ne pouvait porter remède.

Un pareil régime nuisait aussi bien au producteur qu'au consommateur. C'est Turgot qui eut la gloire de supprimer ces douanes intérieures si fatales aux intérêts de tous, et depuis on peut dire que la liberté du commerce en France est admise et pratiquée sans réserve.

Mais le principe de la liberté des échanges des nations entre elles a été proclamé beaucoup plus tard, et après des débats passionnés auxquels prirent part les hommes d'État et lès économistes les plus célèbres de notre siècle. On soutenait qu'avec la facilité des importations, l'on dépendait de l'étranger, qu'on était *tributaire* de lui. A cette théorie, W. J. Fox, l'un des plus brillants champions de la cause du libre-échange, en Angleterre, répondait par ces paroles mémorables, prononcées le 25 janvier 1844, au congrès de Covent-Garden : « Être *indépendant* de l'étranger, disait-il, c'est le thème favori de l'aristocratie territoriale. Mais qu'est-il donc ce grand seigneur, cet avocat de l'indépendance étrangère? Examinons sa vie : Voilà un cuisinier *français* qui prépare le dîner pour le maître, et un valet *suisse* qui apprête le maître pour le dîner. Milady, qui accepte sa main, est toute resplendissante de perles que l'on ne trouva jamais dans les huîtres *britanniques*, et la plume qui flotte sur sa tête ne fit jamais partie de la queue d'un dindon *anglais*. Les viandes de sa table viennent souvent de la *Belgique*, ses vins du *Rhin* ou du *Rhône*. Il repose sa vue sur des fleurs venues de l'*Amérique du Sud*, et il gratifie son odorat de la fumée d'une feuille venue de l'*Amérique du Nord* (le tabac). Son cheval favori est quelquefois d'origine *arabe*, et son chien de la race du *Saint-Bernard*. Sa galerie est riche de tableaux *flamands* et de statues *grecques*. Veut-il se distraire : il va entendre des chanteurs *italiens* vociférant de la musique *allemande*, le tout suivi d'un ballet *français*. Sa philosophie et sa poésie viennent de la *Grèce* et de *Rome*, sa géométrie d'*Alexandrie*, son arithmétique d'*Arabie*, sa religion de *Palestine*. Dès son berceau, il presse ses dents naissantes sur le corail de l'*océan Indien*, et lorsqu'il mourra, le marbre de *Carrare* surmontera sa tombe. Et voilà l'homme qui dit : Soyons indépendants de l'étranger ! »

Il faut bien reconnaître, en effet, qu'il n'est point de nation capable de se suffire à elle-même. Chaque pays a ses propres produits qu'il échange contre les produits des autres nations qui lui sont nécessaires et dont il manque. Les vins renommés, le sucre, le café, les épices, ne viennent que dans certains climats où se rencontrent rarement avec abondance la houille et le fer. De là, pour chaque nation, la nécessité d'écouler le trop-plein des produits qu'elle a en abondance et de s'approvisionner de ceux qui lui font défaut.

De même que les productions réparties entre les territoires, les aptitudes des nations sont diverses. Il s'établit entre elles, comme entre les membres d'un même État, une sorte de division du travail. De cette division naissent des avantages incalculables : économie dans les frais de production, abondance de produits, perfection plus grande de ces produits, obtenue avec moins de sacrifices, de peine et de travail. Un autre avantage du libre-échange, et non moins important, c'est de rapprocher les peuples, de maintenir entre eux des relations nécessaires, et d'assurer la paix universelle par la solidarité des intérêts.

30. **Système prohibitif et système protecteur.** — Les considérations qui précèdent permettront de juger à leur juste valeur les deux systèmes ci-après, qu'on a longtemps opposés au système du libre-échange, et dont nous pouvons suivre l'application à travers l'histoire jusqu'à nos jours.

1° Le *système prohibitif* qui, comme son nom l'indique, prohibe toute espèce de rapports entre les nations, les isole les unes des autres, et au lieu de l'harmonie, crée l'antagonisme des intérêts au détriment de tous et de chacun.

2° Le *système protecteur*, qui favorise l'industrie indigène, et ne permet d'introduire les produits étrangers qu'à la condition qu'ils payent des droits qui, venant s'ajouter à leur prix réel, les surélèvent de façon à ce qu'ils coûtent au moins autant que leurs similaires dans le pays d'importation. Ce système, qui amène le surenchérissement des produits étrangers, provoque nécessairement des représailles : nos produits sont à leur tour frappés à l'exportation de droits analogues, et notre industrie trouve dans l'application de ces droits, non pas un élément de protection, mais un élément de souffrance indiscutable.

31. **Douanes.** — Gardons-nous d'ailleurs de confondre ces deux systèmes avec le *système des douanes*, système purement fiscal, qui n'a d'autre but, en frappant les produits étrangers de droits généralement très modérés, que de réaliser des ressources pour le budget de l'État.

32. L'échange est un droit naturel. — « L'échange, a écrit Bastiat, est un droit naturel comme la propriété. Tout citoyen qui a créé ou acquis un produit doit avoir l'option ou de l'appliquer immédiatement à son usage, ou de le céder à quiconque, sur la surface du globe, consent à lui donner en échange l'objet qu'il préfère. Le priver de cette faculté quand il n'en fait aucun usage contraire à l'ordre public et aux bonnes mœurs, et uniquement pour satisfaire la convenance d'un autre citoyen, c'est légitimer une spoliation, c'est blesser la loi de la justice.

« C'est encore violer les conditions de l'ordre; car quel ordre peut exister au sein d'une société où chaque industrie, aidée en cela par la loi et la force publique, cherche son succès dans l'oppression de toutes les autres?

« C'est méconnaître la pensée providentielle qui préside aux destinées humaines, manifestée par l'infinie variété des climats, des saisons, des forces naturelles et des aptitudes, biens que Dieu n'a si également répartis entre les hommes que pour les unir dans les liens d'une universelle fraternité.

« C'est contrarier le développement de la prospérité publique, puisque celui qui n'est pas libre d'échanger n'est pas libre de choisir son travail, et se voit contraint de donner une fausse direction à ses efforts, à ses facultés, à ses capitaux et aux agents que la nature avait mis à sa disposition.

« Enfin, c'est compromettre la paix entre les peuples, car c'est briser les relations qui les unissent et qui rendent les guerres impossibles à force de les rendre onéreuses. L'association ne conteste pas à la société le droit d'établir sur les marchandises qui passent à la frontière des taxes destinées aux dépenses communes, pourvu qu'elles soient déterminées par la seule considération des besoins du Trésor.

« En résumé, elle embrasse la cause de l'éternelle justice, de la paix, de l'union, de la libre communication, de la fraternité entre tous les hommes, la cause de l'intérêt général, qui se confond partout et sous tous les aspects avec celle du public consommateur. »

II. — DISTRIBUTION DES RICHESSES

33. Distribution des richesses. — Étudier la distribution des richesses, c'est, en économie politique, étudier la manière dont les produits de l'activité humaine appliquée à la matière brute se partagent entre les trois agents de la production : la terre, le capital et le travail.

34. Tableau synoptique des divers modes de distribution des richesses. — Sans insistei sur cette partie du programme, et nous référant d'ailleurs à ce que nous avons dit précédemment de la terre, du capital, du travail et de leur rémunération, nous demanderons la permission d'emprunter à un économiste distingué de nos jours, M. Levasseur, le tableau ci-après lequel résume d'une manière succincte et frappante le triple mode suivant lequel la richesse se distribue.

1° La *Terre* a droit à :
- la rente — c'est le produit net de la terre.
- ou au fermage :
  - 1° Qui peut être plus fort ou plus faible que la rente.
  - 2° Qui comprend en outre l'amortissement du capital destiné à l'amélioration de la terre.

2° Le *Capital* a droit à un profit :
- 1° Pour intérêts.
- 2° Pour risques plus ou moins grands.
- 3° Pour amortissement.

3° Le *Travail* a droit aux salaires :
- des *ouvriers*, représentant :
  - 1° Leur travail manuel ;
  - 2° Leur talent ;
  - 3° L'amortissement du capital employé à leur apprentissage.
- des *savants*, représentant :
  - 1° Leurs connaissances usuelles ;
  - 2° Leur talent ou leur génie ;
  - 3° L'amortissement du capital d'éducation.
- des *entrepreneurs*, représentant :
  - 1° La gestion ordinaire ;
  - 2° Leur talent ;
  - 3° L'amortissement du capital d'éducation.

CHAPITRE III

Consommation de la richesse.

SOMMAIRE

35. *Ce qu'est la consommation.* La consommation est le but de tous les faits de production et d'échange. La consommation est la satisfaction d'un besoin. — 36. *Consommations reproductives et improductives.* Tous les emplois de la richesse ne sont pas indifférents : il faut distinguer entre les dépenses reproductives et les dépenses improductives. La seule mesure d'après laquelle il convienne de juger un acte de consommation, c'est son degré d'utilité, son degré de moralité. La sagesse ne consiste pas à se priver d'une manière absolue, mais à satisfaire ses besoins dans les limites de ce qu'on gagne et de ce qu'une sage prévoyance commande de réserver. — 37. *Le luxe, les dépenses utiles et les dépenses inutiles.* Apologue de Fr. Bastiat : la vitre cassée. Les consommations les mieux entendues seront : 1° celles qui satisfont des besoins réels; 2° les consommations lentes plutôt que les consommations rapides; 3° les consommations faites en commum. — 38. *Consommations publiques. L'État et l'impôt.* Les consommations faites par l'État obéissent à des règles analogues à celles qui président aux consommations privées : elles ont pour mesure leur degré d'utilité et leur degré de moralité. La prodigalité de l'État serait aussi coupable et aussi nuisible que celle des particuliers. L'État ne peut subvenir aux services publics qu'à l'aide de prélèvements opérés sur les revenus des particuliers. L'impôt est une dette sacrée; mais l'État ne doit pas réclamer au pays d'impôts supérieurs à ceux qu'exige la légitime satisfaction des besoins publics. — 39. *Avantages et inconvénients des emprunts* faits par la commune ou l'État pour faire face à l'insuffisance de leurs ressources. — 40. *Le travail et l'épargne.* Le travail et l'épargne sont les deux sources véritables du bien-être des individus et des États.

35. Ce qu'est la consommation. — La consommation est évidemment le but de tous les faits de production et d'échange que nous venons d'analyser. L'homme ne se propose pas d'autre fin, en travaillant, que de satisfaire ses besoins. *La consommation est la satisfaction d'un besoin.* Se nourrir, se vêtir, se loger, se chauffer, c'est consommer des produits. Il est bien entendu que parmi les besoins de l'homme il faut comprendre non seulement les besoins matériels auxquels il doit pourvoir immédiatement, mais tous ceux qui se rapportent à son intelligence et à sa moralité, éléments essentiels de sa destinée et de son bonheur. L'homme étant indéfiniment perfectible, ses besoins sont infinis et naissent les uns des autres : la culture de l'intelligence, les jouissances artistiques sont des besoins qui deviennent de plus en plus impérieux avec les progrès de la civilisation.

« Si, comme l'a écrit M. Baudrillart, si le travail est une épreuve aux yeux de la religion, un moyen d'amélioration et de perfectionnement aux yeux du moraliste, l'économie politique, du point de vue qui lui est propre, ne peut y voir qu'un intermédiaire nécessaire et pénible entre l'obstacle et le besoin qui tend à sa satisfaction... La chaîne qui unit la faim, la soif, le froid au travail qui crée des aliments, des boissons, des vêtements et des abris, et ce travail au désir de faire usage de ces choses, c'est-à-dire de les consommer, cette chaîne est indissoluble, et il n'y a pas de déclamation contre le corps et les appétits matériels qui puisse en faire contester la légitimité. »

36. Consommations reproductives et improductives. — Pourtant on peut bien ou mal consommer. Tous les emplois de la richesse ne sont pas indifférents. Aussi a-t-on eu raison de dire qu'une science comme l'économie politique, qui prétend à donner de sage. préceptes, doit s'appliquer à distinguer les emplois de la richesse les uns des autres selon leur degré d'utilité et de fécondité.

Les consommations ont été classées, par rapport au but qu'on se propose et au dédommagement qu'on en retire, en *reproductives* et en *improductives*, les premières étant consacrées à la production d'une richesse égale ou supérieure à la valeur consommée, les autres impliquant l'idée de la destruction complète de la chose consommée.

Ainsi l'emploi des capitaux, les épargnes bien placées, l'avoine donnée à un cheval, la houille à une machine à vapeur seraient des consommations reproductives. Aussi bien s'agit-il là, en réalité, non pas de consommations au sens propre du mot, mais de modifications de substances dans le sens de la production.

Il n'y a de réellement consommés que les objets employés à la satisfaction de nos besoins, « depuis le pain qui a servi à alimenter une famille jusqu'au feu d'artifice qui a amusé la foule. » Voilà de véritables consommations, car les objets ainsi employés sont retirés de la circulation, anéantis, perdus pour la société. Encore convient-il d'ajouter qu'ils ont été transformés en satisfactions éprouvées.

De fait, lorsqu'on envisage un acte quelconque de consommation, la seule question à se poser est celle-ci : La satisfaction éprouvée compense-t-elle l'objet détruit? La seule mesure d'après laquelle il convienne de juger un acte de consommation, c'est son degré d'utilité, son degré de moralité. La consommation de l'homme qui dépense pour faire vivre sa famille est utile et morale ; la consommation du prodigue qui dépense sa fortune en folies de toute espèce est immorale et nuisible.

« La sagesse ne consiste pas à se priver d'une manière absolue, mais *à satisfaire ses besoins dans les limites de ce qu'on gagne et de ce qu'une sage prévoyance commande de réserver*, soit pour l'avenir, soit pour s'aider dans la profession qu'on exerce, c'est-à-dire pour former les capitaux ou instruments de travail. C'est à la morale, à l'hygiène, à l'expérience de la vie, à la raison, en un mot, que les hommes, selon leur condition, peuvent demander les limites dans lesquelles leurs besoins doivent être satisfaits. » (J. Garnier.)

37. Le luxe. — Les dépenses utiles et les dépenses inutiles. — Doit-on condamner en principe les dépenses, dites de luxe, comme improductives? Évidemment, non. Outre qu'elles contribuent puissamment à activer la production, et qu'ainsi elles servent les intérêts du travailleur, elles répondent aux besoins les plus élevés de l'âme humaine. Le luxe a été défini, au XVIII° siècle, « l'art de profiter des progrès de la science et de l'aisance pour rendre la vie plus agréable à soi-même et aux autres ». Renfermé dans ces justes limites, le luxe, loin de paraître improductif, sera considéré comme l'agent le plus fécond du bien être, et par conséquent de la dignité et du bonheur des hommes.

Mais il faut se garder néanmoins de mettre sur la même ligne toutes les consommations, bien plus de donner le pas aux consommations improductives, sous prétexte qu'elles suscitent de nouvelles industries, et *font aller le commerce et l'industrie*. Circulation n'est pas production. Cette erreur trop répandue a été combattue par Fr. Bastiat au moyen d'un apologue qu'on aura plaisir à lire tout entier:

— « Avez-vous jamais été témoin de la fureur du bon bourgeois Jacques Bonhomme, quand son fils terrible est parvenu à casser un carreau de vitre? Si vous avez assisté à ce spectacle, à coup sûr vous aurez constaté que tous les assistants, fussent-ils trente, semblent s'être donné le mot pour offrir au propriétaire infortuné cette consolation uniforme : « A quelque chose malheur est bon. De tels accidents font aller l'industrie. Il faut que tout le monde vive. Que deviendraient les vitriers, si l'on ne cassait jamais de vitre? »

19.

Or, il y a dans cette formule de condoléance toute une théorie qu'il est bon de surprendre sur le fait, dans ce cas très simple, attendu que c'est exactement la même que celle qui, par malheur, régit la plupart de nos institutions économiques.

A supposer qu'il faille dépenser six francs pour réparer le dommage, si l'on veut dire que l'accident fait arriver six francs à l'industrie vitrière, qu'il encourage dans la mesure de six francs la susdite industrie, je l'accorde, je ne conteste en aucune façon, on raisonne juste. Le vitrier va venir, il fera sa besogne, touchera six francs, se frottera les mains et bénira dans son cœur l'enfant terrible. *C'est ce qu'on voit.*

Mais si, par voie de déduction, on arrive à conclure, comme on le fait trop souvent, qu'il est bon qu'on casse les vitres, que cela fait circuler l'argent, qu'il en résulte un encouragement pour l'industrie en général, je suis obligé de m'écrier : Halte-là ! Votre théorie s'arrête *à ce qu'on voit*, elle ne tient pas compte *de ce qu'on ne voit pas.*

On ne voit pas que, puisque notre bourgeois a dépensé six francs à une chose, il ne pourra plus les dépenser à une autre. *On ne voit pas* que s'il n'eût pas eu de vitre à remplacer, il eût remplacé, par exemple, ses souliers éculés ou mis un livre de plus dans sa bibliothèque. Bref, il aurait fait de ses six francs un emploi quelconque qu'il ne fera pas.

Faisons donc le compte de l'industrie *en général.*

La vitre étant cassée, l'industrie vitrière est encouragée dans la mesure de six francs; *c'est ce qu'on voit.*

Si la vitre n'eût pas été cassée, l'industrie cordonnière (ou toute autre) eût été encouragée dans la mesure de six francs; *c'est ce qu'on ne voit pas.*

Et si l'on prenait en considération *ce qu'on ne voit pas*, parce que c'est un fait négatif, aussi bien que *ce que l'on voit*, parce que c'est un fait positif, on comprendrait qu'il n'y a aucun intérêt pour l'industrie *en général*, ou pour l'ensemble du *travail national*, à ce que des vitres se cassent ou ne se cassent pas.

Faisons maintenant le compte de Jacques Bonhomme.

Dans la première hypothèse, celle de la vitre cassée, il dépense six francs, et a, ni plus ni moins que devant, la jouissance d'une vitre.

. Dans la seconde, celle où l'accident ne fût pas arrivé, il aurait dépensé six francs en chaussures et aurait eu tout à la fois la jouissance d'une paire de souliers et celle d'une vitre.

Or, comme Jacques Bonhomme fait partie de la société, il faut conclure de là que, considérée dans son ensemble, et toute balance faite de ses travaux et de ses jouissances, elle a perdu la valeur de la vitre cassée.

Par où, en généralisant, nous arrivons à cette conclusion inattendue : « La société perd la valeur des objets inutilement détruits, » — et à cet aphorisme qui fera dresser les cheveux sur la tête des protectionnistes : « Casser, briser, dissiper, ce n'est pas encourager le travail national, » ou plus brièvement : « Destruction n'est pas profit. »

Que direz-vous, adeptes de M. de Saint-Chamans, qui a calculé avec tant de précision ce que l'industrie gagnerait à l'incendie de Paris, à raison des maisons qu'il faudrait reconstruire?

Je suis fâché de déranger ses ingénieux calculs, mais je le prie de faire entrer en ligne de compte *ce qu'on ne voit pas* à côté de *ce qu'on voit.* Il faut que le lecteur s'attache à bien constater qu'il n'y a pas seulement deux personnages, mais trois dans le petit drame que j'ai soumis à son attention. L'un, Jacques Bonhomme, représente le consommateur, réduit par la destruction à une jouissance au lieu de deux. L'autre, sous la figure du vitrier, nous montre le producteur dont l'accident encourage l'industrie.

Le troisième est le cordonnier (ou tout autre industriel) dont le travail est découragé d'autant par la même cause.

C'est ce troisième personnage qu'on tient toujours dans l'ombre, et qui, personnifiant *ce qu'on ne voit pas*, est un élément nécessaire du problème. C'est lui qui nous fait comprendre combien il est absurde de voir un profit dans une destruction. C'est lui qui bientôt nous enseignera qu'il n'est pas moins absurde de voir un profit dans une restriction, laquelle n'est après tout qu'une destruction partielle.

Aussi, allez au fond de tous les arguments qu'on fait valoir en sa faveur, vous n'y trouverez que la paraphrase de ce dicton vulgaire : « *Que deviendraient les vitriers, si l'on ne cassait jamais de vitres ?* »

Parmi les consommations, les mieux entendues seront : 1° *celles qui satisfont des besoins réels*, et non ceux qui proviennent d'une sensualité recherchée, de l'opinion et du caprice ; 2° *les consommations lentes plutôt que les consommations rapides*, et celles qui choisissent de préférence les produits de la meilleure qualité ; 3° *les consommations faites en commun*, certains frais généraux se trouvant diminués de la sorte.

38. Consommations publiques. L'État et l'impôt. — La fonction de l'État est d'assurer la *liberté des individus* et de sauvegarder les *intérêts généraux de la société*, c'est-à-dire de faire que tous les citoyens puissent agir et travailler en paix, sûrs de jouir des fruits de leur travail et de ce qu'ils ont légitimement acquis. Le rôle de l'État a été admirablement précisé par les auteurs de la Constitution américaine, dont le préambule est ainsi conçu : « Nous, peuple des Etats-Unis, pour former une union plus parfaite, établir la justice, assurer la tranquillité intérieure, pourvoir à la dépense commune, accroître le bien-être général et assurer les bienfaits de la liberté à nous-mêmes et à notre postérité, décrétons, etc... »

L'État remplit son rôle à l'aide d'agents de diverses natures et en faisant des consommations de diverses espèces. Ces consommations obéissent à des règles analogues à celles qui président aux consommations privées. De même que ces dernières, les consommations publiques ont pour mesure leur degré d'utilité, leur degré de moralité.

Il en est de *reproductives*, comme celles qui consistent dans les dépenses auxquelles donnent lieu l'ouverture des routes, des ports, des canaux et autres travaux du même genre, lesquels intéressent non pas seulement des individualités isolées ou des associations particulières qui se meuvent par elles-mêmes et que l'État doit laisser agir, mais la nation tout entière. Il est évident que ces travaux, qui n'ont pas un caractère local, comme la construction d'une église, l'éclairage d'une ville, l'instruction supérieure, ne sauraient être abandonnés à la libre concurrence. La justice, l'armée, la marine, l'entretien de la circulation, le port des lettres, la distribution des dépêches, l'instruction primaire, etc., sont des intérêts généraux au premier chef et nécessitent l'intervention de l'État.

Il y a aussi des consommations publiques qui, *sans être reproductives* au sens économique du mot, n'en sont pas moins éminemment *utiles :* telles sont les dépenses occasionnées par l'assistance que l'État donne aux pauvres, aux malades, aux infirmes; les dépenses par lui faites en vue des sciences, des lettres et des arts; les fêtes publiques, à la condition toutefois, comme on l'a dit avec raison, de ne pas être trop multipliées et de revêtir le caractère élevé qui convient aux peuples libres.

La prodigalité de l'État serait aussi coupable, aussi nuisible que celle des particuliers. Le luxe doit être permis à l'État comme aux particuliers, en tant qu'il fait servir, suivant la définition que nous avons citée plus haut, les progrès de la science et de l'aisance à rendre la vie plus agréable à tous les citoyens. Les musées, les écoles, les bibliothèques comportent un luxe essentiellement utile et moralisateur. Mais du jour où ce luxe est converti en un faste exagéré, il y a une atteinte directe à la fortune publique qu'il faut condamner sans réserve.

Pour que l'État puisse salarier ses agents et payer les dépenses qu'entraîne l'exercice des fonctions qui lui sont attribuées, il lui faut de l'argent. Cet argent, il ne peut l'obtenir qu'à l'aide de prélèvements opérés sur les revenus des particuliers, lesquels indistinctement sont tous intéressés à une bonne gestion des affaires générales.

Nous ne reviendrons pas sur ce que nous avons dit de l'impôt : nous avons examiné sur quelles bases il devait être assis pour être équitable et aussi peu onéreux que possible. L'impôt est une dette sacrée : sans lui, pas d'ordre public, pas de gouvernement, de lien politique, pas même de vie municipale, pas de dépenses d'utilité générale. La société doit payer les agents qu'elle emploie et ne peut les payer qu'en obligeant tous les citoyens à contribuer pour une part dans cette dépense nécessaire. De plus, tout le monde doit profiter plus ou moins des travaux accomplis par l'État, tout le monde doit donc contribuer pour une part dans la dépense. De tout cela résultent évidemment la nécessité et la légitimité de l'impôt, ou en d'autres termes des *contributions* imposées aux citoyens sous une forme ou sous une autre.

La seule observation à introduire ici, c'est que l'État doit chercher à modérer le poids des impôts, et surtout ne pas se charger de trop de services, de façon à ne pas déshabituer les individus et les associations de l'esprit d'initiative et à prendre le moins d'argent possible à l'agriculture, à l'industrie, au commerce. Un gouvernement qui réclame au pays des impôts supérieurs à ceux qu'exige la satisfaction légitime des besoins publics commet une injustice et

fait une chose nuisible à la société. Un impôt n'est
juste qu'autant qu'il a pour effet de rendre un service
équivalent au sacrifice exigé. Un impôt n'est *utile*
qu'autant que les capitaux qu'il enlève au pays contribuent, dans les mains de l'État, au développement
de la production générale.

39. Avantages et inconvénients des emprunts.
— A certains moments, la commune ou l'État n'ont
pas assez de l'impôt ou du revenu de leurs propriétés pour faire face aux dépenses. Que font-ils
alors? ou ils *vendent* leurs propriétés, mais c'est une
ressource bien bornée, ou ils *empruntent* à des conditions plus ou moins onéreuses, selon le crédit dont
ils jouissent, selon leur solvabilité et leurs moyens.

Mais l'*Emprunt*, comme le fait remarquer J. Garnier, s'il a l'avantage de fournir immédiatement des
ressources sans recourir au contribuable, souvent
obéré, présente de graves dangers : il anticipe sur
l'avenir ; il favorise les dépenses imprudentes, improductives ; il charge le pays d'une dette perpétuelle
dont les intérêts annuels augmentent l'impôt et le
prix des choses.

40. Le travail et l'épargne. — Répétons-le en terminant, le travail et l'épargne sont les deux sources
véritables du bien-être des individus et des États.
États comme individus doivent apporter dans leurs
dépenses la plus stricte économie : à cette condition
seulement, la richesse suit son développement régulier, et avec elle progressent la civilisation et les bienfaits qui l'accompagnent.

FIN

INDEX

Voir page V la table des matières.

D

FIN DE L'INDEX